대전광역시
공공기관
통합채용

NCS 직업기초능력평가

대전광역시 공공기관 통합채용
NCS 직업기초능력평가

초판 인쇄 2021년 10월 13일
초판 발행 2021년 10월 15일

편 저 자 | 취업적성연구소
발 행 처 | ㈜서원각
등록번호 | 1999-1A-107호
주 소 | 경기도 고양시 일산서구 덕산로 88-45(가좌동)
교재주문 | 031-923-2051
팩 스 | 031-923-3815
교재문의 | 카카오톡 플러스 친구[서원각]
영상문의 | 070-4233-2505
홈페이지 | www.goseowon.com
책임편집 | 김수진
디 자 인 | 이규희

PREFACE

우리나라 기업들은 1960년대 이후 현재까지 비약적인 발전을 이루었다. 이렇게 급속한 성장을 이룰 수 있었던 배경에는 우리나라 국민들의 근면성 및 도전정신이 있었다. 그러나 빠르게 변화하는 세계 경제의 환경에 적응하기 위해서는 근면성과 도전정신 이외에 또 다른 성장 요인이 필요하다.

최근 많은 공사·공단에서는 기존의 직무 관련성에 대한 고려 없이 인·적성, 지식 중심으로 치러지던 필기전형을 탈피하고, 산업현장에서 직무를 수행하기 위해 요구되는 능력을 산업부문별·수준별로 체계화 및 표준화한 NCS를 기반으로 하여 채용공고 단계에서 제시되는 '직무 설명자료'에서 제시되는 직업기초능력과 직무수행능력을 측정하기 위한 직업기초능력평가, 직무수행능력평가 등을 도입하고 있다.

대전광역시 공공기관에서도 업무에 필요한 역량 및 책임감과 적응력 등을 구비한 인재를 선발하기 위하여 고유의 필기전형을 치르고 있다. 본서는 대전광역시 공공기관 채용대비를 위한 필독서로 대전광역시 공공기관 필기전형의 출제경향을 철저히 분석하여 응시자들이 보다 쉽게 시험유형을 파악하고 효율적으로 대비할 수 있도록 구성하였다.

신념을 가지고 도전하는 사람은 반드시 그 꿈을 이룰 수 있습니다. 처음에 품은 신념과 열정이 취업 성공의 그 날까지 빛바래지 않도록 서원각이 수험생 여러분을 응원합니다.

STRUCTURE

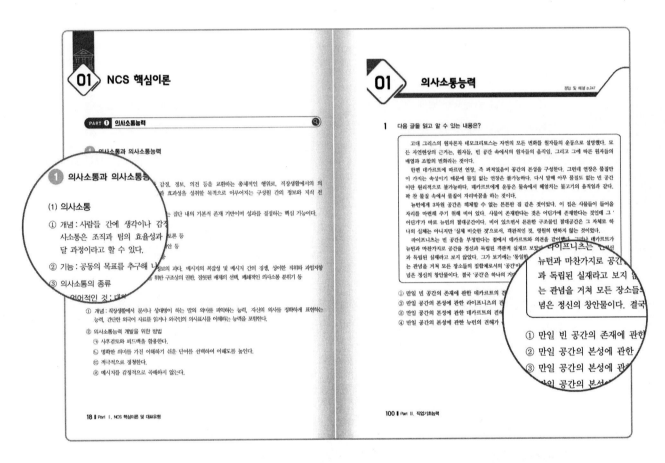

NCS 핵심이론

NCS 직업기초능력 핵심이론을 체계적으로 정리하고 대표유형 문제를 엄선하여 수록하였습니다.

NCS 예상문제

적중률 높은 영역별 출제예상문제를 수록하여 학습효율을 확실하게 높였습니다.

NCS 정답 및 해설

문제의 핵심을 꿰뚫는 명쾌하고 자세한 해설로 수험생들의 이해를 돕습니다.

CONTENTS

PART

I

대전광역시 공공기관 소개

01 기관소개

1 대전도시공사

설립목적	대전도시공사는 「지방공기업법」과 「대전도시공사 설치조례」가 정하는 바에 의하며, 도시 및 지역개발사업 등을 통한 시민의 주거생활 안정과 복지향상 및 지역사회 발전에 이바지함을 목적으로 한다.
미션 및 비전	㉠ 미션 : 지역개발 및 레저, 환경사업을 통하여 시민의 주거생활 안정과 복지향상, 균형발전에 기여 ㉡ 비전 : 시민이 행복한 도시를 디자인하는 스마트 DCCO
경영전략	㉠ 전략방향 • 시민편익 중점 핵심사업구조개편 • 운영효율화를 통한 수익구조 개선 • 공공성 지향 사회적가치 창출 • 열린 혁신을 통한 지속경영 ㉡ 전략목표 : 시민지향 주거복지체제 구축, 시민 생활환경 서비스 최적화, 지역개발 사회적 가치 구현, 지속가능 경영체계 고도화 ㉢ 전략과제 • 수요자 중심 주택공급 체계화 • 레저 수요 흡수력 향상 • 도시재생 활성화 • 재정구조 건전화 • 임대주택 사업확대 • 선진적인 환경관리체계 확립 • 지역 균형 발전 인프라 조성 • 소통 기반의 조직역량 강화 • 주거복지서비스 체계적 지원 • 융합형 신규사업 모델 개발 • 사회적 책임 선도 및 시민 안전 대응력 강화 • 열린 혁신 경영관리 체계화
사업안내	㉠ 택지/단지조성 : 공영개발방식에 의한 시행으로 저렴하고 안정적인 택지를 공급 ㉡ 주택사업 : 사랑과 행복이 가득한 내집 마련의 꿈을 실현 ㉢ 레저사업 : 온 가족이 함께 즐길 수 있는 종합테마공원 대전 오!월드를 운영 ㉣ 환경사업 : 환경시설은 환경보호와 시민의 편의 증진 ㉤ 신재생에너지사업 : 다양한 신재생에너지원을 적극적으로 발굴하고 개발하여 미래 환경 변화에 능동적으로 대응

② 대전도시철도공사

설립목적	대전도시철도공사는 도시철도를 효율적으로 운영함으로써 도시교통의 발전과 이용시민의 편익 및 복리증진에 기여하는데 설립목적이 있다. 이에 경영혁신과 고객감동의 서비스를 제공하여 '21세기 새로운 교통문화'를 창출할 것이다.
미션 및 비전	㉠ 미션 : 교통복지 확대와 사회적 책임 실천으로 살기 좋은 대전 건설에 이바지 ㉡ 비전 : 최상의 서비스와 안전으로 시민의 행복을 만들어가는 교통공사
경영방침	전무가 인재 / 세계적 기술 / 행복한 시민
경영슬로건 (시민 슬로건)	고객의 사랑을 시민의 행복으로!
경영목표	미래로 도약하는 세계적 기술의 도시철도 구현 ㉠ 안전사고 "ZERO" ㉡ 고객만족도 "1위" ㉢ 경영수익 "330억 원"
전략목표 및 이행과제	㉠ 안전현장중심 관리체계 고도화 • 철도안전관리체계 고도화 • 재난관리 역량 강화 • 설비 안전성 확보 • 예방 중심 유지보수 ㉡ 고객 감동 경영체계 구축 • 수송증대 종합 대책 • 고품격 고객 서비스 실현 • 청정한 이용환경 제공 • 포스트 코로나 시대 안심서비스 ㉢ 미래 대응 성장동력 창출 • 추가노선 건설 지원 • 신성장 수익사업 발굴 • ICT를 활용한 서비스 혁신 • 4차 산업혁명기술 현장 적용 ㉣ 참여와 협력을 통한 사회적 가치 실천 • 윤리경영 조직혁신 추진 • 코로나19 예방·극복 활동 추진 • 일자리 창출 및 근무환경 개선 • 주민·고객참여형 경영체계구축 • 에너지 절감 및 온실가스 감축 ㉤ 도약을 위한 혁신경영 체계 구축 • 환경변화 대응 역량 강화 • 현장 중심 연구개발 • 재정 운영 건전화 및 효율화 • 핵심인재 양성 및 전략적 인력 관리

③ 대전마케팅공사

설립목적	대전의 특성과 역사, 문화, 관광 자원 등 무한한 발전 잠재력을 바탕으로 고유의 가치를 창출하여 도시의 이용을 극대화하고 방문객과 투자 유치로 지역 경제 및 문화 활성화에 기여함으로써 대전의 도시경쟁력을 확보한다.
설립 배경	㉠ 도시 브랜드 확립 : 다른 지역과는 구분되는 이미지를 구축하여 문화도시, 관광도시 등으로 차별화하여 도시마케팅을 통하여 지역 주민의 정서적 안정을 도모하고 지역주민들에게 지역에 대한 소속감과 자긍심을 통한 정체성을 확립 ㉡ 지역경제 활성화 : 지역경제 장의 중요한 통로인 문화상품의 생산과 유통을 활용하여 지역의 고용창출과 소득증대에 이바지 ㉢ 지역문화 활성화 : 각종 이벤트, 문화행사, 역사자원개발 등 지역문화 활성화의 정책수단으로 활용
주요사업	㉠ 도시브랜드 및 마케팅사업 　　　　　　㉡ 국내 및 국외 컨벤션유치 및 개최지원 ㉢ 대전세계박람회 자산 관리 및 운영 　　㉣ 관광자원 및 편의시설 개발 운영 ㉤ 의료관광 관련 사업 등 　　　　　　　㉥ 첨단산업 및 과학기술 등 전시 홍보
미션 및 비전	㉠ 미션 : 대전 고유·특화자원 매력도 증대로 도시경쟁력을 높이고, 도시문화 및 지역 경제 활성화를 통해 고객과 시민의 행복을 실현한다. ㉡ 비전 • 도전성(Challenge) : DIME의 변화와 혁신을 추구하는 도전의식 • 전문성(Speciality) : 도시마케팅 분야 전문성 함양 • 책임성(Responsibility) : 시민행복 실현의 책임의식 • 협업성(Team work) : 유관기관과의 개방형 협업 강화

④ 대전광역시 시설관리공단

설립배경	지방자치법 제146조, 지방공기업법 제76조, 대전광역시시설관리공단 설치조례 제2977호에 의해 설립되었으며, 대전광역시장이 지정하는 공공시설물을 위탁받아 민간경영기법을 도입, 효율적으로 관리운영하여 시민의 편익도모와 복리증진에 기여하는 것을 목적으로 한다.
미션 및 비전	㉠ 미션 : 공공시설의 효율적 경영과 미래 가치 창출로 시민 복리증진 기여 ㉡ 비전 : 시민안전과 시민행복으로 신뢰받는 혁신 공기업
경영방향	㉠ 경영목표 • 고객만족도 최우수기관 　　　　　　• 혁신 성장기관 • 사회적 가치 실현 선도기관 　　　　• 경영평가 최우수기관 ㉡ 경영전략 • 고객감동 맞춤 경영 　　　　　　　• 지속 성장 기반 확보 • 사회적 가치 창출 선도 　　　　　　• 성과지향 경영체제 혁신
인재상	㉠ 기업가적 인재 : 개인의 이익보다는 공단을 먼저 생각하는 주인의식 있는 인재 ㉡ 고객지향형 인재 : 시민의 행복을 최우선 가치에 두는 고객 서비스 지향형 인재 ㉢ 도전가적 인재 : 뜨거운 열정과 창의적 사고로 지속적 도전을 하는 역동적 인재

5 대전일자리경제진흥원

미션 및 비전	㉠ 미션 : 미래가치 혁신을 통하여 4차 산업혁명 특별시 조성 중심기관으로서 대전지역 경제발전을 선도하는 기관 ㉡ 비전 : 중소기업과 함께 성장하는 종합지원기관
핵심가치	㉠ 고객 행복(Customer Happiness) ㉡ 참여 혁신(Co-with Innovation) ㉢ 상생 협력(Co-win Cooperation)
중장기 경영목표	㉠ 질 높은 일자리 창출과 고용촉진 ㉡ 중소기업 성장단계별 지원 ㉢ 미래가치 창출 신사업 발굴 확대 ㉣ 사회적 가치 기반 경영시스템 구축
추진전략 및 전략과제	㉠ 미래가치 창출 기반 구축 • 사회적 가치 창출 위한 과제 발굴 및 협업 강화 • 지원사업 성과분석 추진 • 미래성장 전략적 과제 추진(미래상 구현) ㉡ 중소기업 성장 지원 강화 • 국내외 시장개척 지원사업 확대 강화 • 맞춤형 창업 및 기업 지원 강화 • 서민경제 지원 확대 강화 ㉢ 사업 추진 전문성 강화 • 사업기획 전문성 확보 • 신규 수익사업 발굴 강화 • 산학연관 협력네트워크 활성화 ㉣ 선순환 경영관리 강화 • 효율적 조직 및 인사 운영 강화 • 업무효율성 및 윤리경영 강화 • 전문역량 강화 및 재무안정성 확보
경영방침	사회적 가치 실현을 위한 기관운영 ㉠ 고객 감동(Focus on Customer Impressions) ㉡ 성과 창출(Focus on Creation Outcome) ㉢ 인재 육성(Focus on Professional Talent)

주요 사업	㉠ 일자리지원 : 대전일자리지원센터 운영, 대전형 (co-op) 뉴리더 인재양성 지원사업, 청년인턴지원사업, 청년창업지원카드, 청년취업희망카드, 구직청년 면접용 정장대여사업, 대전일자리카페 꿈터, 해외취업 지원사업, 대전 온라인 일자리박람회, 청년희망통장, 대학취업역량강화사업, 컨택센터 청년신규채용지원사업 ㉡ 청년지원 : 티노베이션, 청년 마음건강 지원사업, 대전 청년 내일(JOB)로 프로젝트, 청년주도의 활동지원사업, 청춘터전 지정·지원사업 ㉢ 중장년지원 : 직업훈련개발교육, 중장년의 건강증진을 위한 「문화여가활동지원」, 중장년의 동아리 모임 「커뮤니티지원」, 대전형 중장년일자리 모델 「나눔일자리」, 「솔로몬 하이 멘토십 프로그램」 ㉣ 창업지원 : 창업기업마케팅지원사업, 창업보육경쟁력강화사업, 기업 맞춤형 인공지능(AI) 솔루션 활용지원, 창의인재육성특성화지원사업, 온라인창업지원플랫폼 운영, 고용유지 상생협약지원사업 ㉤ 기업성장지원 : 중소기업 경영안정자금, 중소기업 구매조건 생산지원 자금, 중소기업 창업 및 경쟁력강화사업자금, 대전형 노사상생모델 좋은일터 조성사업, 지역상생 일자리사업, 두드림 일자리지원사업, 사회적경제기업 우수모델 발굴 및 맞춤형 컨설팅, 사회적경제기업 혁신분야 특화지원사업, 사회적경제기업 상생협력지원사업, 사회적경제기업 청년창업지원사업 ㉥ 소상공인지원 : 영세 자영업자 인건비 지원, 1인 영세 자영업자 고용·산재보험료 지원, 자영업닥터제, 소상공인 폐업 및 성공적 재기지원, 소상공인 창업 및 경영개선교육, 전통시장 찾아가는 문화공연, 전통시장 및 소상공인 SNS홍보를 위한 내부활동가 육성, 대전 소상공인 창업박람회, 소비촉진 활성화 사업, 외식창업 인큐베이팅 사업 ㉦ 통상지원 : 해외전시박람회 단체참가 지원, 국내 전시박람회 개별참가 지원, 조달청 나라장터 입점 컨설팅, 무역사찰단 파견, 수출선도기업육성, 해외규격인증 획득지원, 해외물류비 지원사업, 중국·일본·베트남 비즈니스 상담회, 수출기업 홍보물 제작지원, 대기업 협력 중소기업 마케팅 지원, 국내·외 온라인 전자상거래 판매지원 ㉧ 사업화지원 : 혁신성장기업 기술사업화 종합지원사업, 글로벌강소기업 육성사업, 생생기업 해커톤 캠프사업

6 대전신용보증재단

설립목적 및 설립근거	㉠ 설립목적 : 대전광역시 내에 소재하고 있는 담보력은 미약하나 성장잠재력이 있고 신용상태 양호한 소기업·소상공인 등에 대한 채무를 보증함으로써 자금융통을 원활히 하고 신용정보의 효율적인 관리, 운용을 통하여 지역경제 활성화에 기여함을 목적으로 한다. ㉡ 설립근거 : 지역신용보증재단법에 의해 대전광역시, 정부 그리고 금융기관 및 연고기업 등이 출연하여 설립된 신용보증전문 공적금융기관이다.
미션 및 비전	㉠ 미션 : 소기업, 소상공인의 성공파트너로서, 신용보증확대를 통한 대전경제 활성화 ㉡ 비전 : 시민과 함께 소기업·소상공인의 희망을 키우는 재단 ㉢ 핵심가치 : 열정, 공감, 신뢰 ㉣ CEO 경영철학 : 미래지향 재단, 현장중심 재단, 청렴한 재단 ㉤ CEO 경영목표 : 사회적 가치를 실현하는 지역밀착형 보증재단
전략목표 및 전략과제	㉠ 사회가치 창출 : 사회적 역할 증대를 통한 사회적 가치 창출(일자리 1.5만개 창출 기여, 부가가치 3,800억 창출 기여) • 사회적 안전망 강화를 위한 다양한 보증지원 제도 운영 • 공적 금융정책기관으로서의 사회적 역할 강화 • 지역경제 활성화를 위한 다양한 사회공헌활동 추진 ㉡ 고객가치 창출 : 찾아가는 서비스로 고객가치 제고(1만개 업체 창업지원, 외부고객만족도 90점↑) • 최근 금융환경변화를 반영한 보증제도 개선 • 코로나19 이후 환경 변화에 대한 대응 전략 마련 • 고객만족 향상을 위한 종합지원체계 구축 운영 ㉢ 재단가치 창출 : 지속가능 경영을 위한 경쟁력 제고(신용보증 1조 5천억 지원, 출연금 3백억 확보) • 보증공급 성과제고 및 디지털 뉴딜과 연계한 보증서비스 혁신 • 어려운 경제상황 극복을 위한 다양한 리스크 관리 체계 구축 • 지속성장을 위한 기본재산 확대 • 사회적 위상 제고를 위한 자가 사옥 운영 ㉣ 직원가치 창출 : 전문 인재가 만들어가는 행복한 일터(가족친화 인증, 5천시간 교육 실시) • 유연한 조직운영 및 적극적인 인사관리 등 조직역량 강화 • 직원 능력 고도화를 위한 다양한 교육제도 운영 • 노사상생을 위한 협력 문화 정착
사훈 및 슬로건	㉠ 사훈 : 고객사랑, 일터가 꿈터다. ㉡ 슬로건 : 성공을 보증하는 서민경제의 든든한 버팀목

7 대전테크노파크

설립목적 및 설립근거	⊙ 설립목적 : 대전지역 산·학·연·관의 유기적인 협력체제를 구축하여 지역혁신사업간 연계 조정 등 지역혁신거점기관으로서 지역산업의 기술고도화와 기술집약적 기업의 창업을 촉진하고 지역경제활성화와 국가경제발전에 기여한다. ⓛ 설립근거 • 산업기술단지 지원에 관한 특례법 및 동법 시행령(중소벤처기업부) • (재) 대전테크노파크 설립 및 운영에 관한 조례(대전광역시)
비전	새로운 대전! 기업·TP와 함께! …지역산업과 기업의 혁신성장을 이끄는 최고의 변화주도자
경영목표	기업과 함께 성장하는 "신바람 나는 일터"
성과목표	⊙ "혁신기반조성" (신규사업수주) ⓛ "기업성장" (일자리견인) ⓒ "가치창출" (신규IPO창출)
혁신방향 (변화의지)	생동감 있는 TP, 소통하는 TP, 인정받는 TP
운영방침	⊙ 사업수주 극대화 : 지역경제성장의 원동력 ⓛ 사업화 지원강화 : 지역기업의 성장사다리 ⓒ 거점기능 강화 : 지역혁신기관의 구심점 ⓔ 내부혁신 : 기업을 감동시키는 전문가
4대 추진전략	⊙ 핵심사업 유치 통한 미래 신산업 육성 생태계 조성 ⓛ 지역기업과 함께 호흡하고 성장하는 대전형 뉴딜 실현 ⓒ 소통·협업·실행력 강화 통한 지역혁신 컨트롤타워 역량제고 ⓔ 고객지향성 가치경영 통한 개방형 경영혁신
주요기능	⊙ 지역산업 혁신주체 간 연계 등 지역혁신거점 기능 수행 ⓛ 지역 기술정책·산업정책 등 지역전략산업 기획업무 총괄 ⓒ 지역산업 중장기 발전전략 수립 및 지역 내 기술혁신역량 조사 ⓔ 산업기술단지 조성·운영, 관리 및 지원사업 ⓜ 창업보육, 연구개발, 정보이용, 교육훈련 등 기업지원사업 ⓗ 기타 법인의 설립목적 달성을 위하여 필요한 사업 등

8 대전정보문화산업진흥원

설립배경	대전의 정보기술산업(IT/SW), 문화 콘텐츠산업(게임, VR/AR, 만화·웹툰 등), 영상산업 등을 지원·육성하는 대전광역시 출자·출연기관이다.
미션 및 비전	㉠ 미션 : 대전 정보 문화산업 육성으로 지역 경제 성장견인 ㉡ 비전 : 대전의 미래를 여는 정보문화산업선도기관
전략목표 및 전략과제	㉠ IT 산업 미래성장 동력 확보 : IT 기반 4차 산업혁명 선도 • IT 사업기획 전문성 확보 • 신산업 적극 육성을 통해 미래먹거리 확보 • 네트워크 구축을 통한 IT 융합산업 활성화 ㉡ 문화콘텐츠 육성으로 지역경쟁력 강화 : 융복합 문화콘텐츠 산업 육성 • 지역자원 활용화를 통한 신규문화콘텐츠 발굴 • 문화콘텐츠 산업 경쟁력 강화를 위한 기술개발지원 체계 구축 • 문화콘텐츠 산학연관 협력네트워크 활성화 ㉢ 중소기업 성장단계별 지원 : 혁신 창업 생태계 조성 • 혁신 스타트업 발굴·육성을 위한 ITCT 융합형 창업생태계 조성 • ICT 유망기업의 스케일업을 위한 新시장개척사업을 활성화 • 맞춤형 창업교육을 통한 미래 ICT 융합전문가 양성 ㉣ 사회적가치 기반 경영시스템 구축 : 사회적 가치 실현 및 경영 혁신 • 사회적 가치 창출을 위한 과제 발굴 및 협업 강화 • 업무효율성 재고를 위한 경영혁신 인프라 구축 • 효율적 조직 및 인사운영을 위한 프로세스 개선
핵심가치	전문성, 혁신지향, 고객만족
주요 사업	㉠ IT·SW 사업지원 : SW서비스개발사업, 지역 강소기업 육성 특성화 프로그램 운영사업, 지역SW성장지원사업, 충청권 ICT이노베이션스퀘어 확산사업, 충청권 지역SW품질역량강화사업 ㉡ 콘텐츠사업지원 : 대전 지역기반 게임산업 육성사업, 대전 콘텐츠기업 지원센터 운영사업, 대전 콘텐츠코리아 랩 운영사업, 대전 웹툰캠퍼스 운영사업, 문화콘텐츠 산업 글로벌마케팅, 지역특화콘텐츠 개발 지원사업, 문화콘텐츠 시장창출 지원사업 ㉢ 창업지원 : 국가인적자원개발 컨소시엄, 대전 1인 창조기업 지원센터, 대전 저작권 서비스센터 운영사업, 문화콘텐츠 창업활성화 생태계 구축, 지역 청년인재 크리에이터 양성사업, 창업기업 신성장 스케일업 지원사업 ㉣ 영상사업지원 : 영상 콘텐츠 제작 지원사업, 마을극장 및 독립·예술영화 생태계 조성사업, 영화·드라마 촬영제작 지원사업, 청소년 영화 생태계 조성사업, 특수촬영시설 운영 및 활성화사업

⑨ 대전디자인진흥원

설립배경	대전의 디자인산업을 육성하고 디자인 주도의 지역산업 진흥과 지역경제 활성화를 위해 설립되었으며, 2013년부터 대전광역시에서 지역디자인센터 유치를 준비하여 2019년 9월 법인설립허가를 받아 2020년 3월부터 본격적으로 업무를 시작하였다.
비전 및 목표	㉠ 미션 : 디자인 혁신, 지역경제 활성화, 삶의 질 향상 ㉡ 비전 : 미래 디자인·과학기술 융합 비즈니스의 허브 ㉢ 핵심가치 : 창의성, 전문성, 상생협력 ㉣ 목표 • 미래 신 산업 창출을 위한 디자인 혁신 활동 주도 • 디자인 서비스 실천을 통한 사회적 가치 창출
추진전략	㉠ 미래 디자인 혁신기반 구축 • 디자인 중심으로 제품개발 전주기 R&D 체계 혁신 • 브랜드 경쟁력 향상을 통한 디자인 전문회사 역량 제고 • 사업평가·관리 시스템 운영방안 설계 및 개발 ㉡ 기업 디자인 역량 강화 • 디자인 활용 기업에 대한 전략적 지원 • 디자인 비즈니스 환경의 선진화 지원 ㉢ 디자인 융합 인재 양성 • 융합형 디자인 교육 강화 • 창조적 디자인 전문가 육성 ㉣ 디자인 중심 사회적 가치 실현 • 시민을 위한 디자인 정책 참여 • 사회적 공헌 활동 추진 • 공공디자인사업 고도화
사업안내	㉠ 기술융합 디자인혁신 지원사업 : 지역 중소기업 대상 디자인 융합 사업화 지원을 통한 디자인 주도적 산업 활성화 토대 마련 • 우수상품디자인개발지원 : 첨단과학기술 기반 디자인 중심의 사업화 지원 • 기업맞춤형디자인개발지원 : 디자인 수요를 반영한 맞춤형 디자인 개발 지원 • 성과전시 및 홍보 : 성과전시를 통한 참여·개발기업 역량 홍보 및 활용 ㉡ 디자인산업 역량강화사업 • 대전 디자인 산업 선진화를 위한 디자인 핵심 역량 강화 및 디자인 문화 인식 제고 • 수요자 중심의 맞춤형 디자인 지원을 통한 디자인전문회사의 질적 성장 및 지역 디자인산업 활성화 기반 조성 ㉢ 대전 디자인 공모전 : 대전 디자인의 역사와 현재, 미래 발전가치를 제시하는 새로운 축제의 장으로서 대전디자인공모전의 인식 제고

사업안내	㉣ 온택트 디자인 큐레이터 육성 : 4차 산업혁명시대의 도래에 따라 숙련기술과 성장역량을 갖춘, 지역 기업들이 필요로 하는 디자인 실무 전문가(디자인 큐레이터)를 육성하여 기업 내 취업 연계. 지역 중소기업들의 제품 고부가가치화를 위한 디자인 개선 지원 및 기업의 디자인 애로사항을 올(all) 라인(온택트−현장) 영역에서 신속히 개선 지원함으로써 포스트 코로나 시대·뉴노멀 시대 대응형 디자인 일자리 창출 • 현장맞춤형 디자인 전문교육 실시 : 디자인 전공자 등 교육생을 선발하여 현장 맞춤형 디자인 전문 교육 실시, 디자인 큐레이터 양성 • 취업연계 및 인건비 지원 : 디자인 개발 수요가 있는 지역 중소기업 발굴 및 디자인 큐레이터 연계, 인건비 지원 • 디자인 큐레이터 역할 : 브랜드 및 제품디자인, 3D프린팅 시제품 제작, 웹디지털디자인, 홍보물 디자인 개발 등 • 취업고충해결 자문단 운영 : 디자인 큐레이터의 근로현장 애로 상담 및 업무 컨설팅 지원 ㉤ 디자인사업화 기반구축사업 : 대전·충청권 지역 디자인 산업 경쟁력 강화를 위한 기반구축 및 디자인 R&D를 통한 지역 디자인 산업 융복합 및 중소기업 역량강화 • 지역 제조기업 디자인 R&D 지원 • 디자인 전문회사 역량제고 • 지역 디자인 기반강화 ㉥ 공공디자인으로 행복한 공간 만들기 : 전 세대가 어울리는 생태 놀이 공간 조성 • 폐교의 재활성화 : 생태 놀이터, 농산물 먹거리 판매장, 주민 사랑방 등 조성 및 리모델링 • 효평마루 통합 브랜드 디자인 : 대청호 농산물 통합 패키지 디자인, 효평마루 CI 등 디자인가이드 개발, 온라인 플랫폼 및 어플리케이션 구축 • 관광 콘텐츠 개발 : 생태탐방지원센터 조성, 대청호 오백리길 연계 청정체험 프로그램 개발 ㉧ 대전 문화관광상품(기념품) 개발사업 : 대전의 콘텐츠와 스토리를 기반한 대중성, 상품성, 독창성, 심미성을 갖춘 문화관광상품(기념품) 개발 • 대전 문화관광상품(기념품) 개발 계획 수립 : 대전 관광기념품 현황 조사, 문제점 분석, 활성화 방안 등 • 대전 문화관광상품(기념품) 디자인 개발 : 컨셉설정, 디자인 기획, 적용 디자인 개발, 시제품 제작, 메뉴얼 제작, 시제품 납품 등 ㉨ 특허기술 상품화 디자인개발 지원사업 : 지역 내 중소기업에서 보유 중인 특허기술과 디자인 융합을 통한 시장주도형 상품개발 촉진으로 중소기업 사업화 역량 강화 • 특허기술 디자인 개발 지원 : 특허기술 디자인 연계 상품화 개발 지원으로 제품 고급화를 통한 상품성 강화 • 사업화 컨설팅 : 특허기술 상품화를 위한 기업 맞춤형 사업화 컨설팅 지원 ㉩ 중소기업·소상공인 디자인 애로해결 지원사업 • 중소기업·소상공인 대상 디자인 컨설팅 및 맞춤형 개발 지원으로 디자인 애로사항 해결을 통한 디자인 중요성 인식 제고 • 디자인 컨설팅 및 디자인 개발 : 디자인 역량이 부족한 중소기업·소상공인에게 디자인 컨설팅을 제공함으로써, 경영 전략으로 디자인을 활용할 수 있도록 대안을 제시하고 기업의 애로사항 해결을 통한 실질적인 디자인 개발 지원

사업안내	㉒ 디자인 법률자문단 운영 : 디자인산업의 공정거래질서 확립에 기여하여 디자인의 가치를 인정받는 건강한 디자인 생태계 토대 마련 및 피해 예방 • 맞춤 상담 : 피해신청인과 법률자문위원 1:1 맞춤 상담 서비스 제공 • 전문위원 연결 : 접수 사례에 대한 법률상담 및 자문 수행 방법과 지원방안 모색 • 법률상담 지원 : 불공정거래 및 지식재산권 분쟁 등 전문 법률상담 지원 ㉠ 유튜브 디자인 코디네이터 취·창업사업(2021년 지역·산업 맞춤형 일자리창출 지원사업) : 디지털미디어산업의 지속적인 성장 예상과 온라인 최대 커뮤니티 시장으로 급부상한 유튜브 시장을 겨냥한 특화 디자인 역량 강화로 디지털미디어산업 틈새시장 취·창업 경쟁력 확보 • 취·창업 교육지원 : 유튜브 등 디지털미디어 관련 시장의 취·창업 역량 강화를 위한 맞춤형 교육 프로그램 운영 및 지원 • 단계별 교육 운영 : 유튜브 방송 디자인 공통교육, 취·창업 분야별 맞춤형 전략교육, 성장 단계별 맞춤형 심리교육 등 • 실현가능성 제고 : 유튜브 시장의 성공적인 취·창업을 위한 토크콘서트 개최 ㉡ 세계일류 디자이너 양성 사업(KDM +) : 대전·충청권 내 우수 디자인 인력을 발굴, 뉴노멀 시대에 대응 가능한 현장 밀착형 디자인 전문교육 지원으로 디자인 실무역량 및 전문성 축적의 기회 제공 • 디자인 실무 교육 : 디자인 영역별 전문 교육을 통해 전략적 디자인 실무관리 능력 함양의 기회 제공 • 산학 프로젝트 운영 : 지역 및 국내 기업 산학프로젝트 참여 및 기회제공 • 프로젝트 진행 별 멘토링 지원 : 특화 분야 별 기술지도 등 종합적 자문 지도 • 국내 전시 참가 지원 : 글로벌 경쟁력을 갖춘 디자인 인재를 발굴 육성하여 지역산업 및 국가 디자인산업 경쟁력 강화 • 국내·외 어워드 참가 지원 : 국내·외 주요 디자인 어워드 출품비용 지원 • 지식재산권 출원 및 시제품 개발 지원 : 프로젝트 결과물 디자인권 출원 및 시제품 제작 지원 ㉣ 대전 한의약특화거리 기반 'K-Healing 상품' 개발·활성화사업 (RIS) : 대전 한의약특화거리 자산을 활용한 포스트코로나 대응형 'K-Healing 상품(한국형 치유상품) 개발 및 新 비즈니스 모델 창출 • K-Healing 상품 비즈니스 모델 개발 : K-Healing 상품개발 비즈니스 모델 도출 • K-Healing 상품 공유브랜드 개발 : 공유브랜드, 네이밍, 패키지디자인 개발 • K-Healing 체험길 개발 : 사업대상지-근린산업-연관산업 연계형 상품 확대 개발, 상품 라인업 구축 • 맞춤형 상품화 컨설팅 : 상품성 강화를 위한 원재료 정보제공, 기술애로, 시제품 제작 및 판로개척 컨설팅 제공 • 일반 지원 : 아이디어 상품화 지원, 재료 위해물질 검사·분석 지원, 상품화 디자인 개발 및 고도화 지원, 사업화 홍보마케팅 지원 • 패키지 지원 : 상품기획력 확보 및 기술사업화를 위한 공백 해소, 상품성 매출 강화를 위한 유망기업 비즈니스 맞춤형 전주기 지원 추진

⑩ 대전광역시사회서비스원

설립배경	대전광역시사회서비스원은 기존의 대전복지재단이 이름과 조직을 개편한 것이며, 대전복지재단의 역사와 전문성을 이어가면서 앞으로 급변하는 사회경제적 환경변화에 발맞춰 대전 시민들이 직접 체감하는 사회서비스를 제공하기 위해 다양한 방안을 연구하고 있다.
미션 및 비전	㉠ 슬로건 : 돌봄의 미래를 그리다 ㉡ 미션 : 시민이 행복한 대전형 사회서비스 실현 ㉢ 핵심가치 : 존중, 소통, 신뢰, 공존 ㉣ 비전 • 현장중심 사회서비스 정책 개발 • 모두가 누리는 사회서비스 구현 • 대전 시민의 행복체감도 향상
전략목표 및 전략과제	㉠ 5대 전략목표 • 대전형 사회서비스 모델 구축 • 사회서비스 공공성 향상 • 사회서비스 품질 강화 • 시민이 체감하는 복지서비스 제공 • 사회적 가치 실현 조직운영 ㉡ 10대 전략과제 • 대전형 대응전략연구 개발 • 표준 매뉴얼 개발 및 보급 • 사회서비스의 전문성, 공공성 강화 • 소속시설 운영 • 사회서비스 기관 지원 • 사회서비스 종사자 지원 • 민관협력 활성화 • 돌봄서비스 확대 운영 • 투명하고 공정한 조직운영 • 신뢰와 소통에 기반한 조직문화 형성
사업소개	㉠ 복지정책 및 사회서비스 표준모델 개발 – 복지정책연구 지원 • 시 복지환경 변화에 대응할 다양한 정책개발 연구 • 복지서비스 품질 제고를 위한 성과지표, 표준모델, 매뉴얼 개발 • 대전 복지정책 전반에 대한 컨트롤 타워 역할 수행 ㉡ 사회서비스 품질관리 – 사회복지시설 지원, 사회복지종사자 지원, 품질관리 지원 • 민간 사회복지시설 운영의 투명성 및 전문성 제고 • 국공립 복지시설과 민간 시설 간의 형평성 제고 및 서비스 격차 완화 • 민간 지원 컨설팅과 사회복지종사자 역량 강화로 사회서비스의 질 제고 ㉢ 지역복지 전달체계 구축 – 복지 네트워크 지원, 민간 공동사례관리 지원, 민간 협력 네트워크 지원, 복지만두레 지원 • 민관 협력사업 강화로 사회서비스 시설지원 연계자원 마련 • 복지자원 개발, 교육, 관리시스템 구축으로 민관협력 전달체계 조성 • 지역복지 전달체계 구축을 위한 교육 및 관리 시스템 마련

⑪ 한국효문화진흥원

건립배경	「한국효문화진흥원」은 「효행장려 및 지원에 관한 법률」에 의거 국가 최초로 설립된 효문화체험 · 교육 및 전문 연구기관이다. 2012년 국가(보건복지부)에서 전국 건립지 공모에 따라 선정된 것으로 대전광역시 출연에 의한 독립법인으로 운영된다.
미션 및 비전	㉠ 미션 : 효문화 장려를 통한 세계문화 발전 도모 ㉡ 비전 : 가정 · 학교 · 지역사회에서 효문화 실천
핵심가치	가정화목 · 사회안정 · 국민행복
전략목표 및 전략과제	㉠ 효문화 진흥을 위한 전문성 강화 • 현대 효 실천방안 및 정책연구 활동 강화 • 효문화 관련 통합정보기반 구축 • 효 전문인력 양성 강화 • 효문화 관련 대외 전문성 확대 • 효문화 체험 및 교육콘텐츠 기반 구축 • 효문화 연계 프로그램 개발 및 확대 기반 구축 ㉡ 효문화 공유 및 확산 기반 구축 • 다양한 사회계층 대상 효문화 체험 및 교육 활성화 • 진흥원 인프라 활용 극대화 • 효문화 진흥을 위한 대외 활동 다양화 • 효문화 관련 기관 및 단체 지원 확대 • 효문화 관련 대외 홍보활동 강화 • 기획(기관) 홍보 역량 강화 ㉢ 혁신 경영체계 확립 • 전략중심의 성과관리체계 구축 • 조직 및 인력운영의 효율화 • 구성원 내부 역량 강화 • 사회책임활동 강화 • 윤리경영 실천문화 조성 • 지역경제 활성화 기여 확대 • 재정자립도 강화 • 투명한 재무 · 회계시스템 구축
주요기능	㉠ 효문화 진흥을 위한 연구 조사 ㉡ 효문화 진흥에 관한 통합정보 기반구축 및 정보제공 ㉢ 효문화 진흥을 위한 교육활동 ㉣ 효문화 프로그램에 관한 개발 및 평가와 지원 ㉤ 효문화 진흥과 관련된 전문인력의 양성 ㉥ 효문화 진흥과 관련된 단체에 대한 지원 ㉦ 중앙행정기관 및 지방자치단체의 효문화 진흥 관련 위탁 사업 ㉧ 기타 보건복지부령으로 정하는 효문화 진흥과 관련된 업무

⑫ 대전평생교육진흥원

설립배경	평생학습에 대한 열의를 가진 대전 시민이면 누구나 누릴 수 있는 학습프로그램을 생애주기에 따라 제공하고, 시대의 변화에 부합하는 학습커리큘럼을 개발하여 확산하며, 개인의 특성과 조건에 따라 학습할 수 있도록 지원하고 협력하기 위해 노력하고 있다.
미션 및 비전	㉠ 미션 : 모두를 위한 평생학습체계 구축 ㉡ 비전 : 개인이 성장하고 지역사회가 풍요로운 시민지식도시 대전 ㉢ 목표 • 시민중심 평생학습 • 진화하는 평생학습 • 기회균등 평생학습
전략 및 전략과제	㉠ 생애주기 학습 지원 강화 • 학습과 일, 생활 균형 • 평생학습 소외계층 해소 • 학력인정대전시립중고등학교 운영 안정화 ㉡ 다원적 학습공동체 활성화 • 대전형 학습콘텐츠 개발 및 확산 • 학습자 시민 주체성 강화 • 학습공간 다원화 ㉢ 평생학습 플랫폼 고도화 • 스마트 평생학습 기반 확충 • 시민지식 발굴 확산 • 학습정보 생산과 공유 ㉣ 혁신 거버넌스 확립 • 평생학습 거버넌스 구축 • 신뢰와 연대의 조직문화 • 구성원 주도 업무혁신
주요 사업	㉠ 기반구축 • 평생교육 정책연구 : 대전시 평생교육 성과분석 및 종합계획 수립으로 평생교육진흥 정책 기반 구출 • 네트워크 활성화사업 : 대전시 평생교육 공급과 수요, 환경에 대한 주기적 조사를 통한 기초자료 확보 • 평생교육 포럼 및 세미나 : 대전시 평생교육 현안연구를 통한 체계적이고 합리적인 정책 대안 제시 ㉡ 역량강화 • 평생교육 관계자 직무연수 : 평생교육 종사자를 위한 직무연수, 평생교육 교·강사를 위한 직무연수, 평생교육 실천가를 위한 직무연수 • 평생학습 프로그램 공모사업 : 민간 평생교육기관의 우수 평생학습 프로그램 운영을 지원함으로써 대전지역 내 촘촘한 평생학습망 조성하기 위한 사업으로 공모를 통해 선정 후 보조금 지원 • 학습공동체 활성화 사업 : 학습공동체활동 지원사업, 학습동아리 성장 지원사업, 학습공간 조성사업

주요 사업	ⓒ 교육운영 • 대전시민대학 : 대전 시민의 보편적 평생학습권 보장을 위한 평생학습프로그램 제고 • 대전배달강좌 : 교육 소외계층 5인 이상이 모여 강좌를 신청하면 강사가 학습자를 찾아가는 평생교육 서비스 • 연합교양대학 : 대전만의 특별한 연합교양대학은 학점교류제도를 활용하여 다양한 인문학, 대전학 수업을 듣고, 참여학생에게는 대학학점을, 시민들에게는 수준 높은 교양특강을 제공하는 민·관·학 협력모델 ⓒ 문화확산 • 인문고전 읽기 운동 : 대전 시민이 인문고전 등 책 읽기를 생활화 할 수 있도록 여러 기회를 제공 • 평생학습 박람회 : 대전평생교육진흥원 창립 10주년을 축하하며, 대전평생교육의 지나온 발자취를 돌아보고 진흥원의 역할과 방향 모색 • 평생학습지 발간 : 격월간으로 매년 6권의 간행물을 발간하고 있으며, 친근감 있는 콘텐츠 기획과 구성으로 평생학습의 다채로운 이야기를 담아내며 대전 시민의 평생학습 참여를 촉진하고 평생교육 문화 확산에 기여 ⓜ 정보제공(다모아평생교육정보망) : 지역 주민의 평생학습 참여 확대를 위해 대전광역시의 평생교육정보를 한 곳에서 모아 제공하는 서비스 ⓗ 대전광역시 문해교육센터 : 평생교육법, 대전광역시 문자해독교육 지원조례에 의거하여 대전평생교육진흥원이 대전광역시 문해교육센터로 지정됨 ⓢ 대전시립중고등학교 : 배움의 시기를 놓친 시민들에게 평생학습을 통한 자아실현과 삶의 질 향상을 위해 대전광역시, 대전광역시교육청, 대전평생교육진흥원이 협력하여 설립·운영하는 전국 최초의 공공형 학력인정 평생교육시설

02 채용안내

본 안내는 개괄적인 안내로, 응시자격 등 채용에 관한 상세한 내용은 반드시 기관별 채용 홈페이지의 채용공고문을 참조하시기 바랍니다.

(1) 응시연령

① 만 18세 이상

② 청년채용 시 만 34세 이하로 제한(청년고용촉진 특별법에 의함)

③ 고령자 친화직종(미화, 경비)의 경우 응시연령 만 50세 이상 60세 미만으로 제한

(2) 지역제한(디자인진흥원 제외)

다음의 요건 중 하나를 충족해야 한다.

① 채용공고년도 1월 1일 이전부터 최종시험일(면접시험)까지 계속하여 대전광역시에 주민등록상 거주하는 사람

　※ 동 기간 중 주민등록의 말소 및 거주불명으로 등록된 사실이 없어야 한다.

② 채용공고년도 1월 1일 이전까지 대전광역시의 주민등록상 주소지를 두고 있었던 기간을 모두 합산하여 총 3년 이상인 사람

　※ 행정구역의 통·폐합 등으로 주민등록상 시·도의 변경이 있는 경우 현재 행정구역을 기준으로 하며 과거 거주 사실의 합산은 연속하지 않더라도 총 거주한 기간을 월 단위로 계산하여 36개월 이상이면 충족함
　※ 재외국인(해외영주권자)의 경우 위 요건과 같고 주민등록 또는 국내거소신고사실증명으로 거주한 사실을 증명함

③ 공고일 이전까지 대전광역시 소재 지방대학 또는 고등학교를 졸업한 사람

　※ 지방대학은 수도권정비계획법 제2조 제1호에 따른 수도권이 아닌 지역에 있는 고등교육법 제2조 각 호에 따른 학교를 말함
　※ 단, 대전 지역에서 고등학교 졸업 후 다른 지역에서 고등교육법 제2조 각 호에 따른 학교를 졸업한 사람은 제외

(3) 응시원서 접수방법

① 대전시 공공기관 통합채용 홈페이지(http://daejeon.saramin.co.kr) 접속 후 기관별 채용 홈페이지로 이동하여 개별 접수

② 중복 접수 불가(1인 1기관 1분야 지원)

(4) 선발예정인원 및 시험과목

기관명	직군	경쟁방식	직렬	직급	인원(명)	시험과목
계	총 12개 기관, 176명					
대전도시 공사 *청년채용	일반직 (8)	공개경쟁	행정	7급	1	① 인성검사(210) ② NCS(50) ③ 행정학개론(20) ④ 경영학원론(20)
			행정 (장애인)		1	
		경력경쟁	기술(건축) (장애인)		1	① 인성검사(210) ② NCS(50) ③ 건축계획(20) ④ 건축구조(20)
			기술(전기) (장애인)		1	① 인성검사(210) ② NCS(50) ③ 전기이론(20) ④ 전기기기(20)
			기술(전산) (장애인)		1	① 인성검사(210) ② NCS(50) ③ 컴퓨터일반(20) ④ 정보보호론(20)
			기술(환경)		1	① 인성검사(210) ② NCS(50) ③ 화학(20) ④ 환경공학개론(20)
			전문(기계)		1	① 인성검사(210) ② NCS(50) ③ 기계일반(20) ④ 기계설계(20)
			전문(전기)		1	① 인성검사(210) ② NCS(50) ③ 전기이론(20) ④ 전기기기(20)

기관명	직군	경쟁방식	직렬	직급	인원(명)	시험과목
도시철도 공사	일반직 (10)	공개경쟁	사무	9급	5	① 인성검사(210) ② NCS(50) ③ 행정학개론(20) ④ 행정법총론(20)
		경력경쟁	차량		1	① 인성검사(210) ② NCS(50) ③ 기계일반(20) ④ 기계설계(20) ※ 또는 아래 중 선택 ③ 전기일반(20) ④ 전기기기(20) -------------- ③ 전자일반(20) ④ 전자기기(20)
			전기		2	① 인성검사(210) ② NCS(50) ③ 전기일반(20) ④ 전기기기(20)
			신호		1	① 인성검사(210) ② NCS(50) ③ 전자일반(20) ④ 전자기기(20) ※ 또는 아래 중 선택 ③ 전기일반(20) ④ 전기기기(20) -------------- ③ 통신일반(20) ④ 정보통신기기(20)
			통신		1	① 인성검사(210) ② NCS(50) ③ 통신일반(20) ④ 정보통신기기(20)
	공무직 (76)	공개경쟁	미화	가급	35	① 인성검사(210) ② 일반상식(20)
			경비		3	
		경력경쟁	역무		19	
			시설관리		7	
			위생설비		2	
			전동차 정비		10	

기관명	직군	경쟁방식	직렬	직급	인원(명)	시험과목
마케팅공사	일반직 (8)	공개경쟁	관광·마케팅	7급	1	① 인성검사(210) ② NCS(50) ③ 경영학(20) ④ 관광학(20)
			일반행정		2	① 인성검사(210) ② NCS(50) ③ 경영학(20) ④ 홍보마케팅(20)
		경력경쟁	정보통신	5급	1	① 인성검사(210) ② NCS(50)
			전시·기획		2	
			디지털 마케팅		1	
			MICE 뷰로	6급	1	
	공무직 (27)	공개경쟁	경비	1등급	5	① 인성검사(210) ② 일반상식(20)
			미화		6	
			교통안전 교육		1	
			안내		2	
			주차		1	
		경력경쟁	통신	5등급	1	
			전기	3등급	2	
			전기	2등급	3	
			기계	3등급	1	
			기계	2등급	2	
			공조냉동	3등급	1	
			소방	2등급	1	
			음향장비	2등급	1	

기관명	직군	생성방식	식별	직급	인원(명)	시험과목
시설관리 공단	일반직 (2)	경력경쟁 *청년채용	직업훈련	8급	1	① 인성검사(210) ② NCS(50) ③ 직업재활학(20) ④ 사회복지학(20)
			기계		1	① 인성검사(210) ② NCS(50) ③ 기계일반(20) ④ 기계설비(20)
	업무직 (10)	공개경쟁	콜센터	마급/실무	1	① 인성검사(210) ② 일반상식(20)
			환경관리(남)		1	
			환경관리(여)		1	
		경력경쟁	승마교관	가급/공무	1	
			생산 및 판매관리	나급/책임	3	
			설비 운영		1	
			재배치	마급/실무	2	
일자리경제 진흥원	일반직 (3)	공개경쟁	행정	6급	2	① 인성검사(210) ② NCS(50) ③ 경영학원론(20) ④ 회계원리(20)
			전산		1	① 인성검사(210) ② NCS(50) ③ 컴퓨터일반(20) ④ 정보보호론(20)
신용보증 재단	일반직 (4)	공개경쟁	사무직	6급	3	① 인성검사(210) ② NCS(50) ③ 금융상식(20) ④ 민법(20)
		경력경쟁	기록물관리		1	
테크노파크	일반직 (3)	경력경쟁	일반	6급	3	① 인성검사(210) ② NCS(50) ※ 전공 자체검증 : 심층면접 등
	공무직 (5)		시설	1종	1	① 인성검사(210) ② 일반상식(20)
			경비	2종	1	
			미화		3	

기관명	직군	경쟁방식	직렬	직급	인원(명)	시험과목
정보문화 산업진흥원	일반직 (2)	공개경쟁	일반 (사업기획 운영실무)	6급	1	① 인성검사(210) ② NCS(50) ③ 행정학개론(20) ④ 경영학원론(20)
			일반 (KOLAS SW분야 시험실무)		1	① 인성검사(210) ② NCS(50) ③ SW공학개론940)
	무기 계약직 (1)		사무직	다급	1	① 인성검사(210) ② 일반상식(20)
디자인진흥원	일반직 (4)	경력경쟁	전산관리	5급	1	① 인성검사(210) ② NCS(50) ③ 컴퓨터일반(20) ④ 정보보호론(20)
			사업관리		3	① 인성검사(210) ② NCS(50) ③ 디자인경영(20) ④ 디자인학개론(20)
사회서비스원	일반직 (9)	경력경쟁	일반행정	4급	1	① 인성검사(210) ② NCS(50) ③ 사회복지행정론(20) ④ 사회복지실천론(20)
				5급	4	① 인성검사(210) ② NCS(50) ③ 사회복지행정론(20) ④ 사회복지실천론(20)
			어린이집 원장	–	4	① 인성검사(210) ② NCS(50) ③ 보육학개론(20) ④ 어린이집운영관리(20)
효문화진흥원	공무직 (1)	공개경쟁	안내 및 판매관리	–	1	① 인성검사(210) ② 일반상식(20)

기관명	직군	경쟁방식	직렬	직급	인원(명)	시험과목
평생교육 진흥원	일반직 (3)	경력경쟁	행정직 (전산)	5급	1	① 인성검사(210) ② NCS(50) ③ 컴퓨터일반(20) ④ 정보보호론(20)
			행정직 (시설)		1	① 인성검사(210) ② NCS(50) ③ 건축일반(20) ④ 전기일반(20)
			교직 (수학)		1	① 인성검사(210) ② NCS(50) ③ 교육학(20) ④ 수학(20)

※ NCS직업기초능력평가 : 의사소통, 문제해결, 수리능력, 대인관계, 정보능력(각 10문항씩 50문항)
※ 일반상식 : 국어 25%, 한국사 25%, 시사경제문화 50%
※ 모든 문제는 4지 택1형으로 구성(인성검사 제외)

(5) 기타 유의사항

① 시험과목, 응시자격, 가산점 등 채용에 관한 세부내용은 기관별 채용 홈페이지 내 공고문을 참조하고, 문의사항이 있을 경우 기관별 홈페이지 게시판에 별도 문의 바람

② 필기시험 이후 일정(서류·면접 전형, 최종합격자 발표 등)은 기관별 채용일정에 의함

PART

II

NCS 핵심이론 및 대표유형

01 NCS 핵심이론
02 NCS 대표유형

01 NCS 핵심이론

PART ❶ 의사소통능력

❶ 의사소통과 의사소통능력

(1) 의사소통

① 개념 : 사람들 간에 생각이나 감정, 정보, 의견 등을 교환하는 총체적인 행위로, 직장생활에서의 의사소통은 조직과 팀의 효율성과 효과성을 성취할 목적으로 이루어지는 구성원 간의 정보와 지식 전달 과정이라고 할 수 있다.

② 기능 : 공동의 목표를 추구해 나가는 집단 내의 기본적 존재 기반이며 성과를 결정하는 핵심 기능이다.

③ 의사소통의 종류

    ㉠ 언어적인 것 : 대화, 전화통화, 토론 등

    ㉡ 문서적인 것 : 메모, 편지, 기획안 등

    ㉢ 비언어적인 것 : 몸짓, 표정 등

④ 의사소통을 저해하는 요인 : 정보의 과다, 메시지의 복잡성 및 메시지 간의 경쟁, 상이한 직위와 과업지향형, 신뢰의 부족, 의사소통을 위한 구조상의 권한, 잘못된 매체의 선택, 폐쇄적인 의사소통 분위기 등

(2) 의사소통능력

① 개념 : 직장생활에서 문서나 상대방이 하는 말의 의미를 파악하는 능력, 자신의 의사를 정확하게 표현하는 능력, 간단한 외국어 자료를 읽거나 외국인의 의사표시를 이해하는 능력을 포함한다.

② 의사소통능력 개발을 위한 방법

    ㉠ 사후검토와 피드백을 활용한다.

    ㉡ 명확한 의미를 가진 이해하기 쉬운 단어를 선택하여 이해도를 높인다.

    ㉢ 적극적으로 경청한다.

    ㉣ 메시지를 감정적으로 곡해하지 않는다.

2 의사소통능력을 구성하는 하위능력

(1) 문서이해능력

① 문서와 문서이해능력

　　㉠ 문서 : 제안서, 보고서, 기획서, 이메일, 팩스 등 문자로 구성된 것으로 상대방에게 의사를 전달하여 설득하는 것을 목적으로 한다.

　　㉡ 문서이해능력 : 직업현장에서 자신의 업무와 관련된 문서를 읽고, 내용을 이해하고 요점을 파악할 수 있는 능력을 말한다.

예제 1

다음은 신용카드 약관의 주요내용이다. 규정 약관을 제대로 이해하지 못한 사람은?

> [부가서비스]
> 카드사는 법령에서 정한 경우를 제외하고 상품을 새로 출시한 후 1년 이내에 부가서비스를 줄이거나 없앨 수가 없다. 또한 부가서비스를 줄이거나 없앨 경우에는 그 세부내용을 변경일 6개월 이전에 회원에게 알려주어야 한다.
>
> [중도 해지 시 연회비 반환]
> 연회비 부과기간이 끝나기 이전에 카드를 중도해지하는 경우 남은 기간에 해당하는 연회비를 계산하여 10 영업일 이내에 돌려줘야 한다. 다만, 카드 발급 및 부가서비스 제공에 이미 지출된 비용은 제외된다.
>
> [카드 이용한도]
> 카드 이용한도는 카드 발급을 신청할 때에 회원이 신청한 금액과 카드사의 심사기준을 종합적으로 반영하여 회원이 신청한 금액 범위 이내에서 책정되며 회원의 신용도가 변동되었을 때에는 카드사는 회원의 이용한도를 조정할 수 있다.
>
> [부정사용 책임]
> 카드 위조 및 변조로 인하여 발생된 부정사용 금액에 대해서는 카드사가 책임을 진다. 다만, 회원이 비밀번호를 다른 사람에게 알려주거나 카드를 다른 사람에게 빌려주는 등의 중대한 과실로 인해 부정사용이 발생하는 경우에는 회원이 그 책임의 전부 또는 일부를 부담할 수 있다.

① 혜수 : 카드사는 법령에서 정한 경우를 제외하고는 1년 이내에 부가서비스를 줄일 수 없어
② 진성 : 카드 위조 및 변조로 인하여 발생된 부정사용 금액은 일괄 카드사가 책임을 지게 돼
③ 영훈 : 회원의 신용도가 변경되었을 때 카드사가 이용한도를 조정할 수 있어
④ 영호 : 연회비 부과기간이 끝나기 이전에 카드를 중도해지하는 경우에는 남은 기간에 해당하는 연회비를 카드사는 돌려줘야 해

② 문서의 종류

    ㉠ 공문서 : 정부기관에서 공무를 집행하기 위해 작성하는 문서로, 단체 또는 일반회사에서 정부기관을 상대로 사업을 진행할 때 작성하는 문서도 포함된다. 엄격한 규격과 양식이 특징이다.

    ㉡ 기획서 : 아이디어를 바탕으로 기획한 프로젝트에 대해 상대방에게 전달하여 시행하도록 설득하는 문서이다.

    ㉢ 기안서 : 업무에 대한 협조를 구하거나 의견을 전달할 때 작성하는 사내 공문서이다.

    ㉣ 보고서 : 특정한 업무에 관한 현황이나 진행 상황, 연구·검토 결과 등을 보고하고자 할 때 작성하는 문서이다.

    ㉤ 설명서 : 상품의 특성이나 작동 방법 등을 소비자에게 설명하기 위해 작성하는 문서이다.

    ㉥ 보도자료 : 정부기관이나 기업체 등이 언론을 상대로 자신들의 정보를 기사화 되도록 하기 위해 보내는 자료이다.

    ㉦ 자기소개서 : 개인이 자신의 성장과정이나, 입사 동기, 포부 등에 대해 구체적으로 기술하여 자신을 소개하는 문서이다.

    ㉧ 비즈니스 레터(E-mail) : 사업상의 이유로 고객에게 보내는 편지다.

    ㉨ 비즈니스 메모 : 업무상 확인해야 할 일을 메모형식으로 작성하여 전달하는 글이다.

③ 문서이해의 절차 : 문서의 목적 이해→문서 작성 배경·주제 파악→정보 확인 및 현안문제 파악→문서 작성자의 의도 파악 및 자신에게 요구되는 행동 분석→목적 달성을 위해 취해야 할 행동 고려→문서 작성자의 의도를 도표나 그림 등으로 요약·정리

(2) 문서작성능력

① 작성되는 문서에는 대상과 목적, 시기, 기대효과 등이 포함되어야 한다.

② 문서작성의 구성요소

    ㉠ 짜임새 있는 골격, 이해하기 쉬운 구조

    ㉡ 객관적이고 논리적인 내용

    ㉢ 명료하고 설득력 있는 문장

    ㉣ 세련되고 인상적인 레이아웃

다음은 들은 내용을 구조적으로 정리하는 방법이다. 순서에 맞게 배열하면?

> ㉠ 관련 있는 내용끼리 묶는다.
> ㉡ 묶은 내용에 적절한 이름을 붙인다.
> ㉢ 전체 내용을 이해하기 쉽게 구조화한다.
> ㉣ 중복된 내용이나 덜 중요한 내용을 삭제한다.

① ㉠㉡㉢㉣   ② ㉠㉡㉣㉢
③ ㉡㉢㉠㉣   ④ ㉡㉢㉣㉢

음성정보는 문자정보와는 달리 쉽게 잊혀지기 때문에 음성정보를 구조화 시키는 방법을 묻는 문항이다.

내용을 구조적으로 정리하는 방법은 '㉠ 관련 있는 내용끼리 묶는다. → ㉡ 묶은 내용에 적절한 이름을 붙인다. → ㉣ 중복된 내용이나 덜 중요한 내용을 삭제한다. → ㉢ 전체 내용을 이해하기 쉽게 구조화 한다.'가 적절하다.

답 ②

③ 문서의 종류에 따른 작성방법

  ㉠ 공문서
  - 육하원칙이 드러나도록 써야 한다.
  - 날짜는 반드시 연도와 월, 일을 함께 언급하며, 날짜 다음에 괄호를 사용할 때는 마침표를 찍지 않는다.
  - 대외문서이며, 장기간 보관되기 때문에 정확하게 기술해야 한다.
  - 내용이 복잡할 경우 '-다음-', '-아래-'와 같은 항목을 만들어 구분한다.
  - 한 장에 담아내는 것을 원칙으로 하며, 마지막엔 반드시 '끝'자로 마무리 한다.

  ㉡ 설명서
  - 정확하고 간결하게 작성한다.
  - 이해하기 어려운 전문용어의 사용은 삼가고, 복잡한 내용은 도표화 한다.
  - 명령문보다는 평서문을 사용하고, 동어 반복보다는 다양한 표현을 구사하는 것이 바람직하다.

  ㉢ 기획서
  - 상대를 설득하여 기획서가 채택되는 것이 목적이므로 상대가 요구하는 것이 무엇인지 고려하여 작성하며, 기획의 핵심을 잘 전달하였는지 확인한다.
  - 분량이 많을 경우 전체 내용을 한눈에 파악할 수 있도록 목차구성을 신중히 한다.
  - 효과적인 내용 전달을 위한 표나 그래프를 적절히 활용하고 산뜻한 느낌을 줄 수 있도록 한다.
  - 인용한 자료의 출처 및 내용이 정확해야 하며 제출 전 충분히 검토한다.

  ㉣ 보고서
  - 도출하고자 하는 핵심내용을 구체적이고 간결하게 작성한다.
  - 내용이 복잡할 경우 도표나 그림을 활용하고, 참고자료는 정확하게 제시한다.
  - 제출하기 전에 최종점검을 하며 질의를 받을 것에 대비한다.

예제 3

다음 중 공문서 작성에 대한 설명으로 가장 적절하지 못한 것은?

① 공문서나 유가증권 등에 금액을 표시할 때에는 한글로 기재하고 그 옆에 괄호를 넣어 숫자로 표기한다.
② 날짜는 숫자로 표기하되 년, 월, 일의 글자는 생략하고 그 자리에 온점(.)을 찍어 표시한다.
③ 첨부물이 있는 경우에는 붙임 표시문 끝에 1자 띄우고 "끝."이라고 표시한다.
④ 공문서의 본문이 끝났을 경우에는 1자를 띄우고 "끝."이라고 표시한다.

출제의도

업무를 할 때 필요한 공문서 작성법을 잘 알고 있는지를 측정하는 문항이다.

해 설

공문서 금액 표시
아라비아 숫자로 쓰고, 숫자 다음에 괄호를 하여 한글로 기재한다.
예) 123,456원의 표시 : 금 123,456(금 일십이만삼천사백오십육원)

답 ①

④ 문서작성의 원칙

　㉠ 문장은 짧고 간결하게 작성한다.(간결체 사용)

　㉡ 상대방이 이해하기 쉽게 쓴다.

　㉢ 불필요한 한자의 사용을 자제한다.

　㉣ 문장은 긍정문의 형식을 사용한다.

　㉤ 간단한 표제를 붙인다.

　㉥ 문서의 핵심내용을 먼저 쓰도록 한다.(두괄식 구성)

⑤ 문서작성 시 주의사항

　㉠ 육하원칙에 의해 작성한다.

　㉡ 문서 작성시기가 중요하다.

　㉢ 한 사안은 한 장의 용지에 작성한다.

　㉣ 반드시 필요한 자료만 첨부한다.

　㉤ 금액, 수량, 일자 등은 기재에 정확성을 기한다.

　㉥ 경어나 단어사용 등 표현에 신경 쓴다.

　㉦ 문서작성 후 반드시 최종적으로 검토한다.

⑥ 효과적인 문서작성 요령

   ㉠ 내용이해 : 전달하고자 하는 내용과 핵심을 정확하게 이해해야 한다.

   ㉡ 목표설정 : 전달하고자 하는 목표를 분명하게 설정한다.

   ㉢ 구성 : 내용 전달 및 설득에 효과적인 구성과 형식을 고려한다.

   ㉣ 자료수집 : 목표를 뒷받침할 자료를 수집한다.

   ㉤ 핵심전달 : 단락별 핵심을 하위목차로 요약한다.

   ㉥ 대상파악 : 대상에 대한 이해와 분석을 통해 철저히 파악한다.

   ㉦ 보충설명 : 예상되는 질문을 정리하여 구체적인 답변을 준비한다.

   ㉧ 문서표현의 시각화 : 그래프, 그림, 사진 등을 적절히 사용하여 이해를 돕는다.

(3) 경청능력

① 경청의 중요성 : 경청은 다른 사람의 말을 주의 깊게 들으며 공감하는 능력으로 경청을 통해 상대방을 한 개인으로 존중하고 성실한 마음으로 대하게 되며, 상대방의 입장에 공감하고 이해하게 된다.

② 경청을 방해하는 습관 : 짐작하기, 대답할 말 준비하기, 걸러내기, 판단하기, 다른 생각하기, 조언하기, 언쟁하기, 옳아야만 하기, 슬쩍 넘어가기, 비위 맞추기 등

③ 효과적인 경청방법

   ㉠ 준비하기 : 강연이나 프레젠테이션 이전에 나누어주는 자료를 읽어 미리 주제를 파악하고 등장하는 용어를 익혀둔다.

   ㉡ 주의 집중 : 말하는 사람의 모든 것에 집중해서 적극적으로 듣는다.

   ㉢ 예측하기 : 다음에 무엇을 말할 것인가를 추측하려고 노력한다.

   ㉣ 나와 관련짓기 : 상대방이 전달하고자 하는 메시지를 나의 경험과 관련지어 생각해 본다.

   ㉤ 질문하기 : 질문은 듣는 행위를 적극적으로 하게 만들고 집중력을 높인다.

   ㉥ 요약하기 : 주기적으로 상대방이 전달하려는 내용을 요약한다.

   ㉦ 반응하기 : 피드백을 통해 의사소통을 점검한다.

다음은 면접스터디 중 일어난 대화이다. 민아의 고민을 해소하기 위한 조언으로 가장 적절한 것은?

> 지섭 : 민아씨, 어디 아파요? 표정이 안 좋아 보여요.
> 민아 : 제가 원서 넣은 공단이 내일 면접이어서요. 그동안 스터디를 통해서 면접 연습을 많이 했는데도 벌써부터 긴장이 되네요.
> 지섭 : 민아씨는 자기 의견도 명확히 피력할 줄 알고 조리 있게 설명을 잘 하시니 걱정 안하셔도 될 것 같아요. 아, 손에 꽉 쥐고 계신 건 뭔가요?
> 민아 : 아, 제가 예상 답변을 정리해서 모아둔거에요. 내용은 거의 외웠는데 이렇게 쥐고 있지 않으면 불안해서..
> 지섭 : 그 정도로 준비를 철저히 하셨으면 걱정할 이유 없을 것 같아요.
> 민아 : 그래도 압박면접이거나 예상치 못한 질문이 들어오면 어떻게 하죠?
> 지섭 : _____

① 시선을 적절히 처리하면서 부드러운 어투로 말하는 연습을 해보는 건 어때요?
② 공식적인 자리인 만큼 옷차림을 신경 쓰는 게 좋을 것 같아요.
③ 당황하지 말고 질문자의 의도를 잘 파악해서 침착하게 대답하면 되지 않을까요?
④ 예상 질문에 대한 답변을 좀 더 정확하게 외워보는 건 어떨까요?

상대방이 하는 말을 듣고 질문 의도에 따라 올바르게 답하는 능력을 측정하는 문항이다.

민아는 압박질문이나 예상치 못한 질문에 대해 걱정을 하고 있으므로 침착하게 대응하라고 조언을 해주는 것이 좋다.

답 ③

(4) 의사표현능력

① 의사표현의 개념과 종류

  ㉠ 개념 : 화자가 자신의 생각과 감정을 청자에게 음성언어나 신체언어로 표현하는 행위이다.

  ㉡ 종류
  • 공식적 말하기 : 사전에 준비된 내용을 대중을 대상으로 말하는 것으로 연설, 토의, 토론 등이 있다.
  • 의례적 말하기 : 사회·문화적 행사에서와 같이 절차에 따라 하는 말하기로 식사, 주례, 회의 등이 있다.
  • 친교적 말하기 : 친근한 사람들 사이에서 자연스럽게 주고받는 대화 등을 말한다.

② 의사표현의 방해요인

  ㉠ 연단공포증 : 연단에 섰을 때 가슴이 두근거리거나 땀이 나고 얼굴이 달아오르는 등의 현상으로 충분한 분석과 준비, 더 많은 말하기 기회 등을 통해 극복할 수 있다.

  ㉡ 말 : 말의 장단, 고저, 발음, 속도, 쉼 등을 포함한다.

  ㉢ 음성 : 목소리와 관련된 것으로 음색, 고저, 명료도, 완급 등을 의미한다.

  ㉣ 몸짓 : 비언어적 요소로 화자의 외모, 표정, 동작 등이다.

  ㉤ 유머 : 말하기 상황에 따른 적절한 유머를 구사할 수 있어야 한다.

③ 상황과 대상에 따른 의사표현법

   ⊙ 잘못을 지적할 때: 모호한 표현을 삼가고 확실하게 지적하며, 당장 꾸짖고 있는 내용에만 한정한다.

   ⓒ 칭찬할 때: 자칫 아부로 여겨질 수 있으므로 센스 있는 칭찬이 필요하다.

   ⓒ 부탁할 때: 먼저 상대방의 사정을 듣고 응하기 쉽게 구체적으로 부탁하며 거절을 당해도 싫은 내색을 하지 않는다.

   ⓔ 요구를 거절할 때: 먼저 사과하고 응해줄 수 없는 이유를 설명한다.

   ⓜ 명령할 때: 강압적인 말투보다는 '○○을 이렇게 해주는 것이 어떻겠습니까?'와 같은 식으로 부드럽게 표현하는 것이 효과적이다.

   ⓗ 설득할 때: 일방적으로 강요하기보다는 먼저 양보해서 이익을 공유하겠다는 의지를 보여주는 것이 좋다.

   ⓢ 충고할 때: 충고는 가장 최후의 방법이다. 반드시 충고가 필요한 상황이라면 예화를 들어 비유적으로 깨우쳐주는 것이 바람직하다.

   ⓞ 질책할 때: 샌드위치 화법(칭찬의 말 + 질책의 말 + 격려의 말)을 사용하여 청자의 반발을 최소화한다.

예제 5

당신은 팀장님께 업무 지시내용을 수행하고 결과물을 보고 드렸다. 하지만 팀장님께서는 "최대리 업무를 이렇게 처리하면 어떡하나? 누락된 부분이 있지 않은가."라고 말하였다. 이에 대해 당신이 행할 수 있는 가장 부적절한 대처 자세는?

① "죄송합니다. 제가 잘 모르는 부분이라 이수혁 과장님께 부탁을 했는데 과장님께서 실수를 하신 것 같습니다."
② "주의를 기울이지 못해 죄송합니다. 어느 부분을 수정보완하면 될까요?"
③ "지시하신 내용을 제가 충분히 이해하지 못하였습니다. 내용을 다시 한 번 여쭤보아도 되겠습니까?"
④ "부족한 내용을 보완하는 자료를 취합하기 위해서 하루정도가 더 소요될 것 같습니다. 언제까지 재작성하여 드리면 될까요?"

출제의도

상사가 잘못을 지적하는 상황에서 어떻게 대처해야 하는지를 묻는 문항이다.

해 설

상사가 부탁한 지시사항을 다른 사람에게 부탁하는 것은 옳지 못하며 설사 그렇다고 해도 그 일의 과오에 대해 책임을 전가하는 것은 지양해야 할 자세이다.

답 ①

---

④ 원활한 의사표현을 위한 지침

   ⊙ 올바른 화법을 위해 독서를 하라.

   ⓒ 좋은 청중이 되라.

   ⓒ 칭찬을 아끼지 마라.

   ⓔ 공감하고, 긍정적으로 보이게 하라.

ⓜ 겸손은 최고의 미덕임을 잊지 마라.

　ⓑ 과감하게 공개하라.

　ⓢ 뒷말을 숨기지 마라.

　ⓞ 첫마디 말을 준비하라.

　ⓩ 이성과 감성의 조화를 꾀하라.

　ⓒ 대화의 룰을 지켜라.

　ⓚ 문장을 완전하게 말하라.

⑤ 설득력 있는 의사표현을 위한 지침

　㉠ 'Yes'를 유도하여 미리 설득 분위기를 조성하라.

　㉡ 대비 효과로 분발심을 불러 일으켜라.

　㉢ 침묵을 지키는 사람의 참여도를 높여라.

　㉣ 여운을 남기는 말로 상대방의 감정을 누그러뜨려라.

　㉤ 하던 말을 갑자기 멈춤으로써 상대방의 주의를 끌어라.

　㉥ 호칭을 바꿔서 심리적 간격을 좁혀라.

　㉦ 끄집어 말하여 자존심을 건드려라.

　㉧ 정보전달 공식을 이용하여 설득하라.

　㉨ 상대방의 불평이 가져올 결과를 강조하라.

　㉩ 권위 있는 사람의 말이나 작품을 인용하라.

　㉪ 약점을 보여 주어 심리적 거리를 좁혀라.

　㉫ 이상과 현실의 구체적 차이를 확인시켜라.

　㉬ 자신의 잘못도 솔직하게 인정하라.

　㉭ 집단의 요구를 거절하려면 개개인의 의견을 물어라.

　ⓐ 동조 심리를 이용하여 설득하라.

　ⓑ 지금까지의 노고를 치하한 뒤 새로운 요구를 하라.

　ⓒ 담당자가 대변자 역할을 하도록 하여 윗사람을 설득하게 하라.

　ⓓ 겉치레 양보로 기선을 제압하라.

　ⓔ 변명의 여지를 만들어 주고 설득하라.

　ⓕ 혼자 말하는 척하면서 상대의 잘못을 지적하라.

(5) 기초외국어능력

① 기초외국어능력의 개념과 필요성

    ㉠ 개념 : 외국어로 된 간단한 자료를 이해하거나, 외국인과의 전화응대와 간단한 대화 등 외국인의 의사표현을 이해하고, 자신의 의사를 기초외국어로 표현할 수 있는 능력이다.

    ㉡ 필요성 : 국제화·세계화 시대에 다른 나라와의 무역을 위해 우리의 언어가 아닌 국제적인 통용어를 사용하거나 그들의 언어로 의사소통을 해야 하는 경우가 생길 수 있다.

② 외국인과의 의사소통에서 피해야 할 행동

    ㉠ 상대를 볼 때 흘겨보거나, 노려보거나, 아예 보지 않는 행동

    ㉡ 팔이나 다리를 꼬는 행동

    ㉢ 표정이 없는 것

    ㉣ 다리를 흔들거나 펜을 돌리는 행동

    ㉤ 맞장구를 치지 않거나 고개를 끄덕이지 않는 행동

    ㉥ 생각 없이 메모하는 행동

    ㉦ 자료만 들여다보는 행동

    ㉧ 바르지 못한 자세로 앉는 행동

    ㉨ 한숨, 하품, 신음소리를 내는 행동

    ㉩ 다른 일을 하며 듣는 행동

    ㉪ 상대방에게 이름이나 호칭을 어떻게 부를지 묻지 않고 마음대로 부르는 행동

③ 기초외국어능력 향상을 위한 공부법

    ㉠ 외국어공부의 목적부터 정하라.

    ㉡ 매일 30분씩 눈과 손과 입에 밸 정도로 반복하라.

    ㉢ 실수를 두려워하지 말고 기회가 있을 때마다 외국어로 말하라.

    ㉣ 외국어 잡지나 원서와 친해져라.

    ㉤ 소홀해지지 않도록 라이벌을 정하고 공부하라.

    ㉥ 업무와 관련된 주요 용어의 외국어는 꼭 알아두자.

    ㉦ 출퇴근 시간에 외국어 방송을 보거나, 듣는 것만으로도 귀가 트인다.

    ㉧ 어린이가 단어를 배우듯 외국어 단어를 암기할 때 그림카드를 사용해 보라.

    ㉨ 가능하면 외국인 친구를 사귀고 대화를 자주 나눠 보라.

1 문제와 문제해결

(1) 문제의 정의와 분류

① 정의 : 업무를 수행함에 있어서 답을 요구하는 질문이나 의논하여 해결해야 되는 사항이다.

② 문제의 분류

구분	창의적 문제	분석적 문제
문제제시 방법	현재 문제가 없더라도 보다 나은 방법을 찾기 위한 문제 탐구→문제 자체가 명확하지 않음	현재의 문제점이나 미래의 문제로 예견될 것에 대한 문제 탐구→문제 자체가 명확함
해결방법	창의력에 의한 많은 아이디어의 작성을 통해 해결	분석, 논리, 귀납과 같은 논리적 방법을 통해 해결
해답 수	해답의 수가 많으며, 많은 답 가운데 보다 나은 것을 선택	답의 수가 적으며 한정되어 있음
주요특징	주관적, 직관적, 감각적, 정성적, 개별적, 특수성	객관적, 논리적, 정량적, 이성적, 일반적, 공통성

(2) 업무수행과정에서 발생하는 문제 유형

① 발생형 문제(보이는 문제) : 현재 직면하여 해결하기 위해 고민하는 문제이다. 원인이 내재되어 있기 때문에 원인지향적인 문제라고도 한다.

　　㉠ 일탈문제 : 어떤 기준을 일탈함으로써 생기는 문제

　　㉡ 미달문제 : 어떤 기준에 미달하여 생기는 문제

② 탐색형 문제(찾는 문제) : 현재의 상황을 개선하거나 효율을 높이기 위한 문제이다. 방치할 경우 큰 손실이 따르거나 해결할 수 없는 문제로 나타나게 된다.

　　㉠ 잠재문제 : 문제가 잠재되어 있어 인식하지 못하다가 확대되어 해결이 어려운 문제

　　㉡ 예측문제 : 현재로는 문제가 없으나 현 상태의 진행 상황을 예측하여 찾아야 앞으로 일어날 수 있는 문제가 보이는 문제

　　㉢ 발견문제 : 현재로서는 담당 업무에 문제가 없으나 선진기업의 업무 방법 등 보다 좋은 제도나 기법을 발견하여 개선시킬 수 있는 문제

③ 설정형 문제(미래 문제) : 장래의 경영전략을 생각하는 것으로 앞으로 어떻게 할 것인가 하는 문제이다. 문제해결에 창조적인 노력이 요구되어 창조적 문제라고도 한다.

D회사 신입사원으로 입사한 귀하는 신입사원 교육에서 업무수행과정에서 발생하는 문제 유형 중 설정형 문제를 하나씩 찾아오라는 지시를 받았다. 이에 대해 귀하는 교육받은 내용을 다시 복습하려고 한다. 설정형 문제에 해당하는 것은?

① 현재 직면하여 해결하기 위해 고민하는 문제
② 현재의 상황을 개선하거나 효율을 높이기 위한 문제
③ 앞으로 어떻게 할 것인가 하는 문제
④ 원인이 내재되어 있는 원인지향적인 문제

출제의도
업무수행 중 문제가 발생하였을 때 문제 유형을 구분하는 능력을 측정하는 문항이다.

해 설
업무수행과정에서 발생하는 문제 유형으로는 발생형 문제, 탐색형 문제, 설정형 문제가 있으며 ①④는 발생형 문제이며 ②는 탐색형 문제, ③이 설정형 문제이다.

답 ③

(3) 문제해결

① 정의 : 목표와 현상을 분석하고 이 결과를 토대로 과제를 도출하여 최적의 해결책을 찾아 실행·평가해 가는 활동이다.

② 문제해결에 필요한 기본적 사고

　㉠ 전략적 사고 : 문제와 해결방안이 상위 시스템과 어떻게 연결되어 있는지를 생각한다.

　㉡ 분석적 사고 : 전체를 각각의 요소로 나누어 그 의미를 도출하고 우선순위를 부여하여 구체적인 문제해결방법을 실행한다.

　㉢ 발상의 전환 : 인식의 틀을 전환하여 새로운 관점으로 바라보는 사고를 지향한다.

　㉣ 내·외부자원의 활용 : 기술, 재료, 사람 등 필요한 자원을 효과적으로 활용한다.

③ 문제해결의 장애요소

　㉠ 문제를 철저하게 분석하지 않는 경우

　㉡ 고정관념에 얽매이는 경우

　㉢ 쉽게 떠오르는 단순한 정보에 의지하는 경우

　㉣ 너무 많은 자료를 수집하려고 노력하는 경우

④ 문제해결방법

　㉠ 소프트 어프로치 : 문제해결을 위해서 직접적인 표현보다는 무언가를 시사하거나 암시를 통하여 의사를 전달하여 문제해결을 도모하고자 한다.

　㉡ 하드 어프로치 : 상이한 문화적 토양을 가지고 있는 구성원을 가정하고, 서로의 생각을 직설적으로 주장하고 논쟁이나 협상을 통해 서로의 의견을 조정해 가는 방법이다.

ⓒ 퍼실리테이션(facilitation) : 촉진을 의미하며 어떤 그룹이나 집단이 의사결정을 잘 하도록 도와
주는 일을 의미한다.

② 문제해결능력을 구성하는 하위능력

(1) 사고력

① 창의적 사고 : 개인이 가지고 있는 경험과 지식을 통해 새로운 가치 있는 아이디어를 산출하는 사고능력
이다.

　㉠ 창의적 사고의 특징
　　• 정보와 정보의 조합
　　• 사회나 개인에게 새로운 가치 창출
　　• 창조적인 가능성

예제 2

M사 홍보팀에서 근무하고 있는 귀하는 입사 5년차로 창의적인 기획안을 제출
하기로 유명하다. S부장은 이번 신입사원 교육 때 귀하에게 창의적인 사고란
무엇인지 교육을 맡아달라고 부탁하였다. 창의적인 사고에 대한 귀하의 설명으
로 옳지 않은 것은?

① 창의적인 사고는 새롭고 유용한 아이디어를 생산해 내는 정신적인 과정이다.
② 창의적인 사고는 특별한 사람들만이 할 수 있는 대단한 능력이다.
③ 창의적인 사고는 기존의 정보들을 특정한 요구조건에 맞거나 유용하도록 새롭게
조합시킨 것이다.
④ 창의적인 사고는 통상적인 것이 아니라 기발하거나, 신기하며 독창적인 것이다.

출제의도

창의적 사고에 대한 개념을 정확히
파악하고 있는지를 묻는 문항이다.

해 설

흔히 사람들은 창의적인 사고에 대해
특별한 사람들만이 할 수 있는 대단
한 능력이라고 생각하지만 그리 대단
한 능력이 아니며 이미 알고 있는 경
험과 지식을 해체하여 다시 새로운
정보로 결합하여 가치 있는 아이디어
를 산출하는 사고라고 할 수 있다.

답 ②

　㉡ 발산적 사고 : 창의적 사고를 위해 필요한 것으로 자유연상법, 강제연상법, 비교발상법 등을 통해
개발할 수 있다.

구분	내용
자유연상법	생각나는 대로 자유롭게 발상 ex) 브레인스토밍
강제연상법	각종 힌트에 강제적으로 연결 지어 발상 ex) 체크리스트
비교발상법	주제의 본질과 닮은 것을 힌트로 발상 ex) NM법, Synectics

POINT 브레인스토밍

    ⊙ 진행방법
- 주제를 구체적이고 명확하게 정한다.
- 구성원의 얼굴을 볼 수 있는 좌석 배치와 큰 용지를 준비한다.
- 구성원들의 다양한 의견을 도출할 수 있는 사람을 리더로 선출한다.
- 구성원은 다양한 분야의 사람들로 5~8명 정도로 구성한다.
- 발언은 누구나 자유롭게 할 수 있도록 하며, 모든 발언 내용을 기록한다.
- 아이디어에 대한 평가는 비판해서는 안 된다.

    ⓒ 4대 원칙
- 비판엄금(Support) : 평가 단계 이전에 결코 비판이나 판단을 해서는 안 되며 평가는 나중까지 유보한다.
- 자유분방(Silly) : 무엇이든 자유롭게 말하고 이런 바보 같은 소리를 해서는 안 된다는 등의 생각은 하지 않아야 한다.
- 질보다 양(Speed) : 질에는 관계없이 가능한 많은 아이디어들을 생성해내도록 격려한다.
- 결합과 개선(Synergy) : 다른 사람의 아이디어에 자극되어 보다 좋은 생각이 떠오르고, 서로 조합하면 재미있는 아이디어가 될 것 같은 생각이 들면 즉시 조합시킨다.

② 논리적 사고 : 사고의 전개에 있어 전후의 관계가 일치하고 있는가를 살피고 아이디어를 평가하는 사고능력이다.

    ⊙ 논리적 사고를 위한 5가지 요소 : 생각하는 습관, 상대 논리의 구조화, 구체적인 생각, 타인에 대한 이해, 설득

    ⓒ 논리적 사고 개발 방법
- 피라미드 구조 : 하위의 사실이나 현상부터 사고하여 상위의 주장을 만들어가는 방법
- so what기법 : '그래서 무엇이지?'하고 자문자답하여 주어진 정보로부터 가치 있는 정보를 이끌어내는 사고 기법

③ 비판적 사고 : 어떤 주제나 주장에 대해서 적극적으로 분석하고 종합하며 평가하는 능동적인 사고이다.

    ⊙ 비판적 사고 개발 태도 : 비판적 사고를 개발하기 위해서는 지적 호기심, 객관성, 개방성, 융통성, 지적 회의성, 지적 정직성, 체계성, 지속성, 결단성, 다른 관점에 대한 존중과 같은 태도가 요구된다.

    ⓒ 비판적 사고를 위한 태도
- 문제의식 : 비판적인 사고를 위해서 가장 먼저 필요한 것은 바로 문제의식이다. 자신이 지니고 있는 문제와 목적을 확실하고 정확하게 파악하는 것이 비판적인 사고의 시작이다.
- 고정관념 타파 : 지각의 폭을 넓히는 일은 정보에 대한 개방성을 가지고 편견을 갖지 않는 것으로 고정관념을 타파하는 일이 중요하다.

(2) 문제처리능력과 문제해결절차

① 문제처리능력 : 목표와 현상을 분석하고 이를 토대로 문제를 도출하여 최적의 해결책을 찾아 실행 · 평가하는 능력이다.

② 문제해결절차 : 문제 인식 → 문제 도출 → 원인 분석 → 해결안 개발 → 실행 및 평가

  ㉠ 문제 인식 : 문제해결과정 중 'what'을 결정하는 단계로 환경 분석 → 주요 과제 도출 → 과제 선정 의 절차를 통해 수행된다.

   • 3C 분석 : 환경 분석 방법의 하나로 사업환경을 구성하고 있는 요소인 자사(Company), 경쟁사 (Competitor), 고객(Customer)을 분석하는 것이다.

예제 3

L사에서 주력 상품으로 밀고 있는 TV의 판매 이익이 감소하고 있는 상황에서 귀하는 B부장으로부터 3C분석을 통해 해결방안을 강구해 오라는 지시를 받았다. 다음 중 3C에 해당하지 않는 것은?

① Customer
② Company
③ Competitor
④ Content

출제의도

3C의 개념과 구성요소를 정확히 숙지 하고 있는지를 측정하는 문항이다.

해 설

3C 분석에서 사업 환경을 구성하고 있는 요 소인 자사(Company), 경쟁사(Competitor), 고객(Customer)을 3C라고 한다. 3C 분석 에서 고객 분석에서는 '고객은 자사의 상 품 · 서비스에 만족하고 있는가'를, 자사 분 석에서는 '자사가 세운 달성목표와 현상 간에 차이가 없는가'를 경쟁사 분석에서 는 '경쟁기업의 우수한 점과 자사의 현 상과 차이가 없는가'에 대한 질문을 통 해서 환경을 분석하게 된다.

답 ④

• SWOT 분석 : 기업내부의 강점과 약점, 외부환경의 기회와 위협요인을 분석 · 평가하여 문제해결 방 안을 개발하는 방법이다.

		내부환경요인	
		강점(Strengths)	약점(Weaknesses)
외부환경요인	기회 (Opportunities)	SO 내부강점과 외부기회 요인을 극대화	WO 외부기회를 이용하여 내부약점을 강점으로 전환
	위협 (Threat)	ST 외부위협을 최소화하기 위해 내부강점을 극대화	WT 내부약점과 외부위협을 최소화

ⓛ 문제 도출 : 선정된 문제를 분석하여 해결해야 할 것이 무엇인지를 명확히 하는 단계로, 문제 구조 파악 → 핵심 문제 선정 단계를 거쳐 수행된다.

• Logic Tree : 문제의 원인을 파고들거나 해결책을 구체화할 때 제한된 시간 안에서 넓이와 깊이를 추구하는데 도움이 되는 기술로 주요 과제를 나무모양으로 분해·정리하는 기술이다.

ⓒ 원인 분석 : 문제 도출 후 파악된 핵심 문제에 대한 분석을 통해 근본 원인을 찾는 단계로 Issue 분석 → Data 분석 → 원인 파악의 절차로 진행된다.

ⓔ 해결안 개발 : 원인이 밝혀지면 이를 효과적으로 해결할 수 있는 다양한 해결안을 개발하고 최선의 해결안을 선택하는 것이 필요하다.

ⓜ 실행 및 평가 : 해결안 개발을 통해 만들어진 실행계획을 실제 상황에 적용하는 활동으로 실행계획 수립 → 실행 → Follow-up의 절차로 진행된다.

예제 4

C사는 최근 국내 매출이 지속적으로 하락하고 있어 사내 분위기가 심상치 않다. 이에 대해 Y부장은 이 문제를 극복하고자 문제처리 팀을 구성하여 해결방안을 모색하도록 지시하였다. 문제처리 팀의 문제해결 절차를 올바른 순서로 나열한 것은?

① 문제 인식 → 원인 분석 → 해결안 개발 → 문제 도출 → 실행 및 평가
② 문제 도출 → 문제 인식 → 해결안 개발 → 원인 분석 → 실행 및 평가
③ 문제 인식 → 원인 분석 → 문제 도출 → 해결안 개발 → 실행 및 평가
④ 문제 인식 → 문제 도출 → 원인 분석 → 해결안 개발 → 실행 및 평가

출제의도

실제 업무 상황에서 문제가 일어났을 때 해결 절차를 알고 있는지를 측정하는 문항이다.

해 설

일반적인 문제해결절차는 '문제 인식 → 문제 도출 → 원인 분석 → 해결안 개발 → 실행 및 평가로 이루어진다.

답 ④

1 직장생활과 수리능력

(1) 기초직업능력으로서의 수리능력

① 개념 : 직장생활에서 요구되는 사칙연산과 기초적인 통계를 이해하고 도표의 의미를 파악하거나 도표를 이용해서 결과를 효과적으로 제시하는 능력을 말한다.

② 수리능력은 크게 기초연산능력, 기초통계능력, 도표분석능력, 도표작성능력으로 구성된다.

　㉠ 기초연산능력 : 직장생활에서 필요한 기초적인 사칙연산과 계산방법을 이해하고 활용할 수 있는 능력

　㉡ 기초통계능력 : 평균, 합계, 빈도 등 직장생활에서 자주 사용되는 기초적인 통계기법을 활용하여 자료의 특성과 경향성을 파악하는 능력

　㉢ 도표분석능력 : 그래프, 그림 등 도표의 의미를 파악하고 필요한 정보를 해석하는 능력

　㉣ 도표작성능력 : 도표를 이용하여 결과를 효과적으로 제시하는 능력

(2) 업무수행에서 수리능력이 활용되는 경우

① 업무상 계산을 수행하고 결과를 정리하는 경우

② 업무비용을 측정하는 경우

③ 고객과 소비자의 정보를 조사하고 결과를 종합하는 경우

④ 조직의 예산안을 작성하는 경우

⑤ 업무수행 경비를 제시해야 하는 경우

⑥ 다른 상품과 가격비교를 하는 경우

⑦ 연간 상품 판매실적을 제시하는 경우

⑧ 업무비용을 다른 조직과 비교해야 하는 경우

⑨ 상품판매를 위한 지역조사를 실시해야 하는 경우

⑩ 업무수행과정에서 도표로 주어진 자료를 해석하는 경우

⑪ 도표로 제시된 업무비용을 측정하는 경우

예제 1

다음 자료를 보고 주어진 상황에 대한 물음에 답하시오.

〈근로소득에 대한 간이 세액표〉

월 급여액(천 원) [비과세 및 학자금 제외]		공제대상 가족 수				
이상	미만	1	2	3	4	5
2,500	2,520	38,960	29,280	16,940	13,570	10,190
2,520	2,540	40,670	29,960	17,360	13,990	10,610
2,540	2,560	42,380	30,640	17,790	14,410	11,040
2,560	2,580	44,090	31,330	18,210	14,840	11,460
2,580	2,600	45,800	32,680	18,640	15,260	11,890
2,600	2,620	47,520	34,390	19,240	15,680	12,310
2,620	2,640	49,230	36,100	19,900	16,110	12,730
2,640	2,660	50,940	37,810	20,560	16,530	13,160
2,660	2,680	52,650	39,530	21,220	16,960	13,580
2,680	2,700	54,360	41,240	21,880	17,380	14,010
2,700	2,720	56,070	42,950	22,540	17,800	14,430
2,720	2,740	57,780	44,660	23,200	18,230	14,850
2,740	2,760	59,500	46,370	23,860	18,650	15,280

※ 갑근세는 제시되어 있는 간이 세액표에 따름
※ 주민세=갑근세의 10%
※ 국민연금=급여액의 4.50%
※ 고용보험=국민연금의 10%
※ 건강보험=급여액의 2.90%
※ 교육지원금=분기별 100,000원(매 분기별 첫 달에 지급)

박○○ 사원의 5월 급여내역이 다음과 같고 전월과 동일하게 근무하였으나, 특별수당은 없고 차량지원금으로 100,000원을 받게 된다면, 6월에 받게 되는 급여는 얼마인가? (단, 원 단위 절삭)

(주) 서원플랜테크 5월 급여내역			
성명	박○○	지급일	5월 12일
기본급여	2,240,000	갑근세	39,530
직무수당	400,000	주민세	3,950
명절 상여금		고용보험	11,970
특별수당	20,000	국민연금	119,700
차량지원금		건강보험	77,140
교육지원		기타	
급여계	2,660,000	공제합계	252,290
		지급총액	2,407,710

① 2,443,910
② 2,453,910
③ 2,463,910
④ 2,473,910

(3) 수리능력의 중요성

① 수학적 사고를 통한 문제해결

② 직업세계의 변화에의 적응

③ 실용적 가치의 구현

(4) 단위환산표

구분	단위환산
길이	1cm = 10mm, 1m = 100cm, 1km = 1,000m
넓이	1cm² = 100mm², 1m² = 10,000cm², 1km² = 1,000,000m² = 10,000a = 100ha
부피	1cm³ = 1,000mm³, 1m³ = 1,000,000cm³, 1km³ = 1,000,000,000m³
들이	1mℓ = 1cm³, 1dℓ = 100cm³, 1L = 1,000cm³ = 10dℓ
무게	1kg = 1,000g, 1t = 1,000kg = 1,000,000g
시간	1분 = 60초, 1시간 = 60분 = 3,600초
할푼리	1푼 = 0.1할, 1리 = 0.01할, 1모 = 0.001할

예제 2

둘레의 길이가 4.4km인 정사각형 모양의 공원이 있다. 이 공원의 넓이는 몇 a 인가?

① 12,100a

② 1,210a

③ 121a

④ 12.1a

출제의도

길이, 넓이, 부피, 들이, 무게, 시간, 속도 등 단위에 대한 기본적인 환산 능력을 평가하는 문제로서, 소수점 계산이 필요하며, 자릿수를 읽고 구분할 줄 알아야 한다.

해 설

공원의 한 변의 길이는
$4.4 \div 4 = 1.1 (\text{km})$ 이고
$1\text{km}^2 = 10,000\text{a}$ 이므로
공원의 넓이는
$1.1\text{km} \times 1.1\text{km} = 1.21\text{km}^2 = 12,100\text{a}$

 ①

❷ 수리능력을 구성하는 하위능력

(1) 기초연산능력

① 사칙연산 : 수에 관한 덧셈, 뺄셈, 곱셈, 나눗셈의 네 종류의 계산법으로 업무를 원활하게 수행하기 위해서는 기본적인 사칙연산뿐만 아니라 다단계의 복잡한 사칙연산까지도 수행할 수 있어야 한다.

② 검산 : 연산의 결과를 확인하는 과정으로 대표적인 검산방법으로 역연산과 구거법이 있다.

　　㉠ 역연산 : 덧셈은 뺄셈으로, 뺄셈은 덧셈으로, 곱셈은 나눗셈으로, 나눗셈은 곱셈으로 확인하는 방법이다.

　　㉡ 구거법 : 원래의 수와 각 자리 수의 합이 9로 나눈 나머지가 같다는 원리를 이용한 것으로 9를 버리고 남은 수로 계산하는 것이다.

예제 3

다음 식을 바르게 계산한 것은?

$$1 + \frac{2}{3} + \frac{1}{2} - \frac{3}{4}$$

① $\frac{13}{12}$　　　　　　② $\frac{15}{12}$

③ $\frac{17}{12}$　　　　　　④ $\frac{19}{12}$

출제의도

직장생활에서 필요한 기초적인 사칙연산과 계산방법을 이해하고 활용할 수 있는 능력을 평가하는 문제로서, 분수의 계산과 통분에 대한 기본적인 이해가 필요하다.

해 설

$$\frac{12}{12} + \frac{8}{12} + \frac{6}{12} - \frac{9}{12} = \frac{17}{12}$$

답 ③

---

(2) 기초통계능력

① 업무수행과 통계

　　㉠ 통계의 의미 : 통계란 집단현상에 대한 구체적인 양적 기술을 반영하는 숫자이다.

　　㉡ 업무수행에 통계를 활용함으로써 얻을 수 있는 이점

　　　• 많은 수량적 자료를 처리가능하고 쉽게 이해할 수 있는 형태로 축소

　　　• 표본을 통해 연구대상 집단의 특성을 유추

　　　• 의사결정의 보조수단

　　　• 관찰 가능한 자료를 통해 논리적으로 결론을 추출 · 검증

ⓒ 기본적인 통계치
- 빈도와 빈도분포 : 빈도란 어떤 사건이 일어나거나 증상이 나타나는 정도를 의미하며, 빈도분포란 빈도를 표나 그래프로 종합적으로 표시하는 것이다.
- 평균 : 모든 사례의 수치를 합한 후 총 사례 수로 나눈 값이다.
- 백분율 : 전체의 수량을 100으로 하여 생각하는 수량이 그중 몇이 되는가를 퍼센트로 나타낸 것이다.

② 통계기법
ⓐ 범위와 평균
- 범위 : 분포의 흩어진 정도를 가장 간단히 알아보는 방법으로 최곳값에서 최젓값을 뺀 값을 의미한다.
- 평균 : 집단의 특성을 요약하기 위해 가장 자주 활용하는 값으로 모든 사례의 수치를 합한 후 총 사례 수로 나눈 값이다.
- 관찰값이 1, 3, 5, 7, 9일 경우 범위는 $9 - 1 = 8$이 되고, 평균은 $\dfrac{1+3+5+7+9}{5} = 5$가 된다.

ⓑ 분산과 표준편차
- 분산 : 관찰값의 흩어진 정도로, 각 관찰값과 평균값의 차의 제곱의 평균이다.
- 표준편차 : 평균으로부터 얼마나 떨어져 있는가를 나타내는 개념으로 분산값의 제곱근 값이다.
- 관찰값이 1, 2, 3이고 평균이 2인 집단의 분산은 $\dfrac{(1-2)^2 + (2-2)^2 + (3-2)^2}{3} = \dfrac{2}{3}$이고 표준편차는 분산값의 제곱근 값인 $\sqrt{\dfrac{2}{3}}$이다.

③ 통계자료의 해석
ⓐ 다섯숫자요약
- 최솟값 : 원자료 중 값의 크기가 가장 작은 값
- 최댓값 : 원자료 중 값의 크기가 가장 큰 값
- 중앙값 : 최솟값부터 최댓값까지 크기에 의하여 배열했을 때 중앙에 위치하는 사례의 값
- 하위 25%값 · 상위 25%값 : 원자료를 크기 순으로 배열하여 4등분한 값
ⓑ 평균값과 중앙값 : 평균값과 중앙값은 그 개념이 다르기 때문에 명확하게 제시해야 한다.

예제 4

인터넷 쇼핑몰에서 회원가입을 하고 디지털캠코더를 구매하려고 한다. 다음은 구입하고자 하는 모델에 대하여 인터넷 쇼핑몰 세 곳의 가격과 조건을 제시한 표이다. 표에 있는 혜택 중 1가지만 적용 가능할 때 디지털캠코더의 배송비를 포함한 실제 구매가격을 바르게 비교한 것은?

구분	A 쇼핑몰	B 쇼핑몰	C 쇼핑몰
정상가격	129,000원	131,000원	130,000원
회원혜택	7,000원 할인	3,500원 할인	7% 할인
할인쿠폰	5% 쿠폰	3% 쿠폰	5,000원
중복할인여부	불가	가능	불가
배송비	2,000원	무료	2,500원

① A<B<C   ② B<C<A

③ C<A<B   ④ C<B<A

출제의도

직장생활에서 자주 사용되는 기초적인 통계기법을 활용하여 자료의 특성과 경향성을 파악하는 능력이 요구되는 문제이다.

해 설

㉠ A 쇼핑몰
• 회원혜택을 선택한 경우 : 129,000
  $-7,000+2,000=124,000$(원)
• 5% 할인쿠폰을 선택한 경우 :
  $129,000 \times 0.95 + 2,000 = 124,550$
㉡ B 쇼핑몰 :
  $131,000 \times 0.97 - 3,500 = 123,570$
㉢ C 쇼핑몰
• 회원혜택을 선택한 경우 :
  $130,000 \times 0.93 + 2,500 = 123,400$
• 5,000원 할인쿠폰을 선택한 경우 :
  $130,000 - 5,000 + 2,500$
  $= 127,500$
∴ C<B<A

답 ④

(3) 도표분석능력

① 도표의 종류

  ㉠ 목적별 : 관리(계획 및 통제), 해설(분석), 보고

  ㉡ 용도별 : 경과 그래프, 내역 그래프, 비교 그래프, 분포 그래프, 상관 그래프, 계산 그래프

  ㉢ 형상별 : 선 그래프, 막대 그래프, 원 그래프, 점 그래프, 층별 그래프, 레이더 차트

② 도표의 활용

㉠ 선 그래프

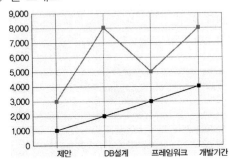

- 주로 시간의 경과에 따라 수량에 의한 변화 상황(시계열 변화)을 절선의 기울기로 나타내는 그래프이다.
- 경과, 비교, 분포를 비롯하여 상관관계 등을 나타낼 때 쓰인다.

㉡ 막대 그래프

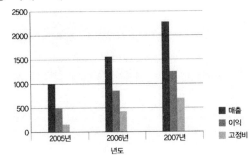

- 비교하고자 하는 수량을 막대 길이로 표시하고 그 길이를 통해 수량 간의 대소관계를 나타내는 그래프이다.
- 내역, 비교, 경과, 도수 등을 표시하는 용도로 쓰인다.

㉢ 원 그래프

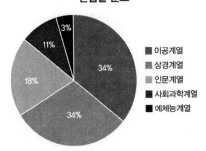

- 내역이나 내용의 구성비를 원을 분할하여 나타낸 그래프이다.
- 전체에 대해 부분이 차지하는 비율을 표시하는 용도로 쓰인다.

② 점 그래프

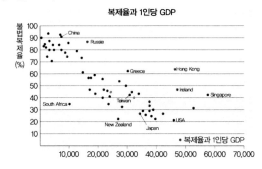

- 종축과 횡축에 2요소를 두고 보고자 하는 것이 어떤 위치에 있는가를 나타내는 그래프이다.
- 지역분포를 비롯하여 도시, 기방, 기업, 상품 등의 평가나 위치·성격을 표시하는데 쓰인다.

⑩ 층별 그래프

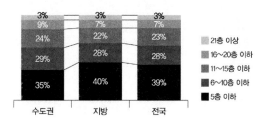

- 선 그래프의 변형으로 연속내역 봉 그래프라고 할 수 있다. 선과 선 사이의 크기로 데이터 변화를 나타낸다.
- 합계와 부분의 크기를 백분율로 나타내고 시간적 변화를 보고자 할 때나 합계와 각 부분의 크기를 실수로 나타내고 시간적 변화를 보고자 할 때 쓰인다.

⑪ 레이더 차트(거미줄 그래프)

- 원 그래프의 일종으로 비교하는 수량을 직경, 또는 반경으로 나누어 원의 중심에서의 거리에 따라 각 수량의 관계를 나타내는 그래프이다.
- 비교하거나 경과를 나타내는 용도로 쓰인다.

③ 도표 해석상의 유의사항

  ㉠ 요구되는 지식의 수준을 넓힌다.

  ㉡ 도표에 제시된 자료의 의미를 정확히 숙지한다.

  ㉢ 도표로부터 알 수 있는 것과 없는 것을 구별한다.

  ㉣ 총량의 증가와 비율의 증가를 구분한다.

  ㉤ 백분위수와 사분위수를 정확히 이해하고 있어야 한다.

예제 5

다음 표는 2009 ~ 2010년 지역별 직장인들의 자기개발에 관해 조사한 내용을 정리한 것이다. 이에 대한 분석으로 옳은 것은?

(단위 : %)

연도\구분\지역	2009				2010			
	자기개발하고있음	자기개발 비용 부담 주체			자기개발하고있음	자기개발 비용 부담 주체		
		직장100%	본인100%	직장50%+본인50%		직장100%	본인100%	직장50%+본인50%
충청도	36.8	8.5	88.5	3.1	45.9	9.0	65.5	24.5
제주도	57.4	8.3	89.1	2.9	68.5	7.9	68.3	23.8
경기도	58.2	12	86.3	2.6	71.0	7.5	74.0	18.5
서울시	60.6	13.4	84.2	2.4	72.7	11.0	73.7	15.3
경상도	40.5	10.7	86.1	3.2	51.0	13.6	74.9	11.6

① 2009년과 2010년 모두 자기개발 비용을 본인이 100% 부담하는 사람의 수는 응답자의 절반 이상이다.

② 자기개발을 하고 있다고 응답한 사람의 수는 2009년과 2010년 모두 서울시가 가장 많다.

③ 자기개발 비용을 직장과 본인이 각각 절반씩 부담하는 사람의 비율은 2009년과 2010년 모두 서울시가 가장 높다.

④ 2009년과 2010년 모두 자기개발을 하고 있다고 응답한 비율이 가장 높은 지역에서 자기개발비용을 직장이 100% 부담한다고 응답한 사람의 비율이 가장 높다.

출제의도

그래프, 그림, 도표 등 주어진 자료를 이해하고 의미를 파악하여 필요한 정보를 해석하는 능력을 평가하는 문제이다.

해 설

② 지역별 인원수가 제시되어 있지 않으므로, 각 지역별 응답자 수는 알 수 없다.

③ 2009년에는 경상도에서, 2010년에는 충청도에서 가장 높은 비율을 보인다.

④ 2009년과 2010년 모두 '자기 개발을 하고 있다'고 응답한 비율이 가장 높은 지역은 서울시이며, 2010년의 경우 자기개발 비용을 직장이 100% 부담한다고 응답한 사람의 비율이 가장 높은 지역은 경상도이다.

답 ①

(4) 도표작성능력

① 도표작성 절차

  ㉠ 어떠한 도표로 작성할 것인지를 결정

  ㉡ 가로축과 세로축에 나타낼 것을 결정

  ㉢ 한 눈금의 크기를 결정

  ㉣ 자료의 내용을 가로축과 세로축이 만나는 곳에 표현

  ㉤ 표현한 점들을 선분으로 연결

  ㉥ 도표의 제목을 표기

② 도표작성 시 유의사항

  ㉠ 선 그래프 작성 시 유의점
  • 세로축에 수량, 가로축에 명칭구분을 제시한다.
  • 선의 높이에 따라 수치를 파악하는 경우가 많으므로 세로축의 눈금을 가로축보다 크게 하는 것이 효과적이다.
  • 선이 두 종류 이상일 경우 반드시 그 명칭을 기입한다.

  ㉡ 막대 그래프 작성 시 유의점
  • 막대 수가 많을 경우에는 눈금선을 기입하는 것이 알아보기 쉽다.
  • 막대의 폭은 모두 같게 하여야 한다.

  ㉢ 원 그래프 작성 시 유의점
  • 정각 12시의 선을 기점으로 오른쪽으로 그리는 것이 보통이다.
  • 분할선은 구성비율이 큰 순서로 그린다.

  ㉣ 층별 그래프 작성 시 유의점
  • 눈금은 선 그래프나 막대 그래프보다 적게 하고 눈금선은 넣지 않는다.
  • 층별로 색이나 모양이 완전히 다른 것이어야 한다.
  • 같은 항목은 옆에 있는 층과 선으로 연결하여 보기 쉽도록 한다.

직장생활에서의 대인관계

(1) 대인관계능력

① 의미 직장생활에서 협조적인 관계를 유지하고, 조직구성원들에게 도움을 줄 수 있으며, 조직내부 및 외부의 갈등을 원만히 해결하고 고객의 요구를 충족시켜줄 수 있는 능력이다.

② 인간관계를 형성할 때 가장 중요한 것은 자신의 내면이다.

예제 1

인간관계를 형성하는데 있어 가장 중요한 것은?

① 외적 성격 위주의 사고
② 이해득실 위주의 만남
③ 자신의 내면
④ 피상적인 인간관계 기법

출제의도

인간관계형성에 있어서 가장 중요한 요소가 무엇인지 묻는 문제다.

해 설

③ 인간관계를 형성하는데 있어서 가장 중요한 것은 자신의 내면이고 이때 필요한 기술이나 기법 등은 자신의 내면에서 자연스럽게 우러나와야 한다.

답 ③

---

(2) 대인관계 향상 방법

① 감정은행계좌 : 인간관계에서 구축하는 신뢰의 정도

② 감정은행계좌를 적립하기 위한 6가지 주요 예입 수단

　　㉠ 상대방에 대한 이해심

　　㉡ 사소한 일에 대한 관심

　　㉢ 약속의 이행

　　㉣ 기대의 명확화

　　㉤ 언행일치

　　㉥ 진지한 사과

② 대인관계능력을 구성하는 하위능력

(1) 팀워크능력

① 팀워크의 의미

　　㉠ 팀워크와 응집력

　　　• 팀워크 : 팀 구성원이 공동의 목적을 달성하기 위해 상호 관계성을 가지고 협력하여 일을 해 나가는 것
　　　• 응집력 : 사람들로 하여금 집단에 머물도록 만들고 그 집단의 멤버로서 계속 남아있기를 원하게 만드는 힘

예제 2

A회사에서는 격주로 사원 소식지 '우리가족'을 발행하고 있다. 이번 호의 특집 테마는 팀워크에 대한 것으로, 좋은 사례를 모으고 있다. 다음 중 팀워크의 사례로 가장 적절하지 않은 것은 무엇인가?

① 팀원들의 개성과 장점을 살려 사내 직원 연극대회에서 대상을 받을 수 있었던 사례
② 팀장의 갑작스러운 부재 상황에서 팀원들이 서로 역할을 분담하고 소통을 긴밀하게 하면서 팀의 당초 목표를 원만하게 달성할 수 있었던 사례
③ 자재 조달의 차질로 인해 납기 준수가 어려웠던 상황을 팀원들이 똘똘 뭉쳐 헌신적으로 일한 결과 주문 받은 물품을 성공적으로 납품할 수 있었던 사례
④ 팀의 분위기가 편안하고 인간적이어서 주기적인 직무순환 시기가 도래해도 다른 부서로 가고 싶어 하지 않는 사례

출제의도

팀워크와 응집력에 대한 문제로 각 용어에 대한 정의를 알고 이를 실제 사례를 통해 구분할 수 있어야 한다.

해설

④ 응집력에 대한 사례에 해당한다.

답 ④

　　㉡ 팀워크의 유형

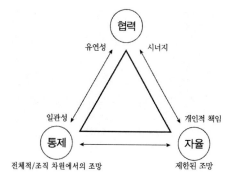

② 효과적인 팀의 특성

　　㉠ 팀의 사명과 목표를 명확하게 기술한다.

　　㉡ 창조적으로 운영된다.

ⓒ 결과에 초점을 맞춘다.

ⓔ 역할과 책임을 명료화시킨다.

ⓜ 조직화가 잘 되어 있다.

ⓗ 개인의 강점을 활용한다.

ⓢ 리더십 역량을 공유하며 구성원 상호간에 지원을 아끼지 않는다.

ⓞ 팀 풍토를 발전시킨다.

ⓩ 의견의 불일치를 건설적으로 해결한다.

ⓣ 개방적으로 의사소통한다.

ⓚ 객관적인 결정을 내린다.

ⓔ 팀 자체의 효과성을 평가한다.

③ 멤버십의 의미

　　㉠ 멤버십은 조직의 구성원으로서의 자격과 지위를 갖는 것으로 훌륭한 멤버십은 팔로워십(followership)의
　　　 역할을 충실하게 수행하는 것이다.

　　㉡ 멤버십 유형 : 독립적 사고와 적극적 실천에 따른 구분

구분	소외형	순응형	실무형	수동형	주도형
자아상	• 자립적인 사람 • 일부러 반대의견 제시 • 조직의 양심	• 기쁜 마음으로 과업 수행 • 팀플레이를 함 • 리더나 조직을 믿고 헌신함	• 조직의 운영방침에 민감 • 사건을 균형 잡힌 시각으로 봄 • 규정과 규칙에 따라 행동함	• 판단, 사고를 리더에 의존 • 지시가 있어야 행동	• 스스로 생각하고 건설적 비판을 하며 자기 나름의 개성이 있고 혁신적·창조적 • 솔선수범하고 주인의식을 가지며 적극적으로 참여하고 자발적, 기대 이상의 성과를 내려고 노력
동료/ 리더의 시각	• 냉소적 • 부정적 • 고집이 셈	• 아이디어가 없음 • 인기 없는 일은 하지 않음 • 조직을 위해 자신과 가족의 요구를 양보함	• 개인의 이익을 극대화하기 위한 흥정에 능함 • 적당한 열의와 평범한 수완으로 업무 수행	• 하는 일이 없음 • 제 몫을 하지 못함 • 업무 수행에는 감독이 반드시 필요	
조직에 대한 자신의 느낌	• 자신을 인정 안 해줌 • 적절한 보상이 없음 • 불공정하고 문제가 있음	• 기존 질서를 따르는 것이 중요 • 리더의 의견을 거스르는 것은 어려운 일임 • 획일적인 태도 행동에 익숙함	• 규정준수를 강조 • 명령과 계획의 빈번한 변경 • 리더와 부하 간의 비인간적 풍토	• 조직이 나의 아이디어를 원치 않음 • 노력과 공헌을 해도 아무 소용이 없음 • 리더는 항상 자기 마음대로 함	

④ 팀워크 촉진 방법
- ㉠ 동료 피드백 장려하기
- ㉡ 갈등 해결하기
- ㉢ 창의력 조성을 위해 협력하기
- ㉣ 참여적으로 의사결정하기

(2) 리더십능력

① 리더십의 의미 : 리더십이란 조직의 공통된 목적을 달성하기 위하여 개인이 조직원들에게 영향을 미치는 과정이다.

- ㉠ 리더십 발휘 구도 : 산업 사회에서는 상사가 하급자에게 리더십을 발휘하는 수직적 구조였다면 정보 사회로 오면서 하급자뿐만 아니라 동료나 상사에게까지도 발휘하는 전방위적 구조로 바뀌었다.
- ㉡ 리더와 관리자

리더	관리자
• 새로운 상황 창조자	• 상황에 수동적
• 혁신지향적	• 유지지향적
• 내일에 초점을 둠.	• 오늘에 초점을 둠.
• 사람의 마음에 불을 지핀다.	• 사람을 관리한다.
• 사람을 중시	• 체제나 기구를 중시
• 정신적	• 기계적
• 계산된 리스크를 취한다.	• 리스크를 회피한다.
• '무엇을 할까'를 생각한다.	• '어떻게 할까'를 생각한다.

예제 3

리더에 대한 설명으로 옳지 않은 것은?

① 사람을 중시한다.
② 오늘에 초점을 둔다.
③ 혁신지향적이다.
④ 새로운 상황 창조자이다.

출제의도

리더와 관리자에 대한 문제로 각각에 대해 완벽하게 구분할 수 있어야 한다.

해 설

② 리더는 내일에 초점을 둔다.

답 ②

② 리더십 유형

    ㉠ 독재자 유형 : 정책의사결정과 대부분의 핵심정보를 그들 스스로에게만 국한하여 소유하고 고수하려는 경향이 있다. 통제 없이 방만한 상태일 때, 가시적인 성과물이 안 보일 때 효과적이다.

    ㉡ 민주주의에 근접한 유형 : 그룹에 정보를 잘 전달하려고 노력하고 전체 그룹의 구성원 모두를 목표방향으로 설정에 참여하게 함으로써 구성원들에게 확신을 심어주려고 노력한다. 혁신적이고 탁월한 부하직원들을 거느리고 있을 때 효과적이다.

    ㉢ 파트너십 유형 : 리더와 집단 구성원 사이의 구분이 희미하고 리더가 조직에서 한 구성원이 되기도 한다. 소규모 조직에서 경험, 재능을 소유한 조직원이 있을 때 효과적으로 활용할 수 있다.

    ㉣ 변혁적 리더십 유형 : 개개인과 팀이 유지해 온 업무수행 상태를 뛰어넘어 전체 조직이나 팀원들에게 변화를 가져오는 원동력이 된다. 조직에 있어 획기적인 변화가 요구될 때 활용할 수 있다.

③ 동기부여 방법

    ㉠ 긍정적 강화법을 활용한다.

    ㉡ 새로운 도전의 기회를 부여한다.

    ㉢ 창의적인 문제해결법을 찾는다.

    ㉣ 책임감으로 철저히 무장한다.

    ㉤ 적절한 코칭을 한다.

    ㉥ 변화를 두려워하지 않는다.

    ㉦ 지속적으로 교육한다.

④ 코칭

    ㉠ 코칭은 조직의 지속적인 성장과 성공을 만들어내는 리더의 능력으로 직원들의 능력을 신뢰하며 확신하고 있다는 사실에 기초한다.

    ㉡ 코칭의 기본 원칙
- 관리는 만병통치약이 아니다.
- 권한을 위임한다.
- 훌륭한 코치는 뛰어난 경청자이다.
- 목표를 정하는 것이 가장 중요하다.

⑤ 임파워먼트 : 조직성원들을 신뢰하고 그들의 잠재력을 믿으며 그 잠재력의 개발을 통해 High Performance 조직이 되도록 하는 일련의 행위이다.

    ㉠ 임파워먼트의 이점(High Performance 조직의 이점)
- 나는 매우 중요한 일을 하고 있으며, 이 일은 다른 사람이 하는 일보다 훨씬 중요한 일이다.
- 일의 과정과 결과에 나의 영향력이 크게 작용했다.

- 나는 정말로 도전하고 있고 나는 계속해서 성장하고 있다.
- 우리 조직에서는 아이디어가 존중되고 있다.
- 내가 하는 일은 항상 재미가 있다.
- 우리 조직의 구성원들은 모두 대단한 사람들이며, 다 같이 협력해서 승리하고 있다.

   ⓒ 임파워먼트의 충족 기준
- 여건의 조성 : 사람들이 자유롭게 참여하고 기여할 수 있는 여건 조성
- 재능과 에너지의 극대화
- 명확하고 의미 있는 목적에 초점

   ⓒ 높은 성과를 내는 임파워먼트 환경의 특징
- 도전적이고 흥미 있는 일
- 학습과 성장의 기회
- 높은 성과와 지속적인 개선을 가져오는 요인들에 대한 통제
- 성과에 대한 지식
- 긍정적인 인간관계
- 개인들이 공헌하며 만족한다는 느낌
- 상부로부터의 지원

   ⓔ 임파워먼트의 장애요인
- 개인 차원 : 주어진 일을 해내는 역량의 결여, 동기의 결여, 결의의 부족, 책임감 부족, 의존성
- 대인 차원 : 다른 사람과의 성실성 결여, 약속 불이행, 성과를 제한하는 조직의 규범, 갈등처리 능력 부족, 승패의 태도
- 관리 차원 : 통제적 리더십 스타일, 효과적 리더십 발휘 능력 결여, 경험 부족, 정책 및 기획의 실행 능력 결여, 비전의 효과적 전달능력 결여
- 조직 차원 : 공감대 형성이 없는 구조와 시스템, 제한된 정책과 절차

⑥ 변화관리의 3단계 : 변화 이해 → 변화 인식 → 변화 수용

(3) 갈등관리능력

① 갈등의 의미 및 원인

   ㉠ 갈등이란 상호 간의 의견차이 때문에 생기는 것으로 당사가 간에 가치, 규범, 이해, 아이디어, 목표 등이 서로 불일치하여 충돌하는 상태를 의미한다.

   ㉡ 갈등을 확인할 수 있는 단서
- 지나치게 감정적으로 논평과 제안을 하는 것
- 타인의 의견발표가 끝나기도 전에 타인의 의견에 대해 공격하는 것
- 핵심을 이해하지 못한데 대해 서로 비난하는 것

- 편을 가르고 타협하기를 거부하는 것
- 개인적인 수준에서 미묘한 방식으로 서로를 공격하는 것

ⓒ 갈등을 증폭시키는 원인 : 적대적 행동, 입장 고수, 감정적 관여 등

② 실제로 존재하는 갈등 파악

⊙ 갈등의 두 가지 쟁점

핵심 문제	감정적 문제
• 역할 모호성 • 방법에 대한 불일치 • 목표에 대한 불일치 • 절차에 대한 불일치 • 책임에 대한 불일치 • 가치에 대한 불일치 • 사실에 대한 불일치	• 공존할 수 없는 개인적 스타일 • 통제나 권력 확보를 위한 싸움 • 자존심에 대한 위협 • 질투 • 분노

예제 4

갈등의 두 가지 쟁점 중 감정적 문제에 대한 설명으로 적절하지 않은 것은?

① 공존할 수 없는 개인적 스타일
② 역할 모호성
③ 통제나 권력 확보를 위한 싸움
④ 자존심에 대한 위협

출제의도

갈등의 두 가지 쟁점인 핵심문제와 감정적 문제에 대해 묻는 문제로 이 두 가지 쟁점을 구분할 수 있는 능력이 필요하다.

해 설

② 갈등의 두 가지 쟁점 중 핵심 문제에 대한 설명이다.

답 ②

ⓛ 갈등의 두 가지 유형

- 불필요한 갈등 : 개개인이 저마다 문제를 다르게 인식하거나 정보가 부족한 경우, 편견 때문에 발생한 의견 불일치로 적대적 감정이 생길 때 불필요한 갈등이 일어난다.
- 해결할 수 있는 갈등 : 목표와 욕망, 가치, 문제를 바라보는 시각과 이해하는 시각이 다를 경우에 일어날 수 있는 갈등이다.

③ 갈등해결 방법

    ㉠ 다른 사람들의 입장을 이해한다.

    ㉡ 사람들이 당황하는 모습을 자세하게 살핀다.

    ㉢ 어려운 문제는 피하지 말고 맞선다.

    ㉣ 자신의 의견을 명확하게 밝히고 지속적으로 강화한다.

    ㉤ 사람들과 눈을 자주 마주친다.

    ㉥ 마음을 열어놓고 적극적으로 경청한다.

    ㉦ 타협하려 애쓴다.

    ㉧ 어느 한쪽으로 치우치지 않는다.

    ㉨ 논쟁하고 싶은 유혹을 떨쳐낸다.

    ㉩ 존중하는 자세로 사람들을 대한다.

④ 윈-윈(Win-Win) 갈등 관리법 : 갈등과 관련된 모든 사람으로부터 의견을 받아서 문제의 본질적인 해결책을 얻고자 하는 방법이다.

⑤ 갈등을 최소화하기 위한 기본원칙

    ㉠ 먼저 다른 팀원의 말을 경청하고 나서 어떻게 반응할 것인가를 결정한다.

    ㉡ 모든 사람이 거의 대부분의 문제에 대해 나름의 의견을 가지고 있다는 점을 인식한다.

    ㉢ 의견의 차이를 인정한다.

    ㉣ 팀 갈등해결 모델을 사용한다.

    ㉤ 자신이 받기를 원하지 않는 형태로 남에게 작업을 넘겨주지 않는다.

    ㉥ 다른 사람으로부터 그러한 작업을 넘겨받지 않는다.

    ㉦ 조금이라도 의심이 날 때에는 분명하게 말해 줄 것을 요구한다.

    ㉧ 가정하는 것은 위험하다.

    ㉨ 자신의 책임이 어디서부터 어디까지인지를 명확히 하고 다른 팀원의 책임과 어떻게 조화되는지를 명확히 한다.

    ㉩ 자신이 알고 있는 바를 알 필요가 있는 사람들을 새롭게 파악한다.

    ㉪ 다른 팀원과 불일치하는 쟁점이나 사항이 있다면 다른 사람이 아닌 당사자에게 직접 말한다.

(4) 협상능력

① 협상의 의미

   ⊙ 의사소통 차원 : 이해당사자들이 자신들의 욕구를 충족시키기 위해 상대방으로부터 최선의 것을 얻어내려 설득하는 커뮤니케이션 과정

   ⓒ 갈등해결 차원 : 갈등관계에 있는 이해당사자들이 대화를 통해서 갈등을 해결하고자 하는 상호작용과정

   ⓒ 지식과 노력 차원 : 우리가 얻고자 하는 것을 가진 사람의 호의를 쟁취하기 위한 것에 관한 지식이며 노력의 분야

   ⓔ 의사결정 차원 : 선호가 서로 다른 협상 당사자들이 합의에 도달하기 위해 공동으로 의사결정 하는 과정

   ⓜ 교섭 차원 : 둘 이상의 이해당사자들이 여러 대안들 가운데서 이해당사자들 모두가 수용 가능한 대안을 찾기 위한 의사결정과정

② 협상 과정

단계	내용
협상 시작	• 협상 당사자들 사이에 상호 친근감을 쌓음 • 간접적인 방법으로 협상의사를 전달함 • 상대방의 협상의지를 확인함 • 협상진행을 위한 체제를 짬
상호 이해	• 갈등문제의 진행상황과 현재의 상황을 점검함 • 적극적으로 경청하고 자기주장을 제시함 • 협상을 위한 협상대상 안건을 결정함
실질 이해	• 겉으로 주장하는 것과 실제로 원하는 것을 구분하여 실제로 원하는 것을 찾아 냄 • 분할과 통합 기법을 활용하여 이해관계를 분석함
해결 대안	• 협상 안건마다 대안들을 평가함 • 개발한 대안들을 평가함 • 최선의 대안에 대해서 합의하고 선택함 • 대안 이행을 위한 실행계획을 수립함
합의 문서	• 합의문을 작성함 • 합의문상의 합의내용, 용어 등을 재점검함 • 합의문에 서명함

③ 협상전략

　　㉠ 협력전략 : 협상 참여자들이 협동과 통합으로 문제를 해결하고자 하는 협력적 문제해결전략

　　㉡ 유화전략 : 양보전략으로 상대방이 제시하는 것을 일방적으로 수용하여 협상의 가능성을 높이려는 전략이다. 순응전략, 화해전략, 수용전략이라고도 한다.

　　㉢ 회피전략 : 무행동전략으로 협상으로부터 철수하는 철수전략이다. 협상을 피하거나 잠정적으로 중단한다.

　　㉣ 강압전략 : 경쟁전략으로 자신이 상대방보다 힘에 있어서 우위를 점유하고 있을 때 자신의 이익을 극대화하기 위한 공격적인 전략이다.

④ 상대방 설득 방법의 종류

　　㉠ See-Feel-Change 전략 : 시각화를 통해 직접 보고 스스로가 느끼게 하여 변화시키는 전략

　　㉡ 상대방 이해 전략 : 상대방에 대한 이해를 바탕으로 갈등해결을 용이하게 하는 전략

　　㉢ 호혜관계 형성 전략 : 혜택들을 주고받은 호혜관계 형성을 통해 협상을 용이하게 하는 전략

　　㉣ 헌신과 일관성 전략 : 협상 당사자간에 기대하는 바에 일관성 있게 헌신적으로 부응하여 행동함으로서 협상을 용이하게 하는 전략

　　㉤ 사회적 입증 전략 : 과학적인 논리보다 동료나 사람들의 행동에 의해서 상대방을 설득하는 전략

　　㉥ 연결전략 : 갈등 문제와 갈등관리자를 연결시키는 것이 아니라 갈등을 야기한 사람과 관리자를 연결시킴으로서 협상을 용이하게 하는 전략

　　㉦ 권위전략 : 직위나 전문성, 외모 등을 활용하여 협상을 용이하게 하는 전략

　　㉧ 희소성 해결 전략 : 인적, 물적 자원 등의 희소성을 해결함으로서 협상과정상의 갈등해결을 용이하게 하는 전략

　　㉨ 반항심 극복 전략 : 억압하면 할수록 더욱 반항하게 될 가능성이 높아지므로 이를 피함으로서 협상을 용이하게 하는 전략

(5) 고객서비스능력

① 고객서비스의 의미 : 고객서비스란 다양한 고객의 요구를 파악하고 대응법을 마련하여 고객에게 양질의 서비스를 제공하는 것을 말한다.

② 고객의 불만표현 유형 및 대응방안

불만표현 유형	대응방안
거만형	• 정중하게 대하는 것이 좋다. • 자신의 과시욕이 채워지도록 뽐내게 내버려 둔다. • 의외로 단순한 면이 있으므로 일단 호감을 얻게 되면 득이 될 경우도 있다.
의심형	• 분명한 증거나 근거를 제시하여 스스로 확신을 갖도록 유도한다. • 때로는 책임자로 하여금 응대하는 것도 좋다.
트집형	• 이야기를 경청하고 맞장구를 치며 추켜세우고 설득해 가는 방법이 효과적이다. • '손님의 말씀이 맞습니다.' 하고 고객의 지적이 옳음을 표시한 후 '저도 그렇게 생각하고 있습니다만……' 하고 설득한다. • 잠자코 고객의 의견을 경청하고 사과를 하는 응대가 바람직하다.
빨리빨리형	• '글쎄요.', '아마' 하는 식으로 애매한 화법을 사용하지 않는다. • 만사를 시원스럽게 처리하는 모습을 보이면 응대하기 쉽다.

③ 고객 불만처리 프로세스

단계	내용
경청	• 고객의 항의를 경청하고 끝까지 듣는다. • 선입관을 버리고 문제를 파악한다.
감사와 공감표시	• 일부러 시간을 내서 해결의 기회를 준 것에 감사를 표시한다. • 고객의 항의에 공감을 표시한다.
사과	• 고객의 이야기를 듣고 문제점에 대해 인정하고, 잘못된 부분에 대해 사과한다.
해결약속	• 고객이 불만을 느낀 상황에 대해 관심과 공감을 보이며, 문제의 빠른 해결을 약속한다.
정보파악	• 문제해결을 위해 꼭 필요한 질문만 하여 정보를 얻는다. • 최선의 해결방법을 찾기 어려우면 고객에게 어떻게 해주면 만족스러운지를 묻는다.
신속처리	• 잘못된 부분을 신속하게 시정한다.
처리확인과 사과	• 불만처리 후 고객에게 처리 결과에 만족하는지를 물어본다.
피드백	• 고객 불만 사례를 회사 및 전 직원에게 알려 다시는 동일한 문제가 발생하지 않도록 한다.

④ 고객만족 조사

   ㉠ 목적 : 고객의 주요 요구를 파악하여 가장 중요한 고객요구를 도출하고 자사가 가지고 있는 자원을 토대로 경영 프로세스의 개선에 활용함으로써 경쟁력을 증대시키는 것이다.

   ㉡ 고객만족 조사계획에서 수행되어야 할 것

- 조사 분야 및 대상 결정 : 정확한 조사를 위해 명확히 결정
- 조사목적 설정 : 전체적 경향의 파악, 고객에 대한 개별대응 및 고객과의 관계유지 파악, 평가목적, 개선목적
- 조사방법 및 횟수 : 설문조사 및 심층면접법이 대표적이며, 연속으로 조사해야 효과적
- 조사결과 활용 계획 : 조사목적에 맞게 구체적인 활용계획 작성

예제 5

고객중심 기업의 특징으로 옳지 않은 것은?

① 고객이 정보, 제품, 서비스 등에 쉽게 접근할 수 있도록 한다.
② 보다 나은 서비스를 제공할 수 있도록 기업정책을 수립한다.
③ 고객 만족에 중점을 둔다.
④ 기업이 행한 서비스에 대한 평가는 한번으로 끝낸다.

출제의도

고객서비스능력에 대한 포괄적인 문제로 실제 고객중심 기업의 입장에서 생각해 보면 쉽게 풀 수 있는 문제다.

해 설

④ 기업이 행한 서비스에 대한 평가는 수시로 이루어져야 한다.

답 ④

1 정보화사회와 정보능력

(1) 정보와 정보화사회

① 자료·정보·지식

구분	특징
자료(Data)	객관적 실제의 반영이며, 그것을 전달할 수 있도록 기호화한 것
정보(Information)	자료를 특정한 목적과 문제해결에 도움이 되도록 가공한 것
지식(Knowledge)	정보를 집적하고 체계화하여 장래의 일반적인 사항에 대비해 보편성을 갖도록 한 것

② 정보화사회 : 필요로 하는 정보가 사회의 중심이 되는 사회

(2) 업무수행과 정보능력

① 컴퓨터의 활용 분야

  ㉠ 기업 경영 분야에서의 활용 : 판매, 회계, 재무, 인사 및 조직관리, 금융 업무 등

  ㉡ 행정 분야에서의 활용 : 민원처리, 각종 행정 통계 등

  ㉢ 산업 분야에서의 활용 : 공장 자동화, 산업용 로봇, 판매시점 관리시스템(POS) 등

  ㉣ 기타 분야에서의 활용 : 교육, 연구소, 출판, 가정, 도서관, 예술 분야 등

② 정보처리과정

  ㉠ 정보 활용 절차 : 기획 → 수집 → 관리 → 활용

  ㉡ 5W2H : 정보 활용의 전략적 기획

    • WHAT(무엇을?) : 정보의 입수대상을 명확히 한다.

    • WHERE(어디에서?) : 정보의 소스(정보원)를 파악한다.

    • WHEN(언제까지) : 정보의 요구(수집)시점을 고려한다.

    • WHY(왜?) : 정보의 필요목적을 염두에 둔다.

    • WHO(누가?) : 정보활동의 주체를 확정한다.

    • HOW(어떻게) : 정보의 수집방법을 검토한다.

    • HOW MUCH(얼마나?) : 정보수집의 비용성(효용성)을 중시한다.

5W2H는 정보를 전략적으로 수집·활용할 때 주로 사용하는 방법이다. 5W2H
에 대한 설명으로 옳지 않은 것은?

① WHAT : 정보의 수집방법을 검토한다.
② WHERE : 정보의 소스(정보원)를 파악한다.
③ WHEN : 정보의 요구(수집)시점을 고려한다.
④ HOW : 정보의 수집방법을 검토한다.

출제의도

방대한 정보들 중 꼭 필요한 정보와
수집 방법 등을 전략적으로 기획하고
정보수집이 이루어질 때 효과적인 정
보 수집이 가능해진다. 5W2H는 이러
한 전략적 정보 활용 기획의 방법으
로 그 개념을 이해하고 있는지를 묻
는 질문이다.

해 설

5W2H의 'WHAT'은 정보의 입수대상을
명확히 하는 것이다. 정보의 수집방법
을 검토하는 것은 HOW(어떻게)에 해
당되는 내용이다.

답 ①

(3) 사이버공간에서 지켜야 할 예절

① 인터넷의 역기능

ㄱ 불건전 정보의 유통

ㄴ 개인 정보 유출

ㄷ 사이버 성폭력

ㄹ 사이버 언어폭력

ㅁ 언어 훼손

ㅂ 인터넷 중독

ㅅ 불건전한 교제

ㅇ 저작권 침해

② 네티켓(netiquette) : 네트워크(network) + 에티켓(etiquette)

(4) 정보의 유출에 따른 피해사례

① 개인정보의 종류

　　㉠ 일반 정보 : 이름, 주민등록번호, 운전면허정보, 주소, 전화번호, 생년월일, 출생지, 본적지, 성별, 국적 등

　　㉡ 가족 정보 : 가족의 이름, 직업, 생년월일, 주민등록번호, 출생지 등

　　㉢ 교육 및 훈련 정보 : 최종학력, 성적, 기술자격증/전문면허증, 이수훈련 프로그램, 서클 활동, 상벌사항, 성격/행태보고 등

　　㉣ 병역 정보 : 군번 및 계급, 제대유형, 주특기, 근무부대 등

　　㉤ 부동산 및 동산 정보 : 소유주택 및 토지, 자동차, 저축현황, 현금카드, 주식 및 채권, 수집품, 고가의 예술품 등

　　㉥ 소득 정보 : 연봉, 소득의 원천, 소득세 지불 현황 등

　　㉦ 기타 수익 정보 : 보험가입현황, 수익자, 회사의 판공비 등

　　㉧ 신용 정보 : 대부상황, 저당, 신용카드, 담보설정 여부 등

　　㉨ 고용 정보 : 고용주, 회사주소, 상관의 이름, 직무수행 평가 기록, 훈련기록, 상벌기록 등

　　㉩ 법적 정보 : 전과기록, 구속기록, 이혼기록 등

　　㉪ 의료 정보 : 가족병력기록, 과거 의료기록, 신체장애, 혈액형 등

　　㉫ 조직 정보 : 노조가입, 정당가입, 클럽회원, 종교단체 활동 등

　　㉬ 습관 및 취미 정보 : 흡연/음주량, 여가활동, 도박성향, 비디오 대여기록 등

② 개인정보 유출방지 방법

　　㉠ 회원 가입 시 이용 약관을 읽는다.

　　㉡ 이용 목적에 부합하는 정보를 요구하는지 확인한다.

　　㉢ 비밀번호는 정기적으로 교체한다.

　　㉣ 정체불명의 사이트는 멀리한다.

　　㉤ 가입 해지 시 정보 파기 여부를 확인한다.

　　㉥ 남들이 쉽게 유추할 수 있는 비밀번호는 자제한다.

② 정보능력을 구성하는 하위능력

(1) 컴퓨터활용능력

① 인터넷 서비스 활용

- ㉠ 전자우편(E-mail) 서비스 : 정보 통신망을 이용하여 다른 사용자들과 편지나 여러 정보를 주고받는 통신 방법
- ㉡ 인터넷 디스크/웹 하드 : 웹 서버에 대용량의 저장 기능을 갖추고 사용자가 개인용 컴퓨터의 하드 디스크와 같은 기능을 인터넷을 통하여 이용할 수 있게 하는 서비스
- ㉢ 메신저 : 인터넷에서 실시간으로 메시지와 데이터를 주고받을 수 있는 소프트웨어
- ㉣ 전자상거래 : 인터넷을 통해 상품을 사고팔거나 재화나 용역을 거래하는 사이버 비즈니스

② 정보검색 : 여러 곳에 분산되어 있는 수많은 정보 중에서 특정 목적에 적합한 정보만을 신속하고 정확하게 찾아내어 수집, 분류, 축적하는 과정

- ㉠ 검색엔진의 유형
  - 키워드 검색 방식 : 찾고자 하는 정보와 관련된 핵심적인 언어인 키워드를 직접 입력하여 이를 검색 엔진에 보내어 검색 엔진이 키워드와 관련된 정보를 찾는 방식
  - 주제별 검색 방식 : 인터넷상에 존재하는 웹 문서들을 주제별, 계층별로 정리하여 데이터베이스를 구축한 후 이용하는 방식
  - 통합형 검색방식 : 사용자가 입력하는 검색어들이 연계된 다른 검색 엔진에게 보내고 이를 통하여 얻어진 검색 결과를 사용자에게 보여주는 방식
- ㉡ 정보 검색 연산자

기호	연산자	검색조건
*, &	AND	두 단어가 모두 포함된 문서를 검색
|	OR	두 단어가 모두 포함되거나 두 단어 중에서 하나만 포함된 문서를 검색
-, !	NOT	'-' 기호나 '!' 기호 다음에 오는 단어는 포함하지 않는 문서를 검색
~, near	인접검색	앞/뒤의 단어가 가깝게 있는 문서를 검색

③ 소프트웨어의 활용

- ㉠ 워드프로세서
  - 특징 : 문서의 내용을 화면으로 확인하면서 쉽게 수정 가능, 문서 작성 후 인쇄 및 저장 가능, 글이나 그림의 입력 및 편집 가능
  - 기능 : 입력기능, 표시기능, 저장기능, 편집기능, 인쇄기능 등

ⓛ 스프레드시트
- 특징 : 쉽게 계산 수행, 계산 결과를 차트로 표시, 문서를 작성하고 편집 가능
- 기능 : 계산, 수식, 차트, 저장, 편집, 인쇄기능 등

귀하는 커피 전문점을 운영하고 있다. 아래와 같이 엑셀 워크시트로 4개 지점의 원두 구매 수량과 단가를 이용하여 금액을 산출하고 있다. 귀하가 다음 중 D3셀에서 사용하고 있는 함수식으로 옳은 것은? (단, 금액 = 수량 × 단가)

	A	B	C	D	E
1	지점	원두	수량(100g)	금액	
2	A	케냐	15	150000	
3	B	콜롬비아	25	175000	
4	C	케냐	30	300000	
5	D	브라질	35	210000	
6					
7		원두	100g당 단가		
8		케냐	10,000		
9		콜롬비아	7,000		
10		브라질	6,000		
11					

① =C3*VLOOKUP(B3, $B$8:$C$10, 1, 1)

② =B3*HLOOKUP(C3, $B$8:$C$10, 2, 0)

③ =C3*VLOOKUP(B3, $B$8:$C$10, 2, 0)

④ =C3*HLOOKUP($B$8:$C$10, 2, B3)

출제의도

본 문항은 엑셀 워크시트 함수의 활용도를 확인하는 문제이다.

해 설

"VLOOKUP(B3,$B$8:$C$10, 2, 0)"의 함수를 해설해보면 B3의 값(콜롬비아)을 B8:C10에서 찾은 후 그 영역의 2번째 열(C열, 100g당 단가)에 있는 값을 나타내는 함수이다. 금액은 "수량 × 단가'으로 나타내므로 D3셀에 사용되는 함수식은 "=C3*VLOOKUP(B3, $B$8: $C$10, 2, 0)"이다.

※ HLOOKUP과 VLOOKUP
- ㉠ HLOOKUP : 배열의 첫 행에서 값을 검색하여, 지정한 행의 같은 열에서 데이터를 추출
- ㉡ VLOOKUP : 배열의 첫 열에서 값을 검색하여, 지정한 열의 같은 행에서 데이터를 추출

답 ③

ⓒ 프레젠테이션
- 특징 : 각종 정보를 사용자 또는 대상자에게 쉽게 전달
- 기능 : 저장, 편집, 인쇄, 슬라이드 쇼 기능 등

ⓔ 유틸리티 프로그램 : 파일 압축 유틸리티, 바이러스 백신 프로그램

④ 데이터베이스의 필요성

㉠ 데이터의 중복을 줄인다.

㉡ 데이터의 무결성을 높인다.

㉢ 검색을 쉽게 해준다.

㉣ 데이터의 안정성을 높인다.

㉤ 개발기간을 단축한다.

(2) 정보처리능력

① 정보원 : 1차 자료는 원래의 연구성과가 기록된 자료이며, 2차 자료는 1차 자료를 효과적으로 찾아
보기 위한 자료 또는 1차 자료에 포함되어 있는 정보를 압축·정리한 형태로 제공하는 자료이다.

　　㉠ 1차 자료 : 단행본, 학술지와 논문, 학술회의자료, 연구보고서, 학위논문, 특허정보, 표준 및 규격
자료, 레터, 출판 전 배포자료, 신문, 잡지, 웹 정보자원 등

　　㉡ 2차 자료 : 사전, 백과사전, 편람, 연감, 서지데이터베이스 등

② 정보분석 및 가공

　　㉠ 정보분석의 절차 : 분석과제의 발생 → 과제(요구)의 분석 → 조사항목의 선정 → 관련정보의 수집(기
존자료 조사/신규자료 조사) → 수집정보의 분류 → 항목별 분석 → 종합·결론 → 활용·정리

　　㉡ 가공 : 서열화 및 구조화

③ 정보관리

　　㉠ 목록을 이용한 정보관리

　　㉡ 색인을 이용한 정보관리

　　㉢ 분류를 이용한 정보관리

예제 3

인사팀에서 근무하는 J씨는 회사가 성장함에 따라 직원 수가 급증하기 시작하면서 직원들의 정보관리 방법을 모색하던 중 다음과 같은 A사의 직원 정보관리 방법을 보게 되었다. J씨는 A사가 하고 있는 이 방법을 회사에도 도입하고자 한다. 이 방법은 무엇인가?

> A사의 인사부서에 근무하는 H씨는 직원들의 개인정보를 관리하는 업무를 담당하고 있다. A사에서 근무하는 직원은 수천 명에 달하기 때문에 H씨는 주요 키워드나 주제어를 가지고 직원들의 정보를 구분하여 관리해서 찾을 때도 쉽고 내용을 수정할 때도 이전보다 훨씬 간편할 수 있도록 했다.

① 목록을 활용한 정보관리
② 색인을 활용한 정보관리
③ 분류를 활용한 정보관리
④ 1:1 매칭을 활용한 정보관리

출제의도

본 문항은 정보관리 방법의 개념을 이해하고 있는가를 묻는 문제이다.

해　설

주어진 자료의 A사에서 사용하는 정보관리는 주요 키워드나 주제어를 가지고 정보를 관리하는 방식인 색인을 활용한 정보관리이다. 디지털 파일에 색인을 저장할 경우 추가, 삭제, 변경 등이 쉽다는 점에서 정보관리에 효율적이다.

답 ②

02 NCS 대표유형

PART 1 **의사소통능력** 정답 및 해설 P.202

의사소통능력 대표유형

의사소통은 직장생활에서 조직과 팀의 효율성과 효과성을 성취할 목적으로 이루어지는 구성원 간의 정보와 지식 전달 과정으로, 의사소통능력은 업무능력의 기본이 된다. 크게 어휘, 어법, 독해 유형으로 구분되며 공문, 보도자료, 상품설명서, 약관 등의 실용문과 함께 정치·경제·사회·과학·문화·예술 등 다양한 분야의 지문이 출제된다.

1

다음의 밑줄 친 단어의 의미와 동일하게 쓰인 것은?

기획재정부는 26일 OO센터에서 '2017년 지방재정협의회'를 열고 내년도 예산안 편성 방향과 지역 현안 사업을 논의했다. 이 자리에는 17개 광역자치단체 부단체장과 기재부 예산실장 등 500여 명이 참석해 2018년 예산안 편성 방향과 약 530건의 지역 현안 사업에 대한 협의를 진행했다.

기재부 예산실장은 "내년에 정부는 일자리 창출, 4차 산업 혁명 대응, 저출산 극복, 양극화 완화 등 4대 핵심 분야에 예산을 집중적으로 투자할 계획이라며 이를 위해 신규 사업 관리 강화 등 10대 재정 운용 전략을 활용, 재정 투자의 효율성을 높여갈 것"이라고 밝혔다. 이어 각 지방자치단체에서도 정부의 예산 편성 방향에 부합하도록 사업을 신청해 달라고 요청했다.

기재부는 이날 논의한 지역 현안 사업이 각 부처의 검토를 <u>거쳐</u> 다음달 26일까지 기재부에 신청되면, 관계 기관의 협의를 거쳐 내년도 예산안에 반영한다.

① 학생들은 초등학교부터 중학교, 고등학교를 <u>거쳐</u> 대학에 입학하게 된다.

② 가장 어려운 문제를 해결했으니 이제 특별히 <u>거칠</u> 문제는 없다.

③ 이번 출장 때는 독일 베를린을 <u>거쳐</u> 오스트리아 빈을 다녀올 예정이다.

④ 오랜만에 뒷산에 올라 보니, 무성하게 자란 칡덩굴이 발에 <u>거친다</u>.

2

다음 단락을 논리적 흐름에 맞게 바르게 배열한 것은?

> (개) 자본주의 사회에서 상대적으로 부유한 집단, 지역, 국가는 환경적 피해를 약자에게 전가하거나 기술적으로 회피할 수 있는 가능성을 가진다.
>
> (내) 오늘날 환경문제는 특정한 개별 지역이나 국가의 문제에서 나아가 전 지구적 문제로 확대되었지만, 이로 인한 피해는 사회·공간적으로 취약한 특정 계층이나 지역에 집중적으로 나타나는 환경적 불평등을 야기하고 있다.
>
> (대) 인간사회와 자연환경 간의 긴장관계 속에서 발생하고 있는 오늘날 환경위기의 해결 가능성은 논리적으로 뿐만 아니라 역사적으로 과학기술과 생산조직의 발전을 규정하는 사회적 생산관계의 전환을 통해서만 실현될 수 있다.
>
> (래) 부유한 국가나 지역은 마치 환경문제를 스스로 해결한 것처럼 보이기도 하며, 나아가 자본주의 경제체제 자체가 환경문제를 해결(또는 최소한 지연)할 수 있는 능력을 갖춘 것처럼 홍보하기도 한다.

① (개) - (내) - (래) - (대)

② (내) - (개) - (대) - (래)

③ (내) - (개) - (래) - (대)

④ (내) - (래) - (개) - (대)

3
다음 글에서 언급한 스마트 팩토리의 특징으로 옳지 않은 것은?

최근 스포츠 브랜드인 아디다스에서 소비자가 원하는 디자인, 깔창, 굽 모양 등의 옵션을 적용하여 다품종 소량생산 할 수 있는 스피드 팩토리를 선보였고, 그밖에도 제조업을 비롯해 다양한 산업에서 스마트 팩토리를 도입하면서 미래형 제조 시스템인 스마트 팩토리에 대한 관심이 커지고 있다. 과연 스마트 팩토리 무엇이며 어떤 기술로 구현되고 이점은 무엇일까?

스마트 팩토리란 ICT기술을 기반으로 제품의 기획, 설계, 생산, 유통, 판매의 전 과정을 자동화, 지능화하여 최소 비용과 최소 시간으로 다품종 대량생산이 가능한 미래형 공장을 의미한다. 스마트 팩토리가 구현되기 위해서는 다양한 기술이 적용되는데, 먼저 클라우드 기술은 인터넷에 연결되어 축적된 데이터를 저장하고 IoT 기술은 각종 사물에 컴퓨터 칩과 통신 기능을 내장해 인터넷에 연결한다. 또한 데이터를 분석하는 빅데이터 기술, AI를 기반으로 스스로 학습하고 의사결정을 할 수 있는 차세대 로봇기술과 기계가 자가 학습하는 인공지능 기술을 비롯해 수많은 첨단 기술을 필요로 한다.

스마트 팩토리의 핵심 구현 요소는 디지털화, 연결화, 스마트화이다. 디지털화는 공장 내 사물들 간에 소통이 가능하도록 물리적 아날로그 신호를 디지털 신호로 변환하는 것으로 디지털화를 하면 무한대로 데이터를 복사할 수 있어 데이터 편집이 쉬워지고 데이터 통신이 자유롭게 이루어진다. 연결화는 사람을 포함한 모든 사물, 즉 공장 안에 존재하는 부품, 완제품, 설비, 공장, 건물, 기기를 연결하는 것으로, 이더넷이나 유무선 통신으로 설비를 연결해 생산 현황과 이상 유무를 관리한다. 작업자가 제조 라인에 서면 공정은 작업자의 역량, 경험 같은 것을 참고하여 합당한 공정을 수행하도록 지도해 주는 것이 연결화의 예라고 할 수 있다. 스마트화는 사물이 사람과 같이 스스로 판단하고 행동하는 것을 말하는 것으로 지능화, 자율화와 같은 의미이다. 수집된 데이터를 분석하여 스스로 판단하는 스마트화는 스마트 팩토리의 필수 전제조건이다.

스마트 팩토리의 이점은 제조 단계별로 구분해 볼 수 있다. 먼저 기획·설계 단계에서는 제품 성능 시뮬레이션을 통해 제작기간을 단축시키고, 맞춤형 제품을 개발할 수 있다는 이점이 있다. 다음으로 생산 단계에서는 설비–자재–시스템 간 통신으로 다품종 대량생산, 에너지와 설비 효율 제고의 효과가 있다. 그리고 유통·판매 단계에서는 모기업과 협력사 간 실시간 연동을 통해 재고 비용을 감소시키고 품질, 물류 등 많은 분야를 협력할 수 있다.

① 스마트 팩토리는 최소 비용과 최소 시간으로 다품종 대량생산을 추구한다.

② 스마트 팩토리가 구현되기 위해서는 클라우드 기술, IoT기술, 인공지능 기술 등이 요구된다.

③ 디지털화는 공장 내 사물들 간에 소통이 가능하도록 디지털 신호를 물리적 아날로그 신호로 변환하는 것이다.

④ 스마트화는 사물이 사람과 같이 스스로 판단하고 행동하는 것으로 스마트 팩토리의 필수 전제조건이다.

4

다음은 N사의 단독주택용지 수의계약 공고문 중 일부이다. 공고문의 내용을 바르게 이해한 것은?

〈○○ 블록형 단독주택용지(1필지) 수의계약 공고〉

1. 공급대상토지

면적 (m²)	세대수 (호)	평균규모 (m²)	용적률 (%)	공급가격 (천원)	계약보증금 (원)	사용가능 시기
25,479	63	400	100% 이하	36,944,550	3,694,455,000	즉시

2. 공급일정 및 장소

일정	2019년 1월 11일 오전 10시부터 선착순 수의계약 (토 · 일요일 및 공휴일, 업무시간 외는 제외)
장소	N사 ○○지역본부 1층

3. 신청자격

아래 두 조건을 모두 충족한 자

– 실수요자 : 공고일 현재 주택법에 의한 주택건설사업자로 등록한 자

– 3년 분할납부(무이자) 조건의 토지매입 신청자

  ※ 납부 조건 : 계약체결 시 계약금 10%, 중도금 및 잔금 90%(6개월 단위 6회 납부)

4. 계약체결 시 구비서류

– 법인등기부등본 및 사업자등록증 사본 각 1부

– 법인인감증명서 1부 및 법인인감도장(사용인감계 및 사용인감)

– 대표자 신분증 사본 1부(위임 시 위임장 1부 및 대리인 신분증 제출)

– 주택건설사업자등록증 1부

– 계약금 납입영수증

① 계약이 체결되면 즉시 해당 토지에 단독주택을 건설할 수 있다.

② 계약체결 후 첫 번째 내야 할 중도금은 5,250,095,000원이다.

③ 규모 400m²의 단독주택용지를 일반 수요자에게 분양하는 공고이다.

④ 계약에 대한 보증금이 공급가격보다 더 높아 실수요자에게 부담을 줄 우려가 있다.

5

다음 회의록의 내용을 보고 올바른 판단을 내리지 못한 것을 고르면?

인사팀 4월 회의록			
회의일시	2019년 4월 30일 14:00~15:30	회의장소	대회의실(예약)
참석자	팀장, 남 과장, 허 대리, 김 대리, 이 사원, 명 사원		
회의안건	• 직원 교육훈련 시스템 점검 및 성과 평가 • 차기 교육 프로그램 운영 방향 논의		
진행결과 및 협조 요청	〈총평〉 • 1사분기에는 지난해보다 학습목표시간을 상향조정(직급별 10~20시간)하였음에도 평균 학습시간을 초과하여 달성하는 등 상시학습문화가 정착됨 　－1인당 평균 학습시간: 지난해 4사분기 22시간 → 올해 1사분기 35시간 • 다만, 고직급자와 계약직은 학습 실적이 목표에 미달하였던바, 앞으로 학습 진도에 대하여 사전 통보하는 등 학습목표 달성을 적극 지원할 필요가 있음 　－고직급자 : 목표 30시간, 실적 25시간, 계약직 : 목표 40시간, 실적 34시간 〈운영방향〉 • 전 직원 일체감 형성을 위한 비전공유와 '매출 증대, 비용 절감' 구현을 위한 핵심과제 등 주요사업 시책교육 추진 • 직원이 가치창출의 원천이라는 인식하에 생애주기에 맞는 직급별 직무역량교육 의무화를 통해 인적자본 육성 강화 • 자기주도적 상시학습문화 정착에 기여한 학습관리시스템을 현실에 맞게 개선하고, 조직 간 인사교류를 확대		

① 올 1사분기에는 지난해보다 1인당 평균 학습시간이 50% 이상 증가하였다.

② 전체적으로 1사분기의 교육시간 이수 등의 성과는 우수하였다.

③ 2사분기에는 일부 직원들에 대한 교육시간이 1사분기보다 더 증가할 전망이다.

④ 2사분기에는 각 직급에 보다 적합한 교육이 시행될 것이다.

> **문제해결능력 대표유형**
>
> 문제란 업무를 수행함에 있어 답을 요구하는 질문이나 의논하여 해결해야 하는 사항으로, 문제해결을 위해서는 전략적이고 분석적인 사고는 물론 발상의 전환과 효율적인 자원활용 등 다양한 능력이 요구된다. 따라서 명제나 추론 같은 일반적인 논리추론 유형과 함께 수리, 자원관리 등이 융합된 문제해결 유형이나 실무이해를 바탕으로 하는 유형의 문제도 다수 출제된다.

1

다음 조건을 바탕으로 할 때 정 대리가 이번 달 중국 출장 출발일로 정하기에 가장 적절한 날은 언제인가? (전체 일정은 모두 이번 달 안에 속해 있다.)

- 이번 달은 1일이 월요일인 달이다.
- 3박 4일 일정이며 출발일과 도착일이 모두 휴일이 아니어야 한다.
- 현지에서 복귀하는 비행편은 매주 화, 목요일에만 있다.
- 이번 달 셋째 주 화요일에 있을 부서의 중요한 회의에 반드시 참석해야 하며, 회의 후에 출장을 가려 한다.

① 12일 ② 15일
③ 17일 ④ 22일

2

다음은 유진이가 학교에 가는 요일에 대한 설명이다. 이들 명제가 모두 참이라고 가정할 때, 유진이가 학교에 가는 요일은?

- ㉠ 목요일에 학교에 가지 않으면 월요일에 학교에 간다.
- ㉡ 금요일에 학교에 가지 않으면 수요일에 학교에 가지 않는다.
- ㉢ 수요일에 학교에 가지 않으면 화요일에 학교에 간다.
- ㉣ 월요일에 학교에 가면 금요일에 학교에 가지 않는다.
- ㉤ 유진이는 화요일에 학교에 가지 않는다.

① 월, 수 ② 월, 수, 금
③ 수, 목, 금 ④ 수, 금

3

다음은 L공사의 국민임대주택 예비입주자 통합 정례모집 관련 신청자격에 대한 사전 안내이다. 甲~戊 중 국민임대주택 예비입주자로 신청할 수 있는 사람은? (단, 함께 살고 있는 사람은 모두 세대별 주민등록표 상에 함께 등재되어 있고, 제시되지 않은 사항은 모두 조건을 충족한다고 가정한다)

□ 2020년 5월 정례모집 개요

구분	모집공고일	대상지역
2020년 5월	2020. 5. 5(화)	수도권
	2020. 5. 13(수)	수도권 제외한 나머지 지역

□ 신청자격

입주자모집공고일 현재 무주택세대구성원으로서 아래의 소득 및 자산보유 기준을 충족하는 자

※ 무주택세대구성원이란?

다음의 세대구성원에 해당하는 사람 전원이 주택(분양권 등 포함)을 소유하고 있지 않은 세대의 구성원을 말합니다.

세대구성원(자격검증대상)	비고
• 신청자	
• 신청자의 배우자	신청자와 세대 분리되어 있는 배우자도 세대구성원에 포함
• 신청자의 직계존속 • 신청자의 배우자의 직계존속	신청자 또는 신청자의 배우자와 세대별 주민등록표상에 함께 등재되어 있는 사람에 한함
• 신청자의 직계비속 • 신청자의 직계비속의 배우자	
• 신청자의 배우자의 직계비속	신청자와 세대별 주민등록표상에 함께 등재되어 있는 사람에 한함

※ 소득 및 자산보유 기준

구분	소득 및 자산보유 기준		
	가구원수	월평균소득기준	참고사항
소득	3인 이하 가구	3,781,270원 이하	• 가구원수는 세대구성원 전원을 말함(외국인 배우자와 임신 중인 경우 태아 포함) • 월평균소득액은 세전금액으로서 세대구성원 전원의 월평균소득액을 모두 합산한 금액임
	4인 가구	4,315,641원 이하	
	5인 가구	4,689,906원 이하	
	6인 가구	5,144,224원 이하	
	7인 가구	5,598,542원 이하	
	8인 가구	6,052,860원 이하	
자산	• 총자산가액 : 세대구성원 전원이 보유하고 있는 총자산가액 합산기준 28,000만 원 이하		
	• 자동차 : 세대구성원 전원이 보유하고 있는 전체 자동차가액 2,499만 원 이하		

① 甲의 아내는 주택을 소유하고 있지만, 甲과 세대 분리가 되어 있다.

② 아내의 부모님을 모시고 살고 있는 乙 가족의 월평균소득은 500만 원이 넘는다.

③ 丙은 재혼으로 만난 아내의 아들과 함께 살고 있는데, 아들은 전 남편으로부터 물려받은 아파트 분양권을 소유하고 있다.

④ 어머니를 모시고 사는 丁은 아내가 셋째 아이를 출산하면서 丁 가족의 월평균소득으로는 1인당 80만 원도 돌아가지 않게 되었다.

4

서원 그룹의 K부서에서는 자기 부서의 정책을 홍보하기 위해 책자를 제작해 배포하는 프로젝트를 진행하였다. 프로젝트 진행 과정이 다음과 같을 때, 프로젝트 결과에 대한 평가로 항상 옳은 것을 모두 고르면?

> 이번에 K부서에서는 자기 부서의 정책을 홍보하기 위해 책자를 제작해 배포하였다. 이 홍보 사업에 참여한 K부서의 팀은 A와 B 두 팀이다. 두 팀은 각각 500권의 정책홍보 책자를 제작하였다. 그러나 책자를 어떤 방식으로 배포할 것인지에 대해 두 팀 간에 차이가 있었다. A팀은 자신들이 제작한 K부서의 모든 정책홍보책자를 서울이나 부산에 배포한다는 지침에 따라 배포하였다. 한편, B팀은 자신들이 제작한 K부서 정책홍보책자를 서울에 모두 배포하거나 부산에 모두 배포한다는 지침에 따라 배포하였다. 사업이 진행된 이후 배포된 결과를 살펴보기 위해서 서울과 부산을 조사하였다. 조사를 담당한 한 직원은 A팀이 제작 · 배포한 K부서 정책홍보책자 중 일부를 서울에서 발견하였다.
>
> 한편, 또 다른 직원은 B팀이 제작 · 배포한 K부서 정책홍보책자 중 일부를 부산에서 발견하였다. 그리고 배포 과정을 검토해 본 결과, 이번에 A팀과 B팀이 제작한 K부서 정책 홍보책자는 모두 배포되었다는 것과, 책자가 배포된 곳과 발견된 곳이 일치한다는 것이 확인되었다.

> ㉠ 부산에는 500권이 넘는 K부서 정책홍보책자가 배포되었다.
> ㉡ 서울에 배포된 K부서 정책홍보책자의 수는 부산에 배포된 K부서 정책홍보책자의 수보다 적다.
> ㉢ A팀이 제작한 K부서 정책홍보책자가 부산에서 발견되었다면, 부산에 배포된 K부서 정책홍보책자의 수가 서울에 배포된 수보다 많다.

① ㉠

② ㉢

③ ㉠, ㉡

④ ㉡, ㉢

5

다음은 ○○항공사의 항공이용에 관한 조사 설계의 일부분이다. 본 설문조사의 목적으로 가장 적합하지 않은 것은?

---

1. 조사 목적

2. 과업 범위
- 조사 대상 : 서울과 수도권에 거주하고 있으며 최근 3년 이내 여행 및 출장 목적의 해외방문 경험이 있고 향후 1년 이내 해외로 여행 및 출장 의향이 있는 만 20~60세 이상의 성인 남녀
- 조사 방법 : 구조화된 질문지를 이용한 온라인 설문조사
- 표본 규모 : 총 1,000명

3. 조사 내용
- 시장 환경 파악 : 여행 출장 시장 동향 (출국 목적, 체류기간 등)
- 과거 해외 근거리 당일 왕복항공 이용 실적 파악 : 이용 빈도, 출국 목적, 목적지 등
- 향후 해외 근거리 당일 왕복항공 잠재 수요 파악 : 이용의향 빈도, 출국 목적 등
- 해외 근거리 당일 왕복항공 이용을 위한 개선 사항 파악 : 해외 근거리 당일 왕복항공을 위한 개선사항 적용 시 해외 당일 여행 계획 또는 의향
- 배경정보 파악 : 인구사회학적 특성 (성별, 연령, 거주 지역 등)

4. 결론 및 기대효과

---

① 단기 해외 여행의 수요 증가 현황과 관련 항공 시장 파악

② 해외 당일치기 여객의 수요에 부응할 수 있는 노선 구축 근거 마련

③ 해외 근거리 당일 왕복항공을 이용한 실적 및 행태 파악

④ 근거리 국가로 여행 또는 출장을 위해 당일 왕복항공을 이용할 의향과 수용도 파악

수리능력 대표유형

수리능력은 직장생활에서 요구되는 기본적인 사칙연산과 기초적인 통계를 이해하고 도표의 의미를 파악하거나 도표를 이용해서 결과를 효과적으로 제시하는 능력을 말한다. 따라서 기본적인 계산능력을 파악하는 유형과 함께 자료해석, 도표분석 능력 등을 요구하는 유형의 문제가 주로 출제된다.

1

A와 B가 다음과 같은 규칙으로 게임을 하였다. 규칙을 참고할 때, 두 사람 중 점수가 낮은 사람은 몇 점인가?

- 이긴 사람은 4점, 진 사람은 2점의 점수를 얻는다.
- 두 사람의 게임은 모두 20회 진행되었다.
- 20회의 게임 후 두 사람의 점수 차이는 12점이었다.

① 50점   ② 52점

③ 54점   ④ 56점

2

다음은 국민연금 보험료를 산정하기 위한 소득월액 산정 방법에 대한 설명이다. 다음 설명을 참고할 때, 김갑동 씨의 신고 소득월액은 얼마인가?

> 소득월액은 입사(복직) 시점에 따른 근로자간 신고 소득월액 차등이 발생하지 않도록 입사(복직) 당시 약정되어 있는 급여 항목에 대한 1년치 소득총액에 대하여 30일로 환산하여 결정하며, 다음과 같은 계산 방식을 적용한다.
>
> > 소득월액 = 입사(복직) 당시 지급이 약정된 각 급여 항목에 대한 1년간 소득총액 ÷ 365 × 30

〈김갑동 씨의 급여 내역〉

- 기본급 : 1,000,000원
- 교통비 : 월 100,000원
- 고정 시간외 수당 : 월 200,000원
- 분기별 상여금(1, 4, 7, 10월 지급) : 기본급의 100%
- 하계휴가비(매년 7월 지급) : 500,000원

---

① 1,645,660원

② 1,652,055원

③ 1,668,900원

④ 1,727,050원

3

다음은 2018년 한국인 사망 원인 '5대 암'과 관련된 자료이다. 2018년 총 인구를 5,100만 명이라고 할 때, 치명률을 구하는 공식으로 옳은 것을 고르면?

종류	환자수	완치자수	후유장애자수	사망자수	치명률
폐암	101,600명	3,270명	4,408명	2,190명	2.16%
간암	120,860명	1,196명	3,802명	1,845명	1.53%
대장암	157,200명	3,180명	2,417명	1,624명	1.03%
위암	184,520명	2,492명	3,557명	1,950명	1.06%
췌장암	162,050명	3,178명	2,549명	2,765명	1.71%

※ 환자수란 현재 해당 암을 앓고 있는 사람 수를 말한다.
※ 완치자수란 과거에 해당 암을 앓았던 사람으로 일상생활에 문제가 되는 장애가 남지 않고 5년 이내 재발이 없는 경우를 말한다.
※ 후유장애자수란 과거에 해당 암을 앓았던 사람으로 암으로 인하여 일상생활에 문제가 되는 영구적인 장애가 남은 경우를 말한다.
※ 사망자수란 해당 암으로 사망한 사람 수를 말한다.

① 치명률 $= \dfrac{완치자수}{환자수} \times 100$

② 치명률 $= \dfrac{후유장애자수}{환자수} \times 100$

③ 치명률 $= \dfrac{사망자수}{환자수} \times 100$

④ 치명률 $= \dfrac{사망자수 + 후유장애자수}{인구수} \times 100$

4

제시된 자료를 참조하여, 2013년부터 2015년의 건강수명 비교에 대한 설명으로 옳은 것은?

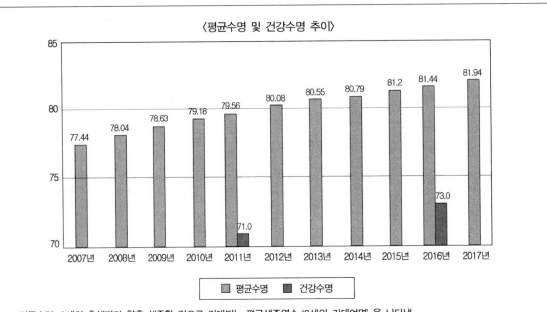

〈평균수명 및 건강수명 추이〉

※ 평균수명 : 0세의 출생자가 향후 생존할 것으로 기대되는 평균생존연수 '0세의 기대여명' 을 나타냄
※ 건강수명 : 평균수명에서 질병이나 부상으로 인하여 활동하지 못한 기간을 뺀 기간을 나타냄
※ 2017년은 예상 수치임

〈건강수명 예상치 추정 정보〉

• 건강수명 예상치의 범위는 평균수명의 90%에서 ±1% 수준이다.
• 건강수명 예상치는 환경 개선 정도에 영향을 받는다고 가정한다.

연도	2012년	2013년	2014년	2015년
환경 개선	보통	양호	불량	불량

－ 해당 연도 환경 개선 정도가 '양호'이면 최대치(+1%)로 계산된다.
－ 해당 연도 환경 개선 정도가 '보통'이면 중간치(±0%)로 계산된다.
－ 해당 연도 환경 개선 정도가 '불량'이면 최소치(−1%)로 계산된다.

① 2013년 건강수명이 2014년 건강수명보다 짧다.

② 2014년 건강수명이 2015년 건강수명보다 짧다.

③ 2013년 건강수명이 2015년 건강수명 보다 짧다.

④ 2014년 환경 개선 정도가 보통일 경우 2013년 건강수명이 2014년 건강수명보다 짧다.

5

다음은 건설업과 관련된 주요 지표이다. 이에 대한 설명으로 옳은 것은?

〈건설업 주요 지표〉

(단위 : 개, 천 명, 조 원, %)

구분	2016년	2017년	전년대비	
			증감	증감률
기업체수	69,508	72,376	2,868	4.1
종사자수	1,573	1,670	97	6.1
건설공사 매출액	356.6	392.0	35.4	9.9
국내 매출액	313.1	354.0	40.9	13.1
해외 매출액	43.5	38.0	−5.5	−12.6
건설비용	343.2	374.3	31.1	9.1
건설 부가가치	13.4	17.7	4.3	32.1

〈연도별 건설업체수 및 매출 증감률〉

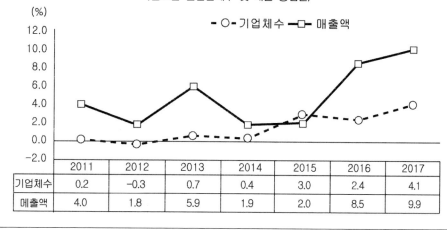

	2011	2012	2013	2014	2015	2016	2017
기업체수	0.2	−0.3	0.7	0.4	3.0	2.4	4.1
매출액	4.0	1.8	5.9	1.9	2.0	8.5	9.9

① 2012년의 기업체 수는 65,000개 이하이다.

② 건설공사 매출액 중 국내 매출액의 비중은 2017년보다 2016년이 더 크다.

③ 해외 매출액의 증감은 건설 부가가치의 증감에 영향을 미친다.

④ 건설업 주요 지표별 증감 추이는 모든 항목이 동일하다.

대인관계능력 대표유형

대인관계란 집단생활 속 구성원 상호 간의 관계로, 직장생활에서 대인관계는 조직구성원 간의 관계뿐만 아니라 조직 외부의 관계자, 고객 등과의 관계를 전제로 한다. 리더십능력, 갈등관리능력, 협상능력, 고객서비스능력 등이 대인관계능력을 측정하기 위한 문제로 출제된다.

1

다음 사례에서 나오는 마부장의 리더십은 어떤 유형인가?

○○그룹의 마부장은 이번에 새로 보직 이동을 하면서 판매부서로 자리를 옮겼다. 그런데 판매부서는 ○○그룹에서도 알아주는 문제가 많은 부서 중에 한 곳으로 모두들 이곳으로 옮기기를 꺼려한다. 그런데 막상 이곳으로 온 마부장은 이곳 판매부서가 비록 직원이 3명밖에 없는 소규모의 부서이지만 세 명 모두가 각자 나름대로의 재능과 경험을 가지고 있고 단지 서로 화합과 협력이 부족하여 성과가 저조하게 나타났음을 깨달았다. 또한 이전 판매부장은 이를 간과한 채 오직 성과내기에 급급하여 직원들을 다그치기만 하자 팀 내 사기마저 떨어지게 된 것이다. 이에 마부장은 부원들의 단합을 위해 매주 등산모임을 만들고 수시로 함께 식사를 하면서 많은 대화를 나눴다. 또한 각자의 능력을 살릴 수 있도록 업무를 분담해 주고 작은 성과라도 그에 맞는 보상을 해 주었다. 이렇게 한 달, 두 달이 지나자 판매부서의 성과는 눈에 띄게 높아졌으며 직원들의 사기 역시 높게 나타났다.

① 카리스마 리더십

② 독재자형 리더십

③ 변혁적 리더십

④ 거래적 리더십

2

다음 사례에서 민수의 행동 중 잘못된 행동은 무엇인가?

> 민수는 Y기업 판매부서의 부장이다. 그의 부서는 크게 3개의 팀으로 구성되어 있는데 이번에 그의 부서에서 본 사의 중요한 프로젝트를 맡게 되었고 그는 세 팀의 팀장들에게 이번 프로젝트를 성공시키면 전원 진급을 시켜주 겠다고 약속하였다. 각 팀의 팀장들은 민수의 말을 듣고 한 달 동안 야근을 하면서 마침내 거액의 계약을 따내게 되었다. 이로 인해 각 팀의 팀장들은 회사로부터 약간의 성과급을 받게 되었지만 정작 진급은 애초에 세 팀 중에 한 팀만 가능하다는 사실을 뒤늦게 통보받았다. 각 팀장들은 민수에게 불만을 표시했고 민수는 미안하게 됐다며 성과급 받은 것으로 만족하라는 말만 되풀이하였다.

① 상대방에 대한 이해   ② 기대의 명확화

③ 사소한 일에 대한 관심   ④ 약속의 불이행

3

다음 사례에서 이 고객의 불만유형으로 적절한 것은?

> 훈재가 근무하고 있는 △△핸드폰 대리점에 한 고객이 방문하여 깨진 핸드폰 케이스를 보여주며 무상으로 바꿔달 라고 요구하고 있다. 이 핸드폰 케이스는 이번에 새로 출시된 핸드폰에 맞춰서 이벤트 차원에서 한 달간 무상으로 지급한 것이며 현재는 이벤트 기간이 끝나 돈을 주고 구입을 해야 한다. 훈재는 깨진 핸드폰 케이스는 고객의 실수 에 의한 것으로 무상으로 바꿔줄 수 없으며 새로 다시 구입을 해야 한다고 설명하였다. 하지만 이 고객은 본인은 핸 드폰을 구입할 때 이미 따로 보험에 가입을 했으며 핸드폰 케이스는 핸드폰의 부속품이므로 마땅히 무상 교체를 해 줘야 한다고 트집을 잡고 있다.

① 의심형   ② 빨리빨리형

③ 거만형   ④ 트집형

4

다음 사례에서 박부장이 취할 수 있는 행동으로 적절하지 않은 것은?

◆◆기업에 다니는 박부장은 최근 경기침체에 따른 회사의 매출부진과 관련하여 근무환경을 크게 변화시키기로 결정하였다. 하지만 그의 부하들은 물론 상사와 동료들조차도 박부장의 결정에 회의적이었고 부정적인 시각을 내보였다. 그들은 변화에 소극적이었으며 갑작스런 변화는 오히려 회사의 존립자체를 무너뜨릴 수 있다고 판단하였다. 하지만 박부장은 갑작스런 변화가 처음에는 회사를 좀 더 어렵게 할 수는 있으나 장기적으로 본다면 틀림없이 회사에 큰 장점으로 작용할 것이라고 확신하고 있었고 여기에는 전 직원의 협력과 노력이 필요하였다.

① 직원들의 감정을 세심하게 살핀다.　　② 변화의 긍정적인 면을 강조한다.

③ 주관적인 자세를 유지한다.　　④ 변화에 적응할 시간을 준다.

5

다음 사례에서 유팀장이 부하직원들의 동기부여를 위해 행한 방법으로 옳지 않은 것은?

전자제품을 생산하고 있는 △△기업은 매년 신제품을 출시하는 것으로 유명하다. 그것도 시리즈 별로 하나씩 출시하기 때문에 실제로 출시되는 신제품은 1년에 2~3개가 된다. 이렇다 보니 자연히 직원들은 새로운 제품을 출시하고도 곧바로 또 다른 제품에 대한 아이디어를 내야하고 결국 이것이 스트레스로 이어져 업무에 대한 효율성이 떨어지게 되었다. 유팀장의 부하직원들 또한 이러한 이유로 고민을 하고 있다. 따라서 유팀장은 자신의 팀원들에게 아이디어를 하나씩 낼 때마다 게시판에 적힌 팀원들 이름 아래 스티커를 하나씩 붙이고 스티커가 다 차게 되면 휴가를 보내주기로 하였다. 또한 최근 들어 출시되는 제품들이 모두 비슷하기만 할 뿐 새로운 면을 찾아볼 수 없어 뭔가 혁신적인 기술을 제품에 넣기로 하였다. 특히 △△기업은 전자제품을 주로 취급하다 보니 자연히 보안에 신경을 쓸 수밖에 없었고 유팀장은 이 기회에 새로운 보안시스템을 선보이기로 하였다. 그리하여 부하직원들에게 지금까지 아무도 시도하지 못한 새로운 보안시스템을 개발해 보자고 제안하였고 팀원들도 그 의견에 찬성하였다. 나아가 유팀장은 직원들의 스트레스를 좀 더 줄이고 업무효율성을 극대화시키기 위해 기존에 유지되고 있던 딱딱한 업무환경을 개선할 필요가 있음을 깨닫고 직원들에게 자율적으로 출퇴근을 할 수 있도록 하는 한편 사내에 휴식공간을 만들어 수시로 직원들이 이용할 수 있도록 변화를 주었다. 그 결과 이번에 새로 출시된 제품은 △△기업 사상 최고의 매출을 올리며 큰 성과를 거두었고 팀원들의 사기 또한 하늘을 찌르게 되었다.

① 긍정적 강화법을 활용한다.　　② 새로운 도전의 기회를 부여한다.

③ 지속적으로 교육한다.　　④ 변화를 두려워하지 않는다.

정보능력 대표유형

정보(Information)란 자료를 특정한 목적과 문제해결에 도움이 되도록 가공한 것으로, 지식정보사회에서 정보는 기업 생존에 중요한 요소로 자리하고 있다. 정보능력에서 빈출되는 대표유형으로는 컴퓨터활용능력 측정을 위한 소프트웨어 활용, 자료(Data)의 규칙을 찾아 정보 파악하기, 간단한 코딩 시스템의 이해 등이 있다.

1

S정보통신에 입사한 당신은 시스템 모니터링 업무를 담당하게 되었다. 다음의 시스템 매뉴얼을 확인한 후 제시된 상황에서 적절한 입력코드를 고르면?

⟨S정보통신 시스템 매뉴얼⟩

❏ 항목 및 세부사항

항목	세부사항
Index@@ of Folder@@	• 오류 문자 : Index 뒤에 나타나는 문자 • 오류 발생 위치 : Folder 뒤에 나타나는 문자
Error Value	• 오류 문자와 오류 발생 위치를 의미하는 문자에 사용된 알파벳을 비교하여 오류 문자 중 오류 발생 위치의 문자와 일치하지 않는 알파벳의 개수 확인
Final Code	• Error Value를 통하여 시스템 상태 판단

❏ 판단 기준 및 처리코드(Final Code)

판단 기준	처리코드
일치하지 않는 알파벳의 개수 = 0	Qfgkdn
0 < 일치하지 않는 알파벳의 개수 ≤ 3	Wxmt
3 < 일치하지 않는 알파벳의 개수 ≤ 5	Atnih
5 < 일치하지 않는 알파벳의 개수 ≤ 7	Olyuz
7 < 일치하지 않는 알파벳의 개수 ≤ 10	Cenghk

<상황>

System is processing requests...
System Code is X.
Run...

Error Found!
Index GHWDYC of Folder APPCOMPAT

Final Code? _____

① Qfgkdn

② Wxmt

③ Atnih

④ Olyuz

2

다음의 시트에서 수식 '=DSUM(A1:D7, 4, B1:B2)'를 실행하였을 때 결과 값은?

	A	B	C	D
1	성명	부서	3/4분기	4/4분기
2	김하나	영업부	20	15
3	유진영	총무부	30	35
4	고금순	영업부	15	20
5	이영훈	총무부	10	15
6	김영대	총무부	20	10
7	채수빈	영업부	15	20

① 45

② 50

③ 55

④ 60

3~4 다음 물류 창고 책임자와 각 창고 내 재고상품의 코드 목록을 보고 이어지는 질문에 답하시오.

책임자	재고상품 코드번호	책임자	재고상품 코드번호
정보연	2008011F033321754	심현지	2001052G099918513
이규리	2011054L066610351	김준후	2002121D011120789
김원희	2006128T055511682	유연석	2013016Q044412578
이동성	2009060B022220123	강희철	2012064L100010351
신병임	2015039V100029785	송지혜	2016087S088824567

[재고상품 코드번호 예시]

2016년 11월에 4,586번째로 입고된 경기도 戊출판사에서 발행한 「소형선박조종사 자격증 한 번에 따기」 도서 코드

2016111E055524586

201611	1E	05552	4586
입고연월	지역코드 + 고유번호	분류코드 + 고유번호	입고순서

입고연월	발행 출판사				도서 종류			
	지역코드		고유번호		분류코드		고유번호	
• 200611 –2006년 11월 • 201007 –2010년 7월 • 201403 –2014년 3월	0	서울	A	甲출판사	01	가정 · 살림	111	임신/출산
			B	乙출판사			112	육아
	1	경기도	C	丙출판사	02	건강 · 취미	221	다이어트
			D	丁출판사			222	스포츠
			E	戊출판사	03	경제 · 경영	331	마케팅
			F	己출판사			332	재테크
	2	강원도	G	庚출판사			333	CEO
			H	辛출판사	04	대학 교재	441	경상계열
	3	충청 남도	I	壬출판사			442	공학계열
			J	癸출판사	05	수험 · 자격	551	공무원
	4	충청 북도	K	子출판사			552	자격증
			L	丑출판사	06	어린이	661	예비 초등
	5	경상 남도	M	寅출판사			662	초등
			N	卯출판사	07	자연 과학	771	나노과학
			O	辰출판사			772	생명과학
	6	경상 북도	P	巳출판사			773	뇌과학
			Q	午출판사	08	예술	881	미술
	7	전라 남도	R	未출판사			882	음악
			S	申출판사	09	여행	991	국내여행
	8	전라 북도	T	酉출판사			991	해외여행
			U	戊출판사	10	IT · 모바일	001	게임
	9	제주도	V	亥출판사			002	웹사이트

3

재고상품 중 2010년도에 8,491번째로 입고된 충청남도 쫓출판사에서 발행한 「뇌과학 첫걸음」 도서의 코드로 알맞은 것은 무엇인가?

① 2010113J077718491

② 2010093J077738491

③ 2010083I077738491

④ 2011123J077738491

4

다음 중 발행 출판사와 입고순서가 동일한 도서를 담당하는 책임자들로 짝지어진 것은?

① 정보연 – 김준후

② 이규리 – 강희철

③ 이동성 – 송지혜

④ 심현지 – 유연석

5

다음의 알고리즘에서 인쇄되는 S는?

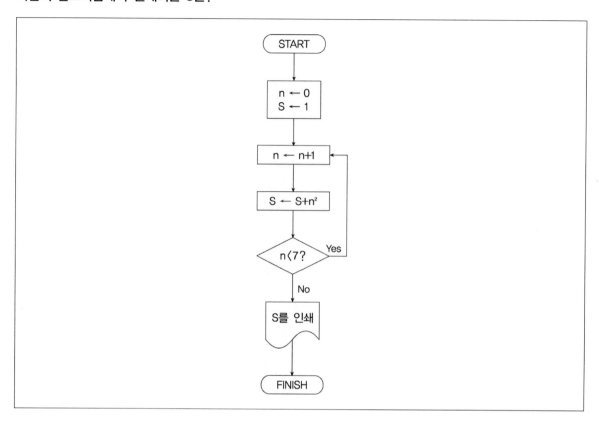

① 137

② 139

③ 141

④ 143

PART

III

NCS 예상문제

01 의사소통능력

정답 및 해설 P.208

1 다음 대화에서 (?) 안에 들어갈 S씨의 답변으로 가장 적절한 것을 고르시오.

> S씨는 경영지원관련 직무를 담당하게 된 신입사원이며, 다른 신입사원들과 사원위생과 관련된 스터디 모임을 조직하였다.
>
> > 많은 질병은 비누나 손세정제 등으로 손을 깨끗이 씻기 등 개인위생 수칙을 준수하는 것으로도 예방이 된다. 씻지 않은 손으로 눈, 코, 입을 만지는 것을 삼가고 기침할 때는 입 안 분비물이 튀지 않도록 입을 막아야 다른 사람에게 질병을 옮기는 것을 막을 수 있다.
> >
> > – 스터디 사전 예습 자료(일부 발췌)
>
> K씨 : 많은 사원들이 요즘 유행하는 독감 때문에 연차를 내고 있어서 회사에 손실이 커. 독감 예방법을 사원들에게 알리는 캠페인을 실시하라는 지시가 내려왔어.
> M씨 : 회사 특성상 다른 사람들을 만나는 업무가 주를 이루는데, 미팅이 끝난 후 다른 곳으로 이동하기 전에 꼭 손을 씻으라고 하는 것은 어떨까?
> S씨 : (?   )
> J씨 : 기침할 때 팔로 입을 막거나 손수건을 이용하도록 홍보해야겠어.

① 하지만 가장 중요한 것은 꾸준한 운동을 통해 면역력을 키우는 것이지.

② 질병이 감염된 사람이 다른 사람의 감염을 초래하지 않도록 해야 해.

③ 손 세정제를 사원 개인에게 분배하여 들고 다니게 하면 화장실이 없는 곳에서도 손을 깨끗이 할 수 있어.

④ 손을 대충 씻는 것은 효과가 없다고 하니 올바른 손 씻기 방법을 알리는 부착물을 회사 화장실 곳곳에 부착하는 것이 좋겠어.

▌2~3▐ 다음은 어느 회사의 송·배전용 전기설비 이용규정의 일부이다. 다음을 보고 물음에 답하시오.

제00조 이용신청 시기

고객의 송·배전용 전기설비 이용신청은 이용 희망일부터 행정소요일수와 표본 공정(접속설비의 설계·공사계약체결·공사시공기간 등) 소요일수를 합산한 기간 이전에 하는 것을 원칙으로 한다. 다만, 필요시 고객과 협의하여 이용신청시기를 조정할 수 있다.

제00조 이용신청시 기술검토용 제출자료

고객은 이용신청시 회사가 접속방안을 검토할 수 있도록 송·배전 기본계획자료를 제출하여야 한다. 고객은 자료가 확정되지 않은 경우에는 잠정 자료를 제출할 수 있으며, 자료가 확정되는 즉시 확정된 자료를 제출하여야 한다.

제00조 접속제의의 수락

고객은 접속제의서 접수 후 송전용전기설비는 2개월, 배전용전기설비는 1개월 이내에 접속제의에 대한 수락의사를 서면으로 통지하여야 하며, 이 기간까지 수락의사의 통지가 없을 경우 이용신청은 효력을 상실한다. 다만, 고객과의 협의를 통해 수락의사 통지기간을 1회에 한하여 송전용전기설비는 2개월, 배전용전기설비는 1개월 이내에서 연장할 수 있다. 접속제의에 이의가 있거나 새로운 접속방안의 검토를 희망하는 경우, 고객은 2회에 한하여 접속제의의 재검토를 요청할 수 있으며, 재검토 기간은 송전용전기설비는 3개월, 배전용전기설비는 1개월을 초과할 수 없다.

제00조 끝자리 수의 처리

이 규정에서 송·배전 이용요금 등의 계산에 사용하는 단위는 다음 표와 같으며 계산단위 미만의 끝자리 수는 계산단위 이하 첫째자리에서 반올림한다.

구분	계산단위
부하설비 용량	1kw
변압기설비 용량	1kVA
발전기 정격출력	1kw
계약전력	1kw
최대이용전력	1kw
요금적용전력	1kw
사용전력량	1k조
무효전력량	1kvarh
역률	1%

송·배전 이용요금 등의 청구금액(부가세 포함)에 10원 미만의 끝자리 수가 있을 경우에는 국고금 관리법에 정한 바에 따라 그 끝자리 수를 버린다.

2 乙은 이용규정을 바탕으로 회사 홈페이지에 올라온 고객의 질의에 답변하려고 한다. 답변 내용 중 옳지 않은 것은?

① Q : 송·배전용 전기설비 이용신청은 언제 하여야 하나요?

　A : 이용신청은 이용 희망일부터 행정소요일수와 표본 공정소요일수를 합산한 기간 이전에 하여야 합니다.

② Q : 송·배전 기본계획자료가 아직 확정되지 않은 상태인데 어떻게 해야 하나요?

　A : 잠정 자료를 제출할 수 있으며, 자료가 확정되는 즉시 확정된 자료를 제출하면 됩니다.

③ Q : 수락의사 통지기간을 연장하고 싶은데 그 기간은 어느정도인가요?

　A : 회사와 고객 간의 협의를 통해 송전용전기설비는 1개월, 배전용전기설비는 2개월 이내에서 연장할 수 있습니다.

④ Q : 송·배전 이용요금 등의 청구금액에 10원 미만의 끝자리 수가 있을 경우는 어떻게 되나요?

　A : 끝자리 수가 있을 경우에는 국고금관리법에 정한 바에 따라 그 끝자리 수를 버리게 됩니다.

3 접속제의에 이의가 있거나 새로운 접속방안의 검토를 희망하는 경우, 고객은 몇 회에 한하여 재검토를 요청할 수 있는가?

① 1회　　　　　　　　　　　　② 2회

③ 3회　　　　　　　　　　　　④ 4회

4 다음 대화를 읽고 진수가 첫 번째로 해야 할 일은?

> 민정 : I think I'll have to be in Chicago in November.
> 진수 : Are you going to attend the US marketing conference to be held on November 15?
> 민정 : Yes. And I would like to visit some of our customers there, too.
> 진수 : Shall I make a reservation for your flight now?
> 민정 : Yes, please reserve a seat for me on Korean Air on November 5.
> 진수 : Certainly. I'll call the travel agency and check the flight schedule ASAP.
> 민정 : Thank you. Also, please reserve a room at the Plaza Hotel from November 5 to 16. And would you please bring me the quarterly sales report after lunch? I have to make some presentation material for the conference.
> 진수 : Alright. I'll make a list of customers whom you are supposed to meet in Chicago.

① Calling the travel agency to book a flight to Chicago.

② Bringing the sales report for reference.

③ Making an itinerary for her boss.

④ Checking that the US marketing conference will be held on November 15.

5 다음 중 필자의 생각과 거리가 먼 것은?

> 감염성 질병이란 단지 감염을 초래하는 미생물이 환경에 존재한다고 발생하는 것이 아니다. 질병은 미생물의 활동과 인간 활동 간의 상호작용으로 초래된다. 병원균에 의한 대부분의 감염현상은 감염되는 개체의 밀도와 수에 의존한다. 문명의 발달로 인구밀도가 높아짐에 따라 이전에는 인간에게 거의 영향을 줄 수 없었던 병원균들이 인간사회의 주변에 생존하면서 질병을 일으키게 되었다. 인간 활동이 질병을 초래하는 매체들의 서식지 등에 영향을 주면서 이러한 현상이 발생하였다. 말라리아와 같은 질병은 인간이 정주생활과 농경을 위해 대규모로 토지를 개간함으로써 흐르지 않는 물이 늘어나 모기 등의 서식지를 확대시켰기 때문에 발생하였다.
>
> 인간의 정주생활은 특정 병원매체와 인간의 계속적인 접촉을 가능하게 하였다. 회충, 촌충과 같은 기생충은 일정기간을 인간의 신체 밖에서 성장하는데 인간이 정주생활을 함에 따라 병원체의 순환이 가능해졌다. 현대의 많은 질병은 인간이 식용 목적으로 동물을 사육함에 따라 동물의 질병이 인간에게 전파된 것들이다. 예를 들어 홍역은 개와 소에서, 독감은 돼지, 닭, 오리에서, 감기는 말에서 인간에게 전염되었다. 식생활의 변화, 위생관리상태 등도 영향을 주었는데 특히 무역과 교류의 확대는 질병을 확산시켰다. 예를 들어, 홍역, 천연두, 결핵, 페스트, 유행성 이하선염, 발진 티푸스 등은 콜럼버스나 이후의 탐험가들에 의해 유럽에서 신대륙으로 옮겨졌다.

① 인간의 정주생활은 특정 병원매체와 인간의 간헐적인 접촉을 가능하게 하였다.

② 이전에는 거의 영향을 줄 수 없었던 병원균들이 문명의 발달로 인간에게 질병을 일으키게 되었다.

③ 말라리아의 발생은 인간의 정주생활과 밀접한 관계가 있다.

④ 현대의 많은 질병은 인간이 동물을 사육함에 따라 동물의 질병이 인간에게 전파된 것들이다.

6 다음 글을 통해 추론할 수 있는 것으로 가장 적절한 것은?

　　많은 이들이 우리 사회 민주주의의 문제점들을 관계와 소통의 회복을 통해 극복하고자 노력하고 있다. 이들은 네트워크 시대가 만들어낸 시민들의 개인화·개별화 경향에 우려를 표하고 있다. 네트워크 시대의 개인은 복합적 네트워킹을 통해 다양하고 폭넓은 관계를 맺고 살고 있지만, 개인들 간의 유대감은 낮기 때문에 그 관계는 지속적이기보다는 매우 유동적이고, 관계를 맺고 있는 개인들 간에 합의되어 나오는 행동들도 매우 일시적인 경향을 띤다. 즉, 온라인 공론장은 개별 주체들의 모임으로서 그 개별화된 개인들의 선택에 의해 매우 유동적으로 움직이게 된다.

　　예를 들어, 같은 사이트들이라도 이슈에 따라 공론장이 형성될 수도 형성되지 않을 수도 있으며, 이 공론장 형성 여부는 멤버들의 개인적·사적 이해관계에 따라 결정되는 경우가 많다. 나와 내 자녀들이 먹을 먹거리이기 때문에 쇠고기 수입에는 지대한 관심을 가지던 사람들은 나와는 아무런 관련이 없어 보이는 계약직 근로자의 부당한 대우에는 관심을 가질 필요가 없기 때문에 대화의 장을 마련할 이유를 찾지 못한다. 즉, 온라인 공론장은 때로는 시민사회를 포획하려는 지배 권력과 정치적 세력 또는 사적 영역에 대한 대안적 채널로서 역할을 하지만 또 다른 경우에는 공공영역으로서의 역할을 전혀 하지 못하는 모습을 보일 수 있다는 것이다. 이러한 점에서 분절적이고 분산된 네트워크를 보다 유기적으로 조직화하여 공공영역으로서의 지속성을 가질 수 있도록 하는 시도들이 필요하다.

① 네트워크를 구성하는 개인들은 결속력이 매우 강한 모습을 보인다.
② 온라인상에서는 정보의 진위 여부를 떠나 집단 감성이 발현되기 어렵다.
③ 유대감 없이는 인터넷 공간의 자율성이나 공개성이 신뢰 받기 어렵다.
④ 지속성이 없으면 온라인 공간의 개인은 자신의 의견을 제대로 표출하지 못한다.

7 다음 보기 중 어법에 맞는 문장은?

① 시간 내에 역에 도착하려면 <u>가능한</u> 빨리 달려야 합니다.

② 우리 회사는 사원 여러분의 뜻을 <u>쫓아</u> 이번 안건의 방향을 결정했습니다.

③ 그는 <u>그들에</u> 뒤지지 않기 위해 끊임없는 노력을 계속하였다.

④ 부서원 대부분은 주말 근무 시간을 <u>늘리는</u> 것에 매우 부정적입니다.

8 빈칸에 공통으로 들어갈 단어로 가장 적절한 것은?

> K공사 '2019년 경영성과 및 2020년 경영계획 설명회'를 아래와 같이 개최합니다.
> • 개최일시 : 2019. 12. 27. 16:00 / 90분 정도 진행
> • 개최장소 : K공사 본사 강당
> • 주요내용 : 2019 경영성과 및 2020 경영계획 설명, 질의응답 및 건의사항 청취
> • 참여방법 : 아래 '(   )하기'에서 (   )서 작성 제출
> • (   )기간 : 2019. 12. 4. 10:00 ~ 12. 20. 24:00 / (   )인원 초과 시 조기 마감
> • 인   원 : (   ) 순서대로 300명 선정 (선정결과 개별 통지)

① 참여   ② 참석

③ 신청   ④ 청구

9 중의적 표현에 대한 다음 설명을 참고할 때, 구조적 중의성의 사례가 아닌 것은 어느 것인가?

> 중의적 표현(중의성)이란 하나의 표현이 두 가지 이상의 의미로 해석되는 표현을 일컫는다. 그 특징은 해학이나 풍자 등에 활용되며, 의미의 다양성으로 문학 작품의 예술성을 높이는 데 기여한다. 하지만, 의미 해석의 혼동으로 인해 원활한 의사소통에 방해를 줄 수도 있다.
>
> 이러한 중의성은 크게 어휘적 중의성과 구조적 중의성으로 구분할 수 있다. 어휘적 중의성은 다시 세 가지 부류로 나뉘는데 첫째, 다의어에 의한 중의성이 있다. 다의어는 의미를 복합적으로 가지고 있는데, 기본의미를 가지고 있는 동시에 파생적 의미도 가지고 있어서 그 어휘의 기본적 의미가 내포되어 있는 상태에서 다른 의미로도 쓸 수 있다. 둘째, 어휘적 중의성으로 동음어에 의한 중의적 표현이 있다. 동음어에 의한 중의적 표현은 순수한 동음어에 의한 중의적 표현과 연음으로 인한 동음이의어 현상이 있다. 셋째, 동사의 상적 속성에 의한 중의성이 있다.
>
> 구조적 중의성은 문장의 구조 특성으로 인해 중의성이 일어나는 것을 말하는데, 이러한 중의성은 수식 관계, 주어의 범위, 서술어와 호응하는 논항의 범위, 수량사의 지배범위, 부정문의 지배범주 등에 의해 일어난다.

① 나이 많은 길동이와 을순이는 결혼을 하게 되었다.

② 그 녀석은 나보다 아버지를 더 좋아한다.

③ 영희는 친구들을 기다리며 장갑을 끼고 있었다.

④ 그녀가 보고 싶은 친구들이 참 많다.

사회자(남) : 네, 알겠습니다. 지금까지 수돗물 정책을 담당하시는 박 과장님의 말씀을 들었는데요. 그럼 이번에는 시민 단체의 의견을 들어 보겠습니다. 김 박사님~.

김 박사(여) : 네, 사실 굉장히 답답합니다. 공단 폐수 방류 사건 이후에 17년 간 네 번에 걸친 종합 대책이 마련됐고, 상당히 많은 예산이 투입된 것으로 알고 있습니다. 그런데도 이번에 상수도 사업을 민영화하겠다는 것은 결국 수돗물 정책이 실패했다는 걸 스스로 인정하는 게 아닌가 싶습니다. 그리고 민영화만 되면 모든 문제가 해결되는 것처럼 말씀하시는데요, 현실을 너무 안이하게 보고 있다는 생각이 듭니다.

사회자(남) : 말씀 중에 죄송합니다만, 수돗물 사업이 민영화되면 좀 더 효율적이고 전문적으로 운영된다는 생각에 동의할 분도 많을 것 같은데요.

김 박사(여) : 전 동의할 수 없습니다. 우선 정부도 수돗물 사업과 관련하여 충분히 전문성을 갖추고 있다고 봅니다. 현장에서 근무하는 분들의 기술 수준도 세계적이고요. 그리고 효율성 문제는요, 저희가 알아본 바에 의하면 시설 가동률이 50% 정도에 그치고 있고, 누수율도 15%나 된다는데, 이런 것들은 시설 보수나 철저한 관리를 통해 정부가 충분히 해결할 수 있다고 봅니다. 게다가 현재 상태로 민영화가 된다면 또 다른 문제가 생길 수 있습니다. 수돗물 가격의 인상을 피할 수 없다고 보는데요. 물 산업 강국이라는 프랑스도 민영화 이후에 물 값이 150%나 인상되었다고 하는데, 우리에게도 같은 일이 일어나지 않을까 걱정됩니다.

사회자(남) : 박 과장님, 김 박사님의 의견에 대해 어떻게 생각하십니까?

박 과장(남) : 민영화할 경우 아무래도 어느 정도 가격 인상 요인이 있겠습니다만 정부와 잘 협조하면 인상 폭을 최소화할 수 있으리라고 봅니다. 무엇보다도 수돗물 사업을 민간 기업이 운영하게 된다면, 수질도 개선될 것이고, 여러 가지 면에서 더욱 질 좋은 서비스를 받을 수 있을 겁니다. 또 시설 가동률과 누수율의 문제도 조속히 해결될 수 있을 겁니다.

10 여성 토론자의 발언으로 볼 때, 정책 담당자가 이전에 말했을 내용으로 가장 적절한 것은?

① 민영화를 통해 수돗물의 가격을 안정시킬 수 있다.

② 수돗물 사업의 전문성을 위해 기술 교육을 강화해야 한다.

③ 종합적인 대책 마련으로 수돗물을 효율적으로 공급하고 있다.

④ 효율성을 높이기 위해 수돗물 사업을 민간 기업에 맡겨야 한다.

11 여성 토론자의 말하기에 대한 평가로 가장 적절한 것은?

① 전문가의 말을 인용하여 자신의 견해를 뒷받침하고 있다.

② 구체적인 정보를 활용하여 상대방의 주장을 비판하고 있다.

③ 예상되는 반론에 대해 사회적 통념을 근거로 논박하고 있다.

④ 이해가 되지 않는 부분에 대해서 타당한 근거 자료를 요구하고 있다.

12 다음은 산유국과 세계 주요 원유 소비국들을 둘러싼 국제석유시장의 전망을 제시하고 있는 글이다. 다음 글에서 전망하는 국제석유시장의 동향을 가장 적절하게 요약한 것은 어느 것인가?

> 2018년에도 세계석유 수요의 증가세 둔화가 계속될 전망이다. 완만한 세계경제 성장세가 지속됨에도 불구하고 높아진 유가와 각국의 석유 수요 대체 노력이 석유 수요 확대를 제약할 것으로 보이기 때문이다.
>
> 세계경제는 미국의 경기 회복세 지속과 자원가격 상승에 따른 신흥국의 회복 등에 힘입어 2018년에도 3% 중후반의 성장률을 유지할 것으로 예상되고 있다. 미국은 완만한 긴축에도 불구하고 고용시장 호조와 이로 인한 민간소비 확대가 경기 회복세를 계속 견인할 것으로 예상된다. 중국은 공급측면의 구조조정이 계속되고 안정적 성장을 위한 내수주도 성장으로의 전환이 이어지면서 완만한 성장 둔화가 계속될 것이다. 2016년 말 화폐개혁과 2017년 7월 단일부가가치세 도입으로 실물경제가 위축되었던 인도는 2018년에 점차 안정적 회복흐름이 재개될 것으로 기대되고 있다. 브라질과 러시아 등 원자재 가격에 크게 영향을 받는 신흥국들은 원유와 비철금속 가격 상승에 힘입어 경기회복이 나타날 것이다.
>
> 다만, 세계경제 회복에도 불구하고 세계석유 수요 증가세가 높아지기는 힘들 것으로 보인다. 세계 각국에서 전개되고 있는 탈석유와 유가 상승이 세계석유 수요 확대를 제약할 것이기 때문이다. 저유가 국면이 이어지고 있지만, 미국 등 선진국과 중국 등 개도국에서는 연비규제가 지속적으로 강화되고 있고 전기차 등 내연기관을 대체하는 자동차 보급도 계속 확대되고 있다. 전기차는 이미 1회 충전 당 300km가 넘는 2세대가 시판되고 있으며 일부 유럽 선진국들은 2025년 전후로 내연기관 자동차 판매를 중단할 계획인 가운데 중국도 최근 내연기관 자동차 판매 중단을 검토하고 있다. 이러한 수송부문을 중심으로 한 석유대체 노력의 결과, 세계경제 성장에 필요한 석유소비량은 지속적으로 줄어들고 있다. 2000년 0.83배럴을 기록한 석유 원 단위(세계 GDP 1천 달러 창출을 위한 석유 투입량)가 2018년에는 0.43배럴로 줄어들 전망이다. 또한 2017년에 높아진 유가도 석유수입국의 상대적 구매력을 저하시키면서 석유수요 확대를 제약할 것이다. 두바이유 가격은 최근(11월 23일) 배럴당 61.1달러로 전년 대비 32.6%(15$/bbl)로 높게 상승했다.

① 유가 상승에 따른 구매력 약화로 석유 수요가 하락세를 이어갈 것이다.
② 미국의 경기 회복과 고용시장 호조로 인해 국제석유시장의 높은 성장세가 지속될 것이다.
③ 전기차 등장, 연비규제 등으로 인해 인도, 브라질 등 신흥국의 경기회복이 더딜 것이다.
④ 세계경제 회복에도 불구, 탈석유 움직임에 따라 석유 수요의 증가세가 둔화될 것이다.

13 다음에 제시된 글의 흐름이 자연스럽도록 순서대로 배열한 것을 고르시오.

(가) 현대 사회에서의 사회계층은 일반적으로 학력, 직업, 재산과 수입 등의 요소를 기준으로 구분한다. 이에 따른 사회계층의 분화가 분명히 상정될 수 있을 때 그에 상응하여 언어 분화의 존재도 인정될 터이지만 현대 한국 사회는 그처럼 계층 사이의 경계가 확연한 그런 사회가 아니다. 언어와 연관해서는 그저 특정 직업 또는 해당 지역의 주요 산업에 의거한 구분 정도가 제기될 수 있을 뿐이다.

(나) 사회계층은 한 사회 안에서 경제적·신분적으로 구별되는 인간 집단을 말한다. 그러기에 동일한 계층에 속하는 구성원들끼리 사회적으로 더 많이 접촉하며, 상이한 계층에 속하는 구성원들 사이에 그러한 접촉이 훨씬 더 작은 것은 매우 자연스러운 일이다.

(다) 그런데 한 사회를 구성하는 성원들 사이에 접촉이 적어지고 그러한 상태가 오래 지속되면 언어적으로 분화가 이루어진다. 이러한 사실을 고려할 때 사회 계층의 구별이 엄격한 사회일수록 그에 따른 언어 분화가 쉬 일어나리라는 점은 충분히 예상하고도 남는다. 반상(班常)의 구별이 있었던 한국의 전통 사회에서 양반과 평민(상민, 서얼 등)의 언어가 달랐다는 여럿의 보고가 이러한 사실을 뒷받침해준다.

(라) 그렇더라도 사회계층에 따른 언어의 변이를 확인하려는 시도가 전혀 없었던 것은 아니다. '잽히다(잡히다)' 등에 나타나는 움라우트의 실현율이 학력과 밀접히 관련된다는 보고는 바로 그러한 시도 중의 하나라 할 수 있다.

① (가)-(다)-(나)-(라)

② (가)-(다)-(라)-(나)

③ (나)-(다)-(가)-(라)

④ (나)-(다)-(라)-(가)

14 다음은 K공사의 회의실 사용에 대한 안내문이다. 안내문의 내용을 올바르게 이해한 설명은 어느 것인가?

■ 이용안내

임대시간	기본 2시간, 1시간 단위로 연장
요금결제	이용일 7일 전까지 결제(7일 이내 예약 시에는 예약 당일 결제)
취소 수수료	• 결제완료 후 계약을 취소 시 취소수수료 발생 • 이용일 기준 7일 이전: 전액 환불 • 이용일 기준 6일~3일 이전: 납부금액의 10% 수수료 발생 • 이용일 기준 2일~1일 이전: 납부금액의 50% 수수료 발생 • 이용일 당일: 환불 없음
회의실/일자 변경	• 사용가능한 회의실이 있는 경우, 사용일 1일 전까지 가능 (해당 담당자 전화 신청 필수) • 단, 회의실 임대일 변경, 사용시간 단축은 취소수수료 기준 동일 적용
세금계산서	• 세금계산서 발행을 원하실 경우 반드시 법인 명의로 예약하여 사업자등록번호 입력 • 현금영수증 발행 후에는 세금계산서로 변경 발행 불가

■ 회의실 이용 시 준수사항
　– 회의실 사용자는 공사의 승인 없이 다음 행위를 할 수 없습니다.
　1. 공중에 대하여 불쾌감을 주거나 또는 통로, 기타 공용시설에 간판, 광고물의 설치, 게시, 부착 또는 각종기기의 설치 행위
　2. 폭발물, 위험성 있는 물체 또는 인체에 유해하고 불쾌감을 줄 우려가 있는 물품 반입 및 보관행위
　3. 공사의 동의 없이 시설물의 이동, 변경 배치행위
　4. 공사의 동의 없이 장비, 중량물을 반입하는 등 제반 금지행위
　5. 공공질서 및 미풍양식을 위해하는 행위
　6. 알콜성 음료의 판매 및 식음행위
　7. 흡연행위 및 음식물 등 반입행위
　8. 임대의 위임 또는 재임대

① 임대일 4일 전에 예약이 되었을 경우 이용요금 결제는 회의실 사용 당일에 해야 한다.
② 회의실 임대 예약 날짜를 변경할 경우, 3일 전 변경을 신청하면 10%의 수수료가 발생한다.
③ 이용 당일 회의실 임대를 취소하고자 하면 이용 요금 50%를 추가 지불해야 한다.
④ 팀장 개인 명의로 예약하여 결제해도 세금계산서를 발급받을 수 있다.

15 다음 대화 중 주체 높임 표현이 쓰이지 않은 것은?

경미 : 원장 선생님께서는 어디 가셨나요?
㉠ 서윤 : 독감 때문에 병원에 가신다고 아까 나가셨어요.
㉡ 경미 : 맞다. 며칠 전부터 편찮으시다고 하셨지.
㉢ 서윤 : 연세가 많으셔서 더 힘드신가 봐요.
㉣ 경미 : 요즘은 약이 좋아져서 독감도 쉽게 낫는다고 하니 다행이지요.

① ㉠   ② ㉡

③ ㉢   ④ ㉣

16 다음 제시된 문장 (가)~(라)를 문맥에 맞는 순서로 올바르게 배열한 것은?

(가) 과학과 기술의 발전으로 우리는 적어도 기아와 질병 등의 문제로부터 어느 정도 탈출했다.
(나) 새롭게 다가올 것으로 예상되는 재앙으로부터 우리를 보호해 줄 과학 기술은 아직 존재하지 않는 것이다.
(다) 많은 기후학자들은 이상 기상현상이 유례없이 빈번하게 발생하는 원인을 지구온난화 현상에서 찾고 있다.
(라) 그러나 과학과 기술의 발전으로 이룬 산업발전은 지구온난화라는 부작용을 만들어냈다.

① (라) - (가) - (다) - (나)
② (나) - (라) - (다) - (가)
③ (가) - (다) - (라) - (나)
④ (가) - (라) - (다) - (나)

17 다음 면접 상황을 읽고 C가 잘못한 원인을 바르게 찾은 것은?

> 카페창업에 실패한 29살의 B와 C는 생존을 위해 한 기업에 함께 면접시험을 보러 가게 되었다. B가 먼저 면접시험을 치르게 되었다.
>
> A(면접관) : 좋아하는 스포츠가 있습니까?
>
> B : 예, 있습니다. 저는 축구를 아주 좋아합니다.
>
> A : 그럼, 좋아하는 선수는 누구입니까?
>
> B : 예전에는 홍명보선수를 좋아했으나 최근에는 손흥민선수를 좋아합니다.
>
> A : 그럼 좋아하는 위인은 누구인가?
>
> B : 제가 좋아하는 위인으로는 우리나라를 왜군의 세력으로부터 지켜주신 이순신 장군입니다.
>
> A : 독감이 위험한 질병이라고 생각하십니까?
>
> B : 저는 독감이 그렇게 위험한 질병이라고 생각하지는 않습니다. 제 개인적인 생각으로는 건강상 문제가 없으면 감기처럼 지나가는 질환이고, 면역력이 약하다면 합병증을 유발하여 그 합병증 때문에 위험하다고 생각합니다.
>
> 무사히 면접시험을 마친 B는 매우 불안해하는 C에게 자신이 답한 내용을 모두 알려주었다. C는 그 답변을 달달 외우기 시작하였다.
>
> A : 좋아하는 음식이 무엇입니까?
>
> C : 네, 저는 축구를 좋아합니다.
>
> A : 그럼 지원자의 이름은 무엇입니까?
>
> C : 예전에는 홍명보였으나 지금은 손흥민입니다.
>
> A : 허, 지원자 아버지의 성함은 무엇입니까?
>
> C : 예, 이순신입니다.
>
> A : 지원자는 현재 본인의 상태가 어떻다고 생각합니까?
>
> C : 네, 저는 건강상 문제가 없으면 괜찮은 것이고, 면역력이 약해졌다면 합병증을 유발하여 그 합병증 때문에 위험할 것 같습니다.

① 면접관의 신분을 파악하지 못했다.

② 면접관의 질문을 제대로 경청하지 못했다.

③ 면접관의 의도를 빠르게 파악하였다.

④ 묻는 질문에 대해 명확하게 답변을 하였다.

18 다음 글을 읽고 (A)~(D)를 옳게 짝지은 것을 고르시오.

하드웨어란 컴퓨터 시스템의 구성물 중에서 손으로 만질 수 있는 모든 것, 이를테면 PC에서 본체 및 모니터, 키보드 등을 의미한다. 그리고 소프트웨어란 물리적으로는 존재하지 않고 논리적으로만 존재하는 것, 즉 PC에서는 '윈도우' 등의 운영체제나 '워드'와 같은 응용 프로그램 등을 의미하는 것이다. 따라서 하드웨어와 달리 수정이 용이하다는 특징이 있다. 소프트웨어를 통해 전달된 정보를 받아들인 하드웨어는 내부의 논리회로를 거쳐 사용자가 원하는 형태의 결과물로 표현한다. 여기서 말하는 결과물이란 계산 결과의 출력이나 특정 기기의 동작 등을 의미한다.

그런데 컴퓨터 시스템의 활용 범위가 넓어지고, 소프트웨어에서 전달되는 정보 역시 방대해지다 보니 하드웨어 내 제한된 종류의 논리 회로만으로는 이러한 다양한 상황에 모두 대응하기가 어렵게 되었다. 물론, 새로운 소프트웨어가 등장할 때마다 그에 해당하는 기능을 갖춘 논리 회로를 추가한 하드웨어를 새로 만들 수도 있겠지만, 이렇게 하면 비용이나 시간 면에서 큰 낭비가 아닐 수 없다. 그래서 컴퓨터 개발자들은 하드웨어 내부의 제어 부분에 저장공간을 만들어, 그곳에 논리회로의 기능을 보강하거나 대신할 수 있는 프로그램을 넣을 수 있게 하였는데, 이것이 바로 '펌웨어(Firmware)'이다.

따라서 같은 종류의 하드웨어라고 해도 내부의 펌웨어가 달라지면 기능이나 성능, 혹은 사용하는 소프트웨어의 종류가 달라질 수 있다. 즉, (A)는 프로그램의 형태를 갖추고 있으므로 기능적으로는 (B)에 가깝고 (C) 내부에 위치하며, 사용자가 쉽게 그 내용을 바꿀 수 없으므로 (D)적인 특성도 함께 가지고 있다고 할 수 있다.

	(A)	(B)	(C)	(D)
①	펌웨어	소프트웨어	소프트웨어	하드웨어
②	펌웨어	소프트웨어	하드웨어	하드웨어
③	소프트웨어	하드웨어	하드웨어	펌웨어
④	하드웨어	하드웨어	펌웨어	소프트웨어

민화는 서민들 사이에서 유행한 그림이다. 민화는 전문 화가가 아니어도 누구나 그릴 수 있었고, 특정한 형식에 얽매이지 않았다. 민화에는 다양한 동식물이 소재로 사용되었는데, 서민들은 이러한 동식물을 청색, 백색, 적색, 흑색, 황색의 화려한 색으로 표현하였다.

민화에는 서민들의 소망이 담겨 있다. 서민들은 민화를 통하여 부귀, 화목, 장수를 빌었다. 예를 들어 부귀를 바랄 때에는 활짝 핀 맨드라미나 잉어를 그렸다. 화목을 바랄 때에는 어미 새와 여러 마리의 새끼 새가 함께 있는 모습을 그렸다. 또 장수를 바랄 때에는 바위나 거북 등을 그렸다.

민화에는 나쁜 기운을 물리치고자 하는 서민들의 바람도 담겨 있다. 나쁜 귀신을 쫓아내고 사악한 것을 물리치기 위해 해태, 닭, 개 등을 그렸다. 불이 나지 않기를 바라는 마음에서 전설의 동물 해태를 그려 부엌에 걸었다. 또 _____ 닭을 그려 문에 걸었다. 도둑이 들지 않기를 바라는 마음에서 개를 그려 곳간에 걸었다.

우리는 민화를 통해 서민들의 소망과 멋을 엿볼 수 있다. 민화에는 현실에서 이루고 싶은 서민들의 소망이 솔직하고 소박하게 표현되어 있다. 또 신비스러운 용을 할아버지처럼 그리거나 호랑이를 바보스럽게 표현하여 재미와 웃음을 찾고자 했던 서민들의 멋스러움도 잘 드러난다.

19 빈칸에 들어갈 말로 가장 적절한 것은?

① 어둠을 밝히고 잡귀를 쫓아내기 위해
② 농사가 잘되기를 빌기 위해
③ 자녀를 많이 낳기를 바라는 마음으로
④ 식구들이 모두 건강하기를 바라는 마음으로

20 다음 중 글을 읽고 추리한 내용으로 일치하지 않는 것은?

① 활짝 핀 맨드라미는 부귀를 상징하는 그림이다.
② 민화는 형식에 얽매이지 않는 자유로운 그림이었다.
③ 노모가 있는 집에서는 거북이나 바위를 그린 그림을 볼 수 있을 것이다.
④ 민화는 현실적으로 이루어지지 않을 소망을 그려 서민들의 애환을 볼 수 있다.

21 다음 대화의 빈칸에 말로 가장 적절한 것은?

> A : Hello. This is the long distance operator.
> B : Hello, operator. I'd like to make a person to person call to Mr. James at the Royal
>   hotel in Seoul.
> A : Do you know the number of the hotel?
> B : No, I don't. _____
> A : Just a moment, please. The number is 123-4567.

① Would you find out for me?

② Would you hold the line, please?

③ May I take a message?

④ Please change the phone.

22 다음 글의 내용과 부합하는 것은?

뇌가 우리의 생명이 의존하고 있는 수많은 신체 기능을 조율하기 위해서는 다양한 신체 기관을 매 순간 표상하는 지도가 필요하다. 뇌가 신체의 각 부분에서 어떤 일이 일어나는지 아는 것은 신체의 특정 기능을 작동시키고 조절하기 위해서 필수적인 것이다. 그렇게 함으로써 뇌는 생명 조절 기능을 적절하게 수행할 수 있다. 외상이나 감염에 의한 국소적 손상, 심장이나 신장 같은 기관의 기능 부전, 호르몬 불균형 등에서 이런 조절이 일어나는 것을 발견할 수 있다. 그런데 생명의 조절 기능에서 결정적인 역할을 하는 이 신경 지도는, 우리가 흔히 '느낌'이라고 부르는 심적 상태와 직접적으로 관련을 맺는다.

느낌은 어쩌면 생명을 관장하는 뇌의 핵심적 기능을 고려 할 때 지극히 부수적인 것으로 생각될 수 있다. 더구나 신체 상태에 대한 신경 지도가 없다면 느낌 역시 애초에 존재하지 않았을 것이다. 생명 조절의 기본적인 절차는 자동적이고 무의식적이기 때문에 의식적으로 간주되는 느낌은 아예 불필요하다는 입장이 있다. 이 입장에서는 뇌가 의식적인 느낌의 도움 없이 신경 지도를 통해 생명의 현상을 조율하고 생리적 과정을 실행할 수 있다고 말한다. 그 지도의 내용이 의식적으로 드러날 필요가 없다는 것이다. 그러나 이러한 주장은 부분적으로만 옳다.

신체 상태를 표상하는 지도가, 생명체 자신이 그런 지도의 존재를 의식하지 못하는 상태에서도 뇌의 생명 관장 활동을 돕는다는 말은 어느 범위까지는 진실이다. 그러나 이러한 주장은 중요한 사실을 간과하고 있다. 이런 신경 지도는 의식적 느낌 없이는 단지 제한된 수준의 도움만을 뇌에 제공할 수 있다는 것이다. 이러한 지도들은 문제의 복잡성이 어느 정도 수준을 넘어서면 혼자서 문제를 해결하지 못한다. 문제가 너무나 복잡해져서 자동적 반응 뿐만 아니라 추론과 축적된 지식의 힘을 함께 빌어야 할 경우가 되면 무의식 속의 지도는 뒤로 물러서고 느낌이 구원투수로 나선다.

① 신경 지도는, 우리가 흔히 '느낌'이라고 부르는 심적 상태와 간접적으로 관련을 맺는다.
② 신체 상태에 대한 신경 지도가 없더라도 느낌은 존재했을 것이다.
③ 신경 지도는 문제가 복잡해질수록 혼자서 문제를 잘 해결한다.
④ 신경 지도는 의식적 느낌 없이는 단지 일부분의 도움만을 뇌에 제공한다.

23 다음은 SNS 회사에 함께 인턴으로 채용된 두 친구의 대화이다. 두 사람이 제출했을 토론 주제로 적합한 것은?

> 여 : 대리님께서 말씀하신 토론 주제는 정했어? 난 인터넷에서 '저무는 육필의 시대'라는 기사를 찾았는데 토론 주제로 괜찮을 것 같아서 그걸 정리해 가려고 하는데.
>
> 남 : 난 아직 마땅한 게 없어서 찾는 중이야. 그런데 육필이 뭐야?
>
> 여 : SNS 회사에 입사했다는 애가 그것도 모르는 거야? 컴퓨터로 글을 쓰는 게 디지털 글쓰기 라면 손으로 글을 쓰는 걸 육필이라고 하잖아.
>
> 남 : 아! 그런 거야? 그럼 우리는 디지털 글쓰기 세대겠네?
>
> 여 : 그런 셈이지. 요즘 다들 컴퓨터로 글을 쓰니까. 그나저나 너는 디지털 글쓰기의 장점이 뭐라고 생각해?
>
> 남 : 음, 우선 떠오르는 대로 빨리 쓸 수 있다는 점 아닐까? 또 쉽게 고칠 수도 있고. 그래서 누구나 쉽게 글을 쓸 수 있다는 점이 디지털 글쓰기의 최대 장점이라고 생각하는데.
>
> 여 : 맞아. 기존의 글쓰기가 소수의 전유물이었다면, 디지털 글쓰기 덕분에 누구나 쉽게 글을 쓰고 의사소통을 할 수 있게 되었다는 게 내가 본 기사의 핵심이었어. 한마디로 글쓰기의 민주화가 이루어진 거지.
>
> 남 : 글쓰기의 민주화라……. 멋있어 보이기는 하는데, 디지털 글쓰기가 꼭 장점만 있는 것 같지는 않아. 누구나 쉽게 글을 쓸 수 있게 됐다는 건, 그만큼 글이 가벼워졌다는 거 아냐? 우리 주변에서도 그런 글들은 엄청나잖아.
>
> 여 : 하긴, 디지털 글쓰기 때문에 과거보다 진지하게 글을 쓰는 사람이 적어진 건 사실이야. 남의 글을 베끼거나 근거 없는 내용을 담은 글들도 많아지고.
>
> 남 : 우리 이 주제로 토론을 해 보는 게 어때?

① 세대 간 정보화 격차

② 디지털 글쓰기와 정보화

③ 디지털 글쓰기의 장단점

④ 디지털 글쓰기와 의사소통의 관계

24 다음을 바탕으로 통신사 직원이 고객에게 이동단말기의 통화 채널 형성에 대한 설명을 할 때, 바르게 설명한 것은?

> '핸드오버'란 이동단말기가 이동함에 따라 기존 기지국에서 이탈하여 새로운 기지국으로 넘어갈 때 통화가 끊기지 않도록 통화 신호를 새로운 기지국으로 넘겨주는 것을 말한다. 이런 핸드오버는 이동단말기, 기지국, 이동전화교환국 사이의 유무선 연결을 바탕으로 실행된다. 이동단말기가 기지국에 가까워지면 그 둘 사이의 신호가 점점 강해지는데 반해, 이동단말기와 기지국이 멀어지면 그 둘 사이의 신호는 점점 약해진다. 이 신호의 세기가 특정한 값 이하로 떨어지게 되면 핸드오버가 명령되어 이동단말기와 새로운 기지국 간의 통화 채널이 형성된다. 이 과정에서 이동전화교환국과 기지국 간 연결에 문제가 발생하면 핸드오버가 실패하게 된다.
>
> 핸드오버는 이동단말기와 기지국 간 통화 채널 형성 순서에 따라 '형성 전 단절 방식'과 '단절 전 형성 방식'으로 구분될 수 있다. TDMA와 FDMA에서는 형성 전 단절 방식을, CDMA에서는 단절 전 형성 방식을 사용한다. 형성 전 단절 방식은 이동단말기와 새로운 기지국 간의 통화 채널이 형성되기 전에 기존 기지국과의 통화 채널을 단절하는 것을 말한다. 이와 반대로 단절 전 형성 방식을 이동단말기와 기존 기지국 간의 통화 채널이 단절되기 전에 새로운 기지국과의 통화 채널을 형성하는 방식이다. 이런 핸드오버 방식의 차이는 각 기지국이 사용하는 주파수 간 차이에서 비롯된다. 만약 각 기지국이 다른 주파수를 사용하고 있다면, 이동단말기는 기존 기지국과의 통화 채널을 미리 단절 한 뒤 새로운 기지국에 맞는 주파수를 할당 받은 후 통화 채널을 형성해야 한다. 그러나 각 기지국이 같은 주파수를 사용하고 있다면, 그런 주파수 조정이 필요 없으며 새로운 통화 채널을 형성하고 나서 기존 통화 채널을 단절할 수 있다.

① 단절 전 형성 방식의 각 기지국은 서로 다른 주파수를 사용합니다.
② 이동단말기와 기존 기지국 간의 통화 채널이 단절되면 핸드오버가 성공한 것이라고 볼 수 있습니다.
③ CDMA에서는 하나의 이동단말기가 두 기지국과 동시에 통화 채널을 형성할 수 있지만, FDMA에서는 그렇지 않습니다.
④ 형성 전 단절 방식은 단절 전 형성 방식보다 더 빨리 핸드오버를 명령할 수 있는 장점이 있습니다.

25 다음 글은 비정규직 보호 및 차별해소 정책에 관한 글이다. 글에서 언급된 필자의 의견에 부합하지 않는 것은 어느 것인가?

우리나라 임금근로자의 1/3이 비정규직으로, OECD 국가 중 비정규직 근로자 비중이 높은 편이며 법적 의무사항인 2년 이상 근무한 비정규직 근로자의 정규직 전환율도 높지 않은 상황이다. 이에 따라, 비정규직에 대한 불합리한 차별을 없애고 고용불안을 해소하기 위해 대책을 마련하였다. 특히, 상시·지속적 업무에 정규직 고용관행을 정착시키고 비정규직에 대한 불합리한 차별 해소 등 기간제 근로자 보호를 위해 '16년 4월에는 「기간제 근로자 고용안정 가이드라인」을 신규로 제정하고, 더불어 「사내 하도급 근로자 고용안정 가이드라인」을 개정하여 비정규직 보호를 강화하는 한편, 실효성 확보를 위해 민간 전문가로 구성된 비정규직 서포터스 활동과 근로감독 등을 연계하여 가이드라인 현장 확산 노력을 펼친 결과, 2016년에는 194개 업체와 가이드라인 준수협약을 체결하는 성과를 이루었다. 아울러, 2016년부터 모든 사업장(12천 개소) 근로감독 시 차별항목을 필수적으로 점검하고, 비교대상 근로자가 없는 경우라도 가이드라인 내용에 따라 각종 복리후생 등에 차별이 없도록 행정지도를 펼치는 한편, 사내 하도급 다수활용 사업장에 대해 감독을 강화하여 불법 파견을 근절하려고 노력하는 등 사내 하도급 근로자 보호에 힘썼다. 또한, 기간제·파견 근로자를 정규직으로 전환 시 임금상승분의 일부를 지원하는 정규직 전환지원금 사업의 지원요건을 완화하고, 지원대상을 사내 하도급 근로자 및 특수형태업무 종사자까지 확대하여 중소기업의 정규직 전환여건을 제고하였다. 이와 함께 비정규직, 특수형태업무 종사자 등 취약계층 근로자에 대한 사회안전망을 지속 강화하여 2016년 3월부터 특수형태업무 종사자에 대한 산재보험가입 특례도 종전 6개 직종에서 9개 직종으로 확대 적용되었으며, 구직급여 수급기간을 국민연금 가입 기간으로 산입해주는 실업크레딧 지원제도가 2016년 8월부터 도입되었다. 2016년 7월에는 제1호 공동근로복지기금 법인이 탄생하기도 하였다.

① 우리나라는 법적 의무 사항으로 비정규직 생활 2년이 경과하면 정규직으로 전환이 되어야 한다.
② 상시 업무에 정규직 고용관행을 정착시키면 정규직으로의 전환을 촉진할 수 있다.
③ 특수형태업무 종사자들은 종전에는 산재보험 가입이 되지 못하였다.
④ 기업 입장에서 파견직 근로자를 정규직으로 전환하기 위해서는 임금상승에 따른 추가 비용이 발생한다.

▌26~27▐ 다음은 어느 회사 홈페이지에서 안내하고 있는 사회보장의 정의에 대한 내용이다. 물음에 답하시오.

- '사회보장'이라는 용어는 유럽에서 실시하고 있던 사회보험의 '사회'와 미국의 대공황 시기에 등장한 긴급경제보장위원회의 '보장'이란 용어가 합쳐져서 탄생한 것으로 알려져 있다. 1935년에 미국이 「사회보장법」을 제정하면서 법률명으로서 처음으로 사용되었고, 이후 사회보장이라는 용어는 전 세계적으로 ㉠통용되기 시작하였다.

- 제2차 세계대전 후 국제노동기구(ILO)의 「사회보장의 길」과 영국의 베버리지가 작성한 보고서 「사회보험과 관련 서비스」 및 프랑스의 라로크가 ㉡책정한 「사회보장계획」의 영향으로 각국에서 구체적인 사회정책으로 제도화되기 시작하였다.

- 우리나라는 1962년 제5차 개정헌법 제30조 제2항에서 처음으로 '국가는 사회보장의 증진에 노력하여야 한다'고 규정하여 국가적 의무로서 '사회보장'을 천명하였고, 이에 따라 1963년 11월 5일 법률 제1437호로 전문 7개조의 「사회보장에 관한 법률」을 제정하였다.

- '사회보장'이라는 용어가 처음으로 사용된 시기에 대해서는 대체적으로 의견이 일치하고 있으며 해당 용어가 전 세계적으로 ㉢파급되어 사용하고 있음에도 불구하고, '사회보장'의 개념에 대해서는 개인적, 국가적, 시대적, 학문적 관점에 따라 매우 다양하게 인식되고 있다.

- 국제노동기구는 「사회보장의 길」에서 '사회보장'은 사회구성원들에게 발생하는 일정한 위험에 대해서 사회가 적절하게 부여하는 보장이라고 정의하면서, 그 구성요소로 전체 국민을 대상으로 해야 하고, 최저생활이 보장되어야 하며 모든 위험과 사고가 보호되어야 할뿐만 아니라 공공의 기관을 통해서 보호나 보장이 이루어져야 한다고 하였다.

- 우리나라는 사회보장기본법 제3조 제1호에 의하여 "사회보장"이란 출산, ㉣양육, 실업, 노령, 장애, 질병, 빈곤 및 사망 등의 사회적 위험으로부터 모든 국민을 보호하고 국민 삶의 질을 향상 시키는 데 필요한 소득·서비스를 보장하는 사회보험, 공공부조, 사회서비스를 말한다'라고 정의하고 있다.

26 사회보장에 대해 잘못 이해하고 있는 사람은?

① 영은 : '사회보장'이라는 용어가 법률명으로 처음 사용된 것은 1935년 미국에서였대.

② 원일 : 각국에서 사회보장을 구체적인 사회정책으로 제도화하기 시작한 것은 제2차 세계대전 이후구나.

③ 지민 : 사회보장의 개념은 어떤 관점에서 보느냐에 따라 매우 다양하게 인식될 수 있겠군.

④ 정현 : 국제노동기구의 입장에 따르면 개인에 대한 개인의 보호나 보장 또한 사회보장으로 볼 수 있어.

27 밑줄 친 단어가 한자로 바르게 표기된 것은?

① ㉠ 통용 － 通容

② ㉡ 책정 － 策正

③ ㉢ 파급 － 波及

④ ㉣ 양육 － 羊肉

28 다음 글을 통해 알 수 있는 필자의 의견으로 볼 수 없는 것은?

> 4차 산업혁명이 문화예술에 영향을 끼치는 사회적 변화 요인으로는 급속한 고령화 사회와 1인 가구의 증가 등 인구구조의 변화와 문화다양성 사회로의 진전, 디지털 네트워크의 발전 등을 들 수 있다. 이로 인해 문화예술 소비층이 시니어와 1인 중심으로 변화하고 있으며 문화 복지대상도 어린이, 장애인, 시니어로 확장되고 있다. 디지털기기 사용이 일상화 되면서 문화향유 범위도 이전의 음악, 미술, 공연 중심에서 모바일 창작과 게임, 놀이 등으로 점차 확대되었으며 특히 고령화가 심화됨에 따라 높은 문화적 욕구를 지닌 시니어 층이 새로운 기술에 관심을 보이고 있다. 또한 건강한 삶을 위해 테크놀로지 수용에 적극적인 모습을 보이면서 문화예술 향유계층도 다양해질 전망이다. 유쾌함과 즐거움 중심의 일상적 여가는 스마트폰을 통한 스낵컬처적 여가활동이 중심이 되겠지만 지식과 경험을 획득하고 삶의 의미를 찾고 성취감을 느끼고 싶어 하는 진지한 여가에 대한 열망도 점차 높아질 것으로 관측된다.
>
> 기술의 발전과 더불어 근로시간의 축소 등으로 여가시간이 늘어나면서 일과 여가의 균형을 맞추려는 워라밸(Work and Life Balance) 현상이 자리 잡아가고 있다. 문화관광연구원에서 실시한 국민인식조사에 따르면 기존에 문화여가를 즐기지 않던 사람들이 문화여가를 즐기기 시작하고 있다고 답한 비율이 약 47%로 나타난 것은 문화여가를 여가활동의 일부로 인식하는 국민수준이 높아지고 있다는 것을 보여준다. 또한, 경제적 수준이나 지식수준에 상관없이 문화예술 활동을 다양하게 즐기는 사람들이 많아지고 있다고 인식하는 비율이 38%로 나타났다. 이는 문화가 국민 모두가 향유해야 할 보편적 가치로 자리잡아가고 있다는 것을 말해 준다.
>
> 디지털·스마트 문화가 일상문화의 많은 부분을 차지하는 중요 요소로 자리 잡으면서 일상적 여가뿐 아니라 콘텐츠 유통, 창작활동 등에 많은 변화를 가져오고 있다. 이러한 디지털 기기의 사용이 문화산업분야에서는 소비자 및 향유자들의 적극적인 참여로 그 가능성에 주목하고 있으나, 순수문화예술 부분은 아직까지 홍보의 부차적 수단 정도로 활용되고 있어 기대감은 떨어지고 있다.

① 4차 산업혁명은 문화의 다양성을 가져다 줄 것으로 기대된다.

② 디지털기기는 순수문화예술보다 문화산업분야에 더 적극적인 변화를 일으키고 있다.

③ 스마트폰의 보급으로 인해 내적이고 진지한 여가 시간에 대한 욕구는 줄어들 것이다.

④ 문화는 특별한 계층만이 향유할 수 있다는 인식이 줄어들고 있다.

29 다음 글에서 밑줄 친 부분 중에서 나머지와 다른 하나는?

모든 역사는 '현대의 역사'라고 크로체는 언명했다. 역사란 본질적으로 현재의 관점에서 과거를 본다는 데에서 성립되며, 역사가의 주임무는 기록에 있는 것이 아니라 가치의 재평가에 있다는 것이다. 역사가가 가치의 재평가를 하지 않는다면 기록될 만한 가치 있는 것이 무엇인지를 알 수 없기 때문이다. 1916년 미국의 역사가 칼 벡커도 "㉠역사적 사실이란 역사가가 이를 창조하기까지는 존재하지 않는다."라고 주장하면서 "모든 역사적 판단의 기초를 이루는 것은 실천적 요구이기 때문에 역사에는 현대의 역사라는 성격이 부여된다. 서술되는 사건이 아무리 먼 시대의 것이라고 할지라도 역사가 실제로 반영하는 것은 현재의 요구 및 현재의 상황이며 사건은 다만 그 속에서 메아리칠 따름이다."라고 하였다.

크로체의 이런 생각은 옥스퍼드의 철학자이며 역사가인 콜링우드에게 큰 영향을 끼쳤다. 콜링우드는 역사 철학이 취급하는 것은 '㉡사실 그 자체'나 '사실 그 자체에 대한 역사가의 이상' 중 어느 하나가 아니고 '상호관계 하에 있는 양자(兩者)'라고 하였다. 역사가가 연구하는 과거는 죽어버린 과거가 아니라 어떤 의미에서는 아직도 ㉢현재 속에 살아 있는 과거이다. 현재의 상황 속에서 역사가의 이상에 따라 해석된 과거이기 때문이다. 따라서 과거는 그 배후에 놓은 사상을 역사가가 이해할 수 없는 한 그에게 있어서는 죽은 것, 즉 무의미한 것이다. 이와 같은 의미에서 '모든 역사는 사상의 역사'라는 것이며 또한 '역사는 역사가가 자신이 연구하고 있는 사람들의 이상을 자신의 마음속에 재현한 것'이라는 것이다. 역사가의 마음속에서 이루어지는 ㉣과거의 재구성은 경험적인 증거에 의거하여 행해지지만, 재구성 그 자체는 경험적 과정이 아니며 또한 사실의 단순한 암송만으로 될 수 있는 것도 아니다. 오히려 이와는 반대로 재구성의 과정은 사실의 선택 및 해석을 지배하는 것이며 바로 이것이야말로 사실을 역사적 사실로 만들어 놓는 과정이다.

① ㉠ 역사적 사실
② ㉡ 사실 그 자체
③ ㉢ 현재 속에 살아있는 과거
④ ㉣ 과거의 재구성

30 다음 중 글의 내용과 일치하지 않는 것은?

언어가 정보 교환이나 기록 수단에 그치는 것이 아니라 반성적 사고를 가능케 하는 표상의 역할도 해 왔을 것이 쉽게 추측된다. 사실상 학자에 따라서는 최초의 언어가 통신을 위해서가 아니라 사고를 위한 표상으로 발생하였으리라 주장하기도 한다. 그러므로 반성적 사고를 통하여 정신 세계가 구현되었다고 하는 것은 두뇌의 정보 지각 역량이 충분히 성숙하여 언어를 개발하게 된 것과 때를 같이 한다고 볼 수 있다. 일단 언어가 출현하여 정보의 체외 기록이 가능해지면 정보의 비축 용량은 거의 무제한으로 확대된다. 이렇게 되면 두뇌의 기능은 정보의 보관 기구로서 보다 정보의 처리 기구로서 더 중요한 의미를 가진다. 기록된 정보를 해독하고 현실에 옮기며 새로운 정보를 기록하는 작업이 모두 두뇌를 통해서 이뤄져야 하기 때문이다. 이러한 상황을 핵산~단백질 기구와 비교해 보자면, 정보가 기록된 DNA에 해당하는 것이 언어로 상황을 표시된 모든 기록 장치, 좀 넓게는 모든 유형 문화가 되겠고, 정보를 해독하여 행동으로 옮기는 단백질에 해당하는 것이 두뇌의 역할이라 할 수 있다. 그리고 DNA 정보가 진화되어 나가는 것과 대단히 흡사한 방법으로 인간의 문화 정보도 진화되어 나간다. 이와 병행하여 언어의 출현은 인간의 사회화를 촉진시키는 기능을 가진다. 특히 세대에서 세대로 전승해 가는 유형 및 무형 문화는 이미 사회 공유물이라고 할 수 있다.

① DNA 정보는 기계적 수단으로 그것을 정확히 다룰 수 있다.
② 두뇌의 기능은 정보의 처리 기구로서의 역할이 보관 기구로서의 역할보다 더 중요하다.
③ 언어의 출현은 인간의 사회화를 촉진시키는 기능을 가진다.
④ 어떤 학자들은 최초의 언어가 사고를 위한 표상으로 발생하였을 것이라고 주장한다.

1 일식, 이식, 삼식, 사식, 오식 5명이 마피아 게임을 하고 있다. 마피아는 1명이며, 5명의 진술 중 한명만이 진실을 말하고 4명은 거짓말을 하고 있다. 진실을 말하는 사람은 누구인가?

> • 일식 : 이식이가 마피아다.
> • 이식 : 일식이는 거짓말을 하고 있다.
> • 삼식 : 나는 마피아가 아니다.
> • 사식 : 마피아는 일식이다.
> • 오식 : 내가 마피아다.

① 일식 ② 이식
③ 삼식 ④ 사식

2 다음에 설명하고 있는 창의적 사고 개발 방법은?

> 주제와 본질적으로 닮은 것을 힌트로 하여 새로운 아이디어를 얻는 방법이다.

① 자유 연상법
② 강제 연상법
③ 비교 발상법
④ 대조 발상법

3 K사의 가, 나, 다, 라 팀은 출장지로 이동하는데, 각 팀별로 움직이려고 한다. 동일 출장지로 운항하는 5개의 항공사별 수하물 규정은 다음과 같다. 다음 규정을 참고할 때, 각 팀에서 판단한 것으로 올바르지 않은 것은 어느 것인가?

	화물용	기내 반입용
갑 항공사	A+B+C=158cm 이하, 각 23kg, 2개	A+B+C=115cm 이하, 10kg~12kg, 2개
을 항공사		A+B+C=115cm 이하, 10kg~12kg, 1개
병 항공사	A+B+C=158cm 이하, 20kg, 1개	A+B+C=115cm 이하, 7kg~12kg, 2개
정 항공사	A+B+C=158cm 이하, 각 20kg, 2개	A+B+C=115cm 이하, 14kg 이하, 1개
무 항공사		A+B+C=120cm 이하, 14kg~16kg, 1개

* A, B, C는 가방의 가로, 세로, 높이의 길이를 의미함.

① '가' 팀 : 기내 반입용 가방이 최소한 2개가 되어야 하니 일단 '갑 항공사', '병 항공사'밖엔 안 되겠군.

② '나' 팀 : 가방 세 개 중 A+B+C의 합이 2개는 155cm, 1개는 118cm이니 '무 항공사' 예약상황을 알아봐야지.

③ '다' 팀 : 무게로만 따지면 '병 항공사'보다 '을 항공사'를 이용하면 더 많은 짐을 가져갈 수 있겠군.

④ '라' 팀 : 가방의 총 무게가 55kg을 넘어갈 테니 반드시 '갑 항공사'를 이용해야겠네.

4 다음 글을 근거로 판단할 때, 9월 17일(토)부터 책을 대여하기 시작한 甲이 마지막 편을 도서관에 반납할 요일은? (단, 다른 조건은 고려하지 않는다)

> 甲은 10편으로 구성된 위인전을 완독하기 위해 다음과 같이 계획하였다.
>
> 책을 빌리는 첫째 날은 한 권만 빌려 다음날 반납하고, 반납한 날 두 권을 빌려 당일 포함 2박 3일이 되는 날 반납한다. 이런 식으로 도서관을 방문할 때마다 대여하는 책의 수는 한 권씩 증가하지만, 대여 일수는 빌리는 책 권수를 n으로 했을 때 두 권 이상일 경우 $(2n-1)$의 규칙으로 증가한다.
>
> 예를 들어 3월 1일(월)에 1편을 빌렸다면 3월 2일(화)에 1편을 반납하고 그날 2, 3편을 빌려 3월 4일(목)에 반납한다. 4일에 4, 5, 6편을 빌려 3월 8일(월)에 반납하고 그날 7, 8, 9, 10편을 대여한다.
>
> 도서관은 일요일만 휴관하고, 이날은 반납과 대여가 불가능하므로 다음날인 월요일에 반납과 대여를 한다. 이 경우에 한하여 일요일은 대여 일수에 포함되지 않는다.

① 월요일   ② 화요일

③ 수요일   ④ 목요일

5 다음 명제가 전부 참일 때, 항상 참인 것은?

> • 물가가 오른다면 긴축정책은 시행하지 않는다.
> • 경제가 어려워지거나 부동산이 폭락한다.
> • 경제가 어려워지면 긴축정책이 시행된다.
> • 부동산이 폭락한 것은 아니다.

① 물가가 오르지 않는다.

② 부동산은 폭락할 수 없다.

③ 긴축정책을 시행하지 않는다.

④ 경제가 어렵지 않다.

6 무역업을 하는 D사가 자사의 경영 환경을 다음과 같이 파악하였을 경우, D사가 취할 수 있는 ST 전략으로 가장 적절한 것은 어느 것인가?

> 우리는 급속도로 출현하는 경쟁자들에게 단기간에 시장점유율 20% 이상 잠식당한 상태이다. 더군다나 우리 제품의 주 구매처인 미국 S사로 물품을 수출하기에는 갈수록 무역규제와 제도적 장치가 불리하게 작용하고 있다. 침체된 경기는 언제 되살아날지 전망조차 하기 힘들다. 시장 자체의 성장 속도는 매우 빨라 새로운 고객군도 가파르게 등장하고 있지만 그만큼 우리의 생산설비도 노후화되어 가고 있으며 종업원들의 고령화 또한 문제점으로 지적되고 있다. S사와의 거래만 지속적으로 유지된다면 우리 경영진의 우수한 역량과 다년간의 경험을 바탕으로 안정적인 거래 채널을 유지할 수 있지만 이는 우리의 연구 개발이 지속적으로 이루어져야 가능한 일이며, 지금과 같이 수익성이 악화 일로로 치닫는 상황에서는 기대하기 어려운 요인으로 지목된다. 우리가 보유한 독점적 기술력과 직원들의 열정만 믿고 낙관적인 기대를 하기에는 시장 상황이 녹록치 않은 것이 냉정한 현실이다.

① 안정적인 공급채널로 수익성 저하를 만회하기 위해 노력한다.

② 새로운 고객군의 등장을 계기로 시장점유율을 극대화할 수 있는 방안을 도출해 본다.

③ 독점 기술과 경영진의 경험을 바탕으로 자사에 불리한 규제를 벗어날 수 있는 새로운 영역을 창출한다.

④ 우수한 경영진의 역량을 통해 직원들의 업무 열정을 제고하여 종업원의 고령화 문제를 해결한다.

▌7~8▐ 다음은 탄력근무제에 대한 사내 규정의 일부이다. 물음에 답하시오.

제17조(탄력근무 유형 등)

① 탄력근무의 유형은 시차출퇴근제와 시간선택제로 구분한다.

② 시차출퇴근제는 근무시간을 기준으로 다음 각 호와 같이 구분한다. 이 경우 시차출퇴근 C형은 12세 이하이거나 초등학교에 재학 중인 자녀를 양육하는 직원만 사용할 수 있다.

　　1. 시차출퇴근 A형 : 8:00~17:00

　　2. 시차출퇴근 B형 : 10:00~19:00

　　3. 시차출퇴근 C형 : 9:30~18:30

③ 시간선택제는 다음 각 호의 어느 하나에 해당하는 직원이 근무시간을 1시간부터 3시간까지 단축하는 근무형태로서 그 근무유형 및 근무시간은 별도로 정한 바와 같다.

　　1. 「임금피크제 운영규정」 제4조에 따라 임금피크제의 적용을 받는 직원

2. 「인사규정 시행규칙」 제34조의2 제1항 제1호 또는 제2호에 해당되는 근무 직원

3. 일·가정 양립, 자기계발 등 업무 내·외적으로 조화로운 직장생활을 위하여 월 2회의 범위 안에서 조기퇴근(이하 "조기퇴근"이라 한다)을 하려는 직원

제18조(시간선택제 근무시간 정산)

① 시간선택제 근무 직원은 그 단축 근무로 통상근무에 비해 부족해진 근무시간을 시간선택제 근무를 실시한 날이 속하는 달이 끝나기 전까지 정산하여야 한다.

② 제1항에 따른 정산은 다음 각 호에 따른 방법으로 실시한다. 이 경우 정산근무시간은 10분 단위로 인정한다.

1. 조기퇴근을 제외한 시간선택제 근무시간 정산: 해당 시간선택제 근무로 근무시간이 단축되는 날을 포함하여 08:00부터 09:00까지 또는 18:00부터 21:00까지 사이에 근무

2. 조기퇴근 근무시간 정산 : 다음 각 목의 방법으로 실시. 이 경우 사전에 미리 근무시간 정산을 할 것을 신청하여야 한다.

가. 근무시작시간 전에 정산하는 경우 : 각 근무유형별 근무시작시간 전까지 근무

나. 근무시간 이후에 정산하는 경우 : 각 근무유형별 근무종료시간부터 22:00까지 근무

③ 시간선택제 근무 직원은 휴가·교육 등으로 제1항에 따른 정산을 실시하지 못함에 따른 임금손실을 방지하기 위하여 사전에 정산근무를 실시하는 등 적정한 조치를 하여야 한다.

제19조(신청 및 승인)

① 탄력근무를 하려는 직원은 그 근무시작 예정일의 5일 전까지 탄력근무 신청서를 그 소속 부서의 장에게 제출하여야 한다.

② 제20조 제2항에 따라 탄력근무가 직권해지(같은 항 제2호 또는 제3호의 사유로 인한 것에 한정한다)된 날부터 6개월이 지나지 아니한 경우에는 탄력근무를 신청할 수 없다.

③ 다음 각 호의 직원은 제17조 제3항 제3호의 조기퇴근을 신청할 수 없다.

1. 임신부

2. 제17조 제3항 제1호 및 제2호에 해당하여 시간선택제를 이용하고 있는 직원

3. 제8조 및 제9조의 단시간근무자

4. 육아 및 모성보호 시간 이용 직원

④ 부서의 장은 제1항에 따라 신청서를 제출받으면 다음 각 호의 어느 하나에 해당하는 경우 외에는 그 신청에 대하여 승인하여야 한다.

1. 업무공백 최소화 등 원활한 업무진행을 위하여 승인인원의 조정이 필요한 경우

2. 민원인에게 불편을 초래하는 등 정상적인 사업운영이 어렵다고 판단되는 경우

⑤ 탄력근무는 매월 1일을 근무 시작일로 하여 1개월 단위로 승인한다.

⑥ 제17조 제3항 제3호에 따른 조기퇴근의 신청, 취소 및 조기퇴근일의 변경은 별지 제4호의2 서식에 따라 개인이 신청한다. 이 경우 조기퇴근 신청에 관하여 승인권자는 월 2회의 범위에서 승인한다.

7 다음 중 위의 탄력근무제에 대한 올바른 설명이 아닌 것은 어느 것인가?

① 조기퇴근은 매월 2회까지만 실시할 수 있다.

② 시간선택제 근무제를 사용하려는 직원은 신청 전에 정산근무를 먼저 해 둘 수 있다.

③ 규정에 맞는 경우라 하더라도 탄력근무제를 신청하여 승인이 되지 않을 수도 있다.

④ 시차출퇴근제와 시간선택제의 다른 점 중 하나는 해당 월의 총 근무 시간의 차이이다.

8 탄력근무제를 실시하였거나 실시하려고 계획하는 공단 직원의 다음과 같은 판단 중, 규정에 어긋나는 것은 어느 것인가?

① 놀이방에 아이를 맡겨 둔 K씨는 시차출퇴근 C형을 신청하려고 한다.

② 7월 2일 조기퇴근을 실시한 H씨는 7월 말일 이전 근무일에 저녁 9시경까지 정산근무를 하려고 한다.

③ 6월 3일에 조기퇴근을 실시하고 한 달 후인 7월 3일에 재차 사용한 M씨는 7월 4일부터 8월 4일까지의 기간 동안 2회의 조기퇴근을 신청하려고 한다.

④ 7월 15일에 탄력근무제를 사용하고자 하는 R씨는 7월 7일에 팀장에게 신청서를 제출하였다.

▌9~10▐ 다음 자료를 읽고 이어지는 물음에 답하시오.

〈등급별 성과급 지급액〉

성과평가 종합점수	성과 등급	등급별 성과급
95점 이상	S	기본급의 30%
90점 이상~95점 미만	A	기본급의 25%
85점 이상~90점 미만	B	기본급의 20%
80점 이상~85점 미만	C	기본급의 15%
75점 이상~80점 미만	D	기본급의 10%

〈항목별 평가 점수〉

	영업1팀	영업2팀	영업3팀	영업4팀	영업5팀
수익 달성률	90	93	72	85	83
매출 실적	92	78	90	88	87
근태 및 부서평가	90	89	82	77	93

* 항목별 평가 종합점수는 수익 달성률 점수의 40%, 매출 실적 점수의 40%, 근태 및 부서평가 점수의 20%를 합산해서 구함.

〈각 팀별 직원의 기본급〉

직원	기본급
곽 대리(영업1팀)	210만 원
엄 과장(영업2팀)	260만 원
신 차장(영업3팀)	320만 원
남 사원(영업4팀)	180만 원
권 대리(영업5팀)	220만 원

* 팀별 성과급은 해당 팀의 모든 직원에게 적용된다.

9 위의 자료를 참고할 때, 항목별 평가 종합점수 순위가 두 번째와 세 번째인 팀을 순서대로 짝지은 것은 어느 것인가?

① 영업2팀, 영업3팀
② 영업3팀, 영업4팀
③ 영업5팀, 영업2팀
④ 영업3팀, 영업2팀

10 영업1팀의 곽 대리와 영업3팀의 신 차장이 받게 될 성과급은 각각 얼마인가?

① 55만 5천 원, 44만 원
② 54만 2천 원, 46만 원
③ 52만 5천 원, 48만 원
④ 51만 8천 원, 49만 원

|11~12| 다음은 휴양콘도 이용 안내문이다. 물음에 답하시오.

▲ **휴양콘도 이용대상**
- 주말, 성수기 : 월평균소득이 243만 원 이하 근로자
- 평일 : 모든 근로자(월평균소득이 243만 원 초과자 포함), 특수형태근로종사자
- 이용희망일 2개월 전부터 신청 가능
- 이용희망일이 주말, 성수기인 경우 최초 선정일 전날 23시 59분까지 접수 요망. 이후에 접수할 경우 잔여객실 선정일정에 따라 처리

▲ **휴양콘도 이용우선순위**
① 주말, 성수기
- 주말·성수기 선정 박수가 적은 근로자
- 이용가능 점수가 높은 근로자
- 월평균소득이 낮은 근로자
  ※ 위 기준 순서대로 적용되며, 근로자 신혼여행의 경우 최우선 선정
② 평일 : 선착순

▲ **이용·변경·신청취소**
- 선정결과 통보 : 이용대상자 콘도 이용권 이메일 발송
- 이용대상자로 선정된 후에는 변경 불가 → 변경을 원할 경우 신청 취소 후 재신청
- 신청취소는 「근로복지서비스 〉 신청결과확인」 메뉴에서 이용일 10일 전까지 취소
  (9일전~1일전 취소는 이용점수가 차감되며, 이용당일 취소 또는 취소 신청 없이 이용하지 않는 경우 (No-Show) 1년 동안 이용 불가)
- 선정 후 취소 시 선정 박수에는 포함되므로 이용우선순위에 유의(평일 제외)
  (기준년도 내 선정 박수가 적은 근로자 우선으로 자동선발하고, 차순위로 점수가 높은 근로자 순으로 선발하므로 선정 후 취소 시 차후 이용우선순위에 영향을 미치니 유의하시기 바람)
- 이용대상자로 선정된 후 타인에게 양도 등 부정사용 시 신청일 부터 5년간 이용 제한

▲ **기본점수 부여 및 차감방법 안내**
- 매년(년 1회) 연령에 따른 기본점수 부여
[월평균소득 243만 원 이하 근로자]

연령대	50세 이상	40~49세	30~39세	20~29세	19세 이하
점수	100점	90점	80점	70점	60점

(월평균소득 243만 원 초과 근로자, 특수형태근로종사자, 고용·산재보험 가입사업장 : 0점)

• 기 부여된 점수에서 연중 이용점수 및 벌점에 따라 점수 차감

구분	이용점수(1박당)			벌점	
	성수기	주말	평일	이용취소 (9~1일전 취소)	No-show (당일취소, 미이용)
차감점수	20점	10점	0점	50점	1년 사용제한

▲ **벌점(이용취소, No-show)부과 예외**

• 이용자의 배우자 · 직계존비속 또는 배우자의 직계존비속이 사망한 경우

• 이용자 본인 · 배우자 · 직계존비속 또는 배우자의 직계존비속이 신체이상으로 3일 이상 의료기관에 입원하여 콘도 이용이 곤란한 경우

• 운송기관의 파업 · 휴업 · 결항 등으로 운송수단을 이용할 수 없어 콘도 이용이 곤란한 경우
  (벌점부과 예외 사유에 의한 취소 시에도 선정박수에는 포함되므로 이용우선순위에 유의)

11 다음 중 위의 안내문을 보고 올바른 콘도 이용계획을 세운 사람은 누구인가?

① "난 이용가능 점수도 높아 거의 1순위인 것 같은데, 올 해엔 시간이 없으니 내년 여름휴가 때 이용할 콘도나 미리 예약해 둬야겠군."

② "경태 씨, 우리 신혼여행 때 휴양 콘도 이용 일정을 넣고 싶은데 이용가능점수도 낮고 소득도 좀 높은 편이라 어려울 것 같네요."

③ "여보, 지난 번 신청한 휴양콘도 이용자 선정 결과가 아직 안 나왔나요? 신청할 때 제 전화번호를 기재했다고 해서 계속 기다리고 있는데 전화가 안 오네요."

④ "영업팀 최 부장님은 50세 이상이라서 기본점수가 높지만 지난 번 성수기에 2박 이용을 하셨으니 아직 미사용 중인 20대 엄 대리가 점수 상으로는 좀 더 선정 가능성이 높겠군."

12 다음 〈보기〉의 신청인 중 올해 말 이전 휴양콘도 이용 순위가 높은 사람부터 순서대로 올바르게 나열한 것은 어느 것인가?

> 〈보기〉
> • A씨 : 30대, 월 소득 200만 원, 주말 2박 선정 후 3일 전 취소(무벌점)
> • B씨 : 20대, 월 소득 180만 원, 신혼여행 시 이용 예정
> • C씨 : 40대, 월 소득 220만 원, 성수기 2박 기 사용
> • D씨 : 50대, 월 소득 235만 원, 올 초 선정 후 5일 전 취소, 평일 1박 기 사용

① D씨 − B씨 − A씨 − C씨

② B씨 − D씨 − C씨 − A씨

③ C씨 − D씨 − A씨 − B씨

④ B씨 − D씨 − A씨 − C씨

13 갑, 을, 병, 정, 무 다섯 사람은 6층 건물 각 층에서 업무를 본다. 다음 조건을 모두 만족할 경우 항상 5층에서 내리는 사람은?

> • 모든 사람은 1층에서 근무하지 않고, 엘리베이터를 1층에서 탑승하여 각 층에 내린다.
> • 을은 무가 내리기 직전에 내렸다.
> • 정은 자신이 내리기 전 2명이 내리는 것을 보았다.
> • 병이 내리기 직전에는 아무도 내리지 않았다.
> • 5층에서 2명이 함께 내리고 나머지는 혼자 내렸다.

① 갑   ② 을

③ 병   ④ 정

14 다음 주어진 표를 보고 단기계약을 체결한 은영이네가 납부해야 할 수도요금으로 옳은 것은?

〈요금단가〉

(단위 : 원/m³)

구분	계	기본요금	사용요금
원수	233.7	70.0	163.7
정수	432.8	130.0	302.8
침전수	328.0	98.0	230.0

〈단기계약〉

구분		내용
계약기간		1년 이내, 계약량 변경(6회/년) 가능
요금		기본요금 + 사용요금
계산방법	기본요금	계약량×기본요금단가 ※ 사용량이 계약량을 초과하는 경우 기본요금은 월간사용량의 120% 한도액으로 적용
	사용요금	사용량×사용요금단가 ※ 월간계약량의 120%를 초과하여 사용한 경우 다음을 가산 사용요금단가×월간계약량의 120% 초과사용량

〈은영이네 수도사용량〉

• 원수 사용
• 월간계약량 100m³
• 월간사용량 125m³

① 22,552원   ② 26,876원
③ 29,681원   ④ 31,990원

15 다음은 신용대출의 중도상환에 관한 내용이다. 甲씨는 1년 후에 일시 상환하는 조건으로 500만 원을 신용대출 받았다. 그러나 잔여기간이 100일 남은 상태에서 중도 상환하려고 한다. 甲씨가 부담해야 하는 해약금은 약 얼마인가? (단, 원단위는 절사한다)

- 중도상환해약금 : 중도상환금액×중도상환적용요율×(잔여기간/대출기간)

구분	가계대출		기업대출	
	부동산 담보대출	신용/기타 담보대출	부동산 담보대출	신용/기타 담보대출
적용요율	1.4%	0.8%	1.4%	1.0%

- 대출기간은 대출개시일로부터 대출기간만료일까지의 일수로 계산하되, 대출기간이 3년을 초과하는 경우에는 3년이 되는 날을 대출기간만료일로 한다.
- 잔여기간은 대출기간에서 대출개시일로부터 중도상환일까지의 경과일수를 차감하여 계산한다.

① 10,950원
② 11,950원
③ 12,950원
④ 13,950원

16 용의자 A, B, C, D 4명이 있다. 이들 중 A, B, C는 조사를 받는 중이며 D는 아직 추적 중이다. 4명 중에서 한 명만이 진정한 범인이며, A, B, C의 진술 중 한명의 진술만이 참일 때 보기에서 옳은 것을 고르면?

- A : B가 범인이다.
- B : 내가 범인이다.
- C : D가 범인이다.

〈보기〉
- ㉠ A가 범인이다.
- ㉡ B가 범인이다.
- ㉢ D가 범인이다.
- ㉣ B는 범인이 아니다.
- ㉤ C는 범인이 아니다.

① ㉠㉣㉤
② ㉡㉤
③ ㉠㉤
④ ㉢㉣㉤

17 어떤 사람이 가격이 1,000만 원인 자동차를 구매하기 위해 은행에서 상품 A, B, C에 대해 상담을 받았다. 다음 상담 내용을 참고하여 옳은 것을 고르시오.(단, 총비용으로 은행에 내야하는 금액과 수리비만을 고려하고, 등록비용 등 기타 비용은 고려하지 않는다.)

> • A상품
> 고객님이 자동차를 구입하여 소유권을 취득하실 때, 은행이 자동차 판매자에게 즉시 구입금액 1,000만 원을 지불해드립니다. 그리고 그 날부터 매월 1,000만 원의 1%를 이자로 내시고, 1년이 되는 시점에 1,000만 원을 상환하시면 됩니다.
> • B상품
> 고객님이 원하시는 자동차를 구매하여 고객님께 전달해 드리고, 고객님께서는 1년 후에 자동차 가격에 이자를 추가하여 총 1,200만 원을 상환하시면 됩니다. 자동차의 소유권은 고객님께서 1,200만 원을 상환하시는 시점에 고객님께 이전되며, 그 때까지 발생하는 모든 수리비는 저희가 부담합니다.
> • C상품
> 고객님이 원하시는 자동차를 구매하여 고객님께 임대해 드립니다. 1년 동안 매월 90만원의 임대료를 내시면 1년 후에 그 자동차는 고객님의 소유가 되며, 임대기간 중 발생하는 모든 수리비는 저희가 부담합니다.

> ㉠ 사고 여부와 관계없이 자동차 소유권 취득 시까지의 총비용 측면에서 B상품보다 C상품을 선택하는 것이 유리하다.
> ㉡ 최대한 빨리 자동차 소유권을 얻고 싶다면 A상품을 선택하는 것이 다른 두 선택지보다 유리하다.
> ㉢ 자동차 소유권을 얻기까지 은행에 내야 하는 총금액은 A상품이 가장 적다.
> ㉣ 1년 내에 사고가 발생해 50만 원의 수리비가 소요될 것으로 예상한다면 총비용 측면에서 A상품보다 B, C 상품을 선택하는 것이 유리하다.

① ㉠㉡   ② ㉡㉢

③ ㉠㉡㉢   ④ ㉡㉢㉣

18 다음 〈조건〉을 근거로 판단할 때, 가장 많은 품삯을 받은 일꾼은? (단, 1전은 10푼이다)

〈조건〉
- 일꾼 다섯 명의 이름은 좀쇠, 작은놈, 어인놈, 상득, 정월쇠이다.
- 다섯 일꾼 중 김씨가 2명, 이씨가 1명, 박씨가 1명, 윤씨가 1명이다.
- 이들의 직업은 각각 목수, 단청공, 벽돌공, 대장장이, 미장공이다.
- 일당으로 목수와 미장공은 4전 2푼을 받고, 단청공과 벽돌공, 대장장이는 2전 5푼을 받는다.
- 윤씨는 4일, 박씨는 6일, 김씨 두 명은 각각 4일, 이씨는 3일 동안 동원되었다. 동원되었지만 일을 하지 못한 날에는 보통의 일당 대신 1전을 받는다.
- 박씨와 윤씨는 동원된 날 중 각각 하루씩은 배가 아파 일을 하지 못했다.
- 목수는 이씨이다.
- 좀쇠는 박씨도 이씨도 아니다.
- 어인놈은 단청공이다.
- 대장장이와 미장공은 김씨가 아니다.
- 정월쇠의 일당은 2전 5푼이다.
- 상득은 김씨이다.
- 윤씨는 대장장이가 아니다.

① 좀쇠
② 작은놈
③ 어인놈
④ 상득

19 빨간색, 파란색, 노란색 구슬이 하나씩 있다. 이 세 개의 구슬을 A, B, C 세 사람에게 하나씩 나누어 주고, 세 사람 중 한 사람만 진실을 말하도록 하였더니 구슬을 받고 난 세 사람이 다음과 같이 말하였다. 빨간색, 파란색, 노란색의 구슬을 받은 사람을 차례대로 나열한 것은?

- A : 나는 파란색 구슬을 가지고 있다.
- B : 나는 파란색 구슬을 가지고 있지 않다.
- C : 나는 노란색 구슬을 가지고 있지 않다.

① A−B−C
② A−C−B
③ C−A−B
④ C−B−A

20 언어영역 3문항, 수리영역 4문항, 외국어영역 3문항, 과학탐구영역 2문항이 있다. A, B, C, D 네 사람에게 3문항씩 각각 다른 영역의 문항을 서로 중복되지 않게 나누어 풀게 하였다. 다음은 네 사람이 푼 문항을 조사한 결과의 일부다. 다음 중 항상 옳은 것은?

> • A는 언어영역 1문항을 풀었다.
> • B는 외국어영역 1문항을 풀었다.
> • C는 과학탐구영역 1문항을 풀었다.
> • D는 외국어영역 1문항을 풀었다.

① A가 과학탐구영역 문항을 풀었다면 D는 언어영역 문항을 풀지 않았다.

② A가 외국어영역 문항을 풀었다면 C는 언어영역 문항을 풀었다.

③ A가 외국어영역 문항을 풀었다면 B는 언어영역 문항을 풀었다.

④ A가 외국어영역 문항을 풀었다면 D는 언어영역 문항을 풀었다.

21 다음 〈쓰레기 분리배출 규정〉을 준수한 것은?

> • 배출 시간 : 수거 전날 저녁 7시~수거 당일 새벽 3시까지(월요일~토요일에만 수거함)
> • 배출 장소 : 내 집 앞, 내 점포 앞
> • 쓰레기별 분리배출 방법
>   – 일반 쓰레기 : 쓰레기 종량제 봉투에 담아 배출
>   – 음식물 쓰레기 : 단독주택의 경우 수분 제거 후 음식물 쓰레기 종량제 봉투에 담아서, 공동 주택의 경우 음식물 전용용기에 담아서 배출
>   – 재활용 쓰레기 : 종류별로 분리하여 투명 비닐봉투에 담아 묶어서 배출
>   ① 1종(병류)
>   ② 2종(캔, 플라스틱, 페트병 등)
>   ③ 3종(폐비닐류, 과자 봉지, 1회용 봉투 등)
>   ※ 1종과 2종의 경우 뚜껑을 제거하고 내용물을 비운 후 배출
>   ※ 종이류 / 박스 / 스티로폼은 각각 별도로 묶어서 배출
>   – 폐가전 · 폐가구 : 폐기물 스티커를 부착하여 배출
> • 종량제 봉투 및 폐기물 스티커 구입 : 봉투판매소

① 甲은 토요일 저녁 8시에 일반 쓰레기를 쓰레기 종량제 봉투에 담아 자신의 집 앞에 배출하였다.

② 공동주택에 사는 乙은 먹다 남은 찌개를 그대로 음식물 쓰레기 종량제 봉투에 담아 주택 앞에 배출하였다.

③ 丙은 투명 비닐봉투에 캔과 스티로폼을 함께 담아 자신의 집 앞에 배출하였다.

④ 戊는 집에서 쓰던 냉장고를 버리기 위해 폐기물 스티커를 구입 후 부착하여 월요일 저녁 9시에 자신의 집 앞에 배출하였다.

22 다음 〈상황〉과 〈조건〉을 근거로 판단할 때 옳은 것은?

〈상황〉

A대학교 보건소에서는 4월 1일(월)부터 한 달 동안 재학생을 대상으로 금연교육 4회, 금주교육 3회, 성교육 2회를 실시하려는 계획을 가지고 있다.

〈조건〉

- 금연교육은 정해진 같은 요일에만 주 1회 실시하고, 화, 수, 목요일 중에 해야 한다.
- 금주교육은 월요일과 금요일을 제외한 다른 요일에 시행하며, 주 2회 이상은 실시하지 않는다.
- 성교육은 4월 10일 이전, 같은 주에 이틀 연속으로 실시한다.
- 4월 22일부터 26일까지 중간고사 기간이고, 이 기간에 보건소는 어떠한 교육도 실시할 수 없다.
- 보건소의 교육은 하루에 하나만 실시할 수 있고, 토요일과 일요일에는 교육을 실시할 수 없다.
- 보건소는 계획한 모든 교육을 반드시 4월에 완료하여야 한다.

① 금연교육이 가능한 요일은 화요일과 수요일이다.

② 4월 30일에도 교육이 있다.

③ 금주교육은 4월 마지막 주에도 실시된다.

④ 성교육이 가능한 일정 조합은 두 가지 이상이다.

23 은행, 식당, 편의점, 부동산, 커피 전문점, 통신사 6개의 상점이 아래에 제시된 조건을 모두 만족하며 위치할 때, 오른쪽에서 세 번째 상점은 어느 것인가?

> ㉠ 모든 상점은 옆으로 나란히 연이어 위치하고 있으며, 사이에 다른 상점은 없다.
> ㉡ 편의점과 식당과의 거리는 두 번째로 멀다.
> ㉢ 커피 전문점과 편의점 사이에는 한 개의 상점이 있다.
> ㉣ 왼쪽에서 두 번째 상점은 통신사이다.
> ㉤ 식당의 바로 오른쪽 상점은 부동산이다.

① 식당
② 통신사
③ 은행
④ 편의점

24 사내 체육대회에서 영업1팀~4팀, 생산1팀~3팀의 7개 팀이 다음과 같은 대진표에 맞춰 경기를 펼치게 되었다. 7개의 팀은 대진표에서 1번부터 7번까지의 번호를 선택하여 대결을 하게 된다. 이 때, 영업1팀과 생산1팀이 두 번째 경기에서 만나게 될 확률은 얼마인가? (단, 각 팀이 이길 확률은 모두 50%로 같고, 무승부는 없다.)

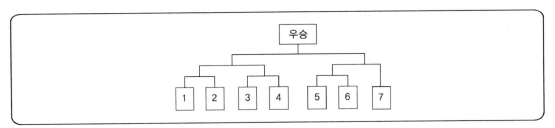

① $\dfrac{2}{21}$
② $\dfrac{3}{17}$
③ $\dfrac{4}{15}$
④ $\dfrac{5}{22}$

25 다음은 A은행의 인터넷 외화 송금 시의 유의사항에 대한 안내문이다. 다음 글을 토대로 할 때, 유의사항에 따른 적절한 송금 행위를 〈보기〉에서 모두 고른 것은 어느 것인가?

인터넷 외화 송금 시 유의사항

☞ **가족 또는 친구에게 송금(지급증빙 미제출) 시 유의사항**
- 지정거래외국환은행은 매년 새로 지정하셔야 합니다(인터넷뱅킹으로 지정 가능).
- 연간 누계액 미화 5만 불 상당액 이하로 보내실 수 있으며(영업점 송금액 포함), 누계액 미화 5만 불 초과 송금 시에는 한국은행 신고 후 영업점을 통해 송금하시기 바랍니다.
- 해외의 본인계좌로 송금 시에는 이용할 수 없으니 거래영업점에서 '거주자의 해외예금'의 신고 절차를 거쳐 송금하시기 바랍니다.

☞ **해외유학생, 체재자 송금 시 유의사항**
- 재학사실을 입증하는 서류(유학생) 또는 소속 기관의 출장, 파견을 입증하는 서류(체재자) 등을 거래영업점에 제출하여 거래외국환은행을 지정하여야 송금이 가능하고, 유효기일이 만료 전에 연장 신청하여야 합니다.
- 연간 송금 누계액 미화 10만 불 상당액 이하로 보내실 수 있으며(영업점 송금액 및 환전 누계액 포함) 초과 송금 시에는 지정거래외국환은행 영업점을 통해 송금하시기 바랍니다.

☞ **국내송금 시 유의사항**
- 외국환거래 규정상 수취인이 비거주자, 개인인 외국인거주자, 재외공관에 근무하는 직원 및 동거 가족인 경우(이상 대외계정의 이체)는 거래영업점을 방문하여 지급증빙서류를 제출하시고 송금하셔야 합니다.
- 국내실시간외화송금(금결원)은 출금계좌와 수취인계좌가 외화예금만 가능합니다.
  (단, 송금 시 수수료 출금계좌는 원화·외화계좌 모두 가능합니다.)

☞ **무역대전송금**
- 건당 미화 10만 불 상당액 초과로 보내실 경우에는 거래영업점을 방문하여 지급증빙서류를 제출하시고 거래하셔야 합니다.
- 본 거래는 은행영업일에 가능하며, 거래 완료 후 거래영업점으로 지급증빙서류를 제출하셔야 합니다(팩스송부 가능).

〈보기〉

⑺ 길동이는 해외에 자신 명의의 계좌로 미화 2만 불을 송금하고자 한다.
⑻ 갑순이는 작년에 이어 올해에도 자녀 유학자금으로 1년치에 해당하는 미화 3만 불을 일시 송금하고자 한다.
⑼ 갑동이는 며칠 간 관광차 방한한 한국 계좌를 보유한 외국인 친구에게 미화 1만 불을 송금하기 위하여 영업점을 방문하고자 한다.
⑽ 을순이는 무역대금으로 지불할 미화 11만 불을 영업점 방문 없이 인터넷 송금하고자 한다.

---

① ⑻, ⑼   ② ⑺, ⑽

③ ⑼, ⑽   ④ ⑺, ⑻

26 다음은 부당노동행위 사건처리 및 감독 현황에 대한 고용노동부 자료의 일부이다. 다음 자료를 참고할 때, 〈보기〉에 제시된 부당노동행위의 형태를 주어진 서로 다른 세 가지의 유형으로 적절히 나눈 것은 어느 것인가?

□ 고용노동부에서는 산업현장을 중심으로 부당노동행위가 지속되고 있다는 현실을 감안하여, 지난 한 해 부당노동행위를 근절하기 위한 신고사건 처리 및 사업장 감독을 실시하고 그 결과를 발표하였다.

• 부당노동행위는 사용자가 근로자의 노동3권을 침해하는 행위로 현행 「노동조합 및 노동관계조정법」에서도 금지되어 있으며, 노동현장에서 반드시 근절되어야 할 범죄행위라는 점에서, 고용노동부는 부당노동행위 근절을 노동행정의 최우선순위에 두고 지속적인 감독을 실시해 오고 있다.

* (노조법 제81조 부당노동행위) 사용자는 다음 각 호의 행위를 할 수 없다.
① 노조가입·조직, 정당한 조합활동·단체행동 등을 이유로 한 불이익 취급
② 특정 노조에의 가입·탈퇴를 고용조건으로 하는 경우
③ 정당한 이유 없는 단체교섭 거부
④ 노동조합의 조직·운영에 대한 지배·개입 및 운영비 원조
⑤ 행정관청·노동위원회에 신고 또는 증거제출 등을 이유로 한 불이익 취급
* 위반 시 2년 이하 징역 또는 2천만 원 이하 벌금(법 제90조)

〈보기〉
㈎ 노조활동을 약화시키기 위한 목적으로 노조원 9명에게 권고사직 및 전적 등을 요구하였고, 이를 거부하자 프로젝트 점검팀을 신설하여 전보 인사 발령
㈏ 조합원을 △△△개발센터 등으로 전보하여 특별한 업무가 없거나 본연의 업무와 무관한 업무(例 스케이트장, 주차장 관리 등)를 수행토록 함
㈐ 회사는 창구단일화 절차를 진행하면서 노동조합의 교섭요구 사실을 전체 사업장에 공고하여야 함에도 본사에만 공고하고, 전국에 산재해 있는 지사에는 교섭요구사실을 공고하지 않음
㈑ 회사는 '16.3월 경 조합원 A대리에게 기존노조에 대항하는 신규노조를 설립토록 지도하고, 노사협의회 등 근로자대표를 노동조합에 준하여 지원하고, 이를 이용해 노조 간 갈등을 부추김
㈒ 회사는 ○○노조 소속 조합원들의 노동조합 탈퇴계획을 수립하고 이를 조직적으로 실행토록 지시

① [㈎] - [㈏, ㈐] - [㈑, ㈒]
② [㈎, ㈏, ㈐] - [㈑] - [㈒]
③ [㈎, ㈏] - [㈐, ㈑] - [㈒]
④ [㈎, ㈏] - [㈐] - [㈑ - ㈒]

■27~28■ 다음 자료를 보고 질문에 답하시오.

○○마트에서 근무하는 A씨는 고객으로부터 여름을 대비하여 에어컨을 추천해 달라는 요청을 받았다. A씨는 에어컨을 추천하기 위해 다음과 같이 에어컨의 특성을 참고하였다.

고객 : 냉방이 잘되는 제품을 가장 최우선으로 생각해주세요. 집에 아이가 있어서 되도록 친환경적인 제품을 원하고 가격도 설치비를 포함해서 250만원이 넘어가지 않았으면 좋겠네요. 그리고 결제는 B카드를 이용하려고 해요.

제품명		냉방효율(점)	사용편의(점)	친환경(점)	집 면적(평)	가격(만 원)
(가)사	A	9.5/10	8.8/10	8.2/10	38	246
	B	9.6/10	6.4/10	9.0/10	32	185
(나)사	C	9.5/10	8.8/10	7.4/10	34	252
	D	9.6/10	7.1/10	8.9/10	34	244
(다)사	E	9.5/10	6.8/10	8.7/10	32	210
	F	9.6/10	6.8/10	7.8/10	34	197
(라)사	G	9.4/10	8.8/10	9.2/10	34	302
	H	9.5/10	8.5/10	9.1/10	32	239

※ 300만원이 넘지 않는 모든 제품은 설치비 10만원이 추가된다.

※ 230만원이 넘는 상품 구매 고객이 B카드로 결제하면 전체 금액(설치금액 미포함)의 5%를 할인해준다.

27 다음 중 A씨가 고객의 요구에 맞게 추천해 주기 위해 가장 적절하지 않은 상품은?

① A   ② C
③ E   ④ H

28 A씨가 고객의 요구 중 친환경 점수를 우선적으로 생각하여 제품을 추천해주고 고객이 그 상품을 선택했을 때, 고객이 결제할 최종 금액은?(단, 소수점은 버린다.)

① 236만 원   ② 237만 원
③ 286만 원   ④ 289만 원

29 다음은 발산적(창의적) 사고를 개발하기 위한 방법이다. 이에 해당하는 것은?

> 이 방법은 어떤 생각에서 다른 생각을 계속해서 떠올리는 작업을 통해 어떤 주제에서 생각나는 것을 계속해서 열거해 나가는 방법이다.

① 브레인스토밍
② 체크리스트
③ NM법
④ Synectics

30 SWOT 분석에 따라 발전전략을 수립할 때 외부 환경의 위협을 최소화하기 위해 내부 강점을 극대화하는 전략은?

① SO전략
② WO전략
③ ST전략
④ WT전략

▌1~3▐ 다음 ( ) 안에 들어갈 숫자로 알맞은 것을 고르시오.

1

| 1   2   −1   8   ( )   62 |

① −20　　　　　　　　　　　② 20

③ 19　　　　　　　　　　　④ −19

2

| 10   10   20 $\frac{20}{3}$ $\frac{80}{3}$ ( )   32 |

① $\frac{8}{3}$　　　　　　　　　　② $\frac{11}{3}$

③ $\frac{14}{3}$　　　　　　　　　　④ $\frac{16}{3}$

3

| 1   1   2   3   5   8   13   21   ( )   55 |

① 23　　　　　　　　　　　② 26

③ 34　　　　　　　　　　　④ 40

4 배를 타고 길이가 10km인 강을 거슬러 올라가는 데 1시간, 내려오는 데 30분이 걸렸다. 이 강에 종이배를 띄운다면 이 종이배가 1km를 떠내려가는데 몇 분이 걸리는가? (단, 배와 강물의 속력은 일정하고, 종이배는 바람 등의 외부의 영향을 받지 않는다.)

① 10분   ② 12분

③ 14분   ④ 16분

5 정아와 민주가 계단에서 가위바위보를 하는데, 이긴 사람은 2계단을 올라가고, 진 사람은 1계단을 내려간다고 한다. 두 사람이 가위바위보를 하여 처음보다 정아는 14계단, 민주는 5계단을 올라갔을 때, 민주는 몇 번 이겼는가? (단, 비기는 경우는 없다.)

① 7회   ② 8회

③ 10회   ④ 11회

6 학생 수가 50명인 초등학교 교실이 있다. 이 중 4명을 제외한 나머지 학생 모두가 방과 후 교실 프로그램으로 승마 또는 골프를 배우고 있다. 승마를 배우는 학생이 26명이고 골프를 배우는 학생이 30명일 때, 승마와 골프를 모두 배우는 학생은 몇 명인가?

① 9명   ② 10명

③ 11명   ④ 12명

7 지수가 낮잠을 자는 동안 엄마가 집에서 마트로 외출을 했다. 곧바로 잠에서 깬 지수는 엄마가 출발하고 10분 후 엄마의 뒤를 따라 마트로 출발했다. 엄마는 매분 100m의 속도로 걷고, 지수는 매분 150m의 속도로 걷는다면 지수는 몇 분 만에 엄마를 만나게 되는가?

① 10분   ② 20분

③ 30분   ④ 40분

8 소금 40g으로 5%의 소금물을 만들었다. 이 소금물에 새로운 소금물 40g을 넣었더니 농도가 7%가 되었다. 이때 넣은 소금물의 농도는?

① 41%

② 43%

③ 45%

④ 47%

9 물통에 물을 가득 채우는데 A호스만으로는 12시간, B호스만으로는 18시간이 걸린다. 이 물통에 A호스로 2시간 넣은 후 A, B호스를 같이 사용하여 물통을 가득 채웠다. A호스를 B호스와 같이 사용한 시간은?

① 5시간

② 6시간

③ 7시간

④ 8시간

10 A, B 두 사람이 가위바위보를 하여 이긴 사람은 세 계단씩 올라가고 진 사람은 한 계단씩 내려가기로 하였다. 이 게임이 끝났을 때 A는 처음보다 27계단, B는 7계단 올라가 있었다. A가 이긴 횟수는? (단, 비기는 경우는 없다.)

① 8회

② 9회

③ 10회

④ 11회

| 11~12 | 다음 표는 1885~1892년 동안 조선의 대청·대일 무역규모를 나타낸 자료이다. 다음 표를 보고 물음에 답하시오.

(단위 : 달러)

연도	조선의 수출액		조선의 수입액	
	대청	대일	대청	대일
1885	9,479	377,775	313,342	1,377,392
1886	15,977	488,041	455,015	2,064,353
1887	18,873	783,752	742,661	2,080,787
1888	71,946	758,238	860,328	2,196,115
1889	109,789	1,122,276	1,101,585	2,299,118
1890	70,922	3,475,098	1,660,075	3,086,897
1891	136,464	3,219,887	2,148,294	3,226,468
1892	149,861	2,271,628	2,055,555	2,555,675

※ 무역수지＝수출액－수입액

11 위의 표에 대한 설명으로 옳지 않은 것은?

① 1889년 조선의 대청 수출액은 수입액보다 적었다.

② 1887년 조선의 대일 수출액은 1885년의 대일 수출액의 2배 이상이다.

③ 1885~1892년 동안 조선의 대일 수입액은 매년 증가하고 있다.

④ 1885~1892년 동안 매년 조선의 대일 수출액은 대청 수출액의 10배 이상이다.

12 1890년 조선의 대일 무역수지를 구하면?

① 378,201   ② 388,201

③ 398,210   ④ 387,201

┃13~14┃ 다음 〈표〉는 이용부문별 프린터 판매 및 매출 현황이다. 다음을 보고 물음에 답하시오.

(단위 : 대, 백만달러)

이용부문	판매대수	매출액
정부	317,593	122.7
교육	190,301	41.0
일반 가정	1,092,452	121.2
자영업	704,415	165.5
소규모 기업	759,294	270.6
중규모 기업	457,886	207.9
대규모 기업	415,620	231.4
계	3,937,561	1,160.3

※ 시장가격 $= \dfrac{\text{매출액}}{\text{판매대수}}$

13 위의 표에 대한 설명으로 옳지 않은 것은?

① 판매대수가 가장 많은 부문은 일반 가정 부문이다.
② 판매대수 총계에서 정부의 판매대수가 차지하는 비중은 10% 이하이다.
③ 판매대수가 많은 부문일수록 매출액도 크다.
④ 판매대수가 가장 적은 부문은 교육 부문이다.

14 위의 표에서 교육 부문의 시장가격은 약 얼마인가? (단, 소수점 이하는 버린다)

① 200달러   ② 215달러
③ 230달러   ④ 245달러

(단위 : 명)

구분	질병	병역	육아	간병	동반	학업	기타
2019	1,202	1,631	20,826	721	927	327	2,928
2018	1,174	1,580	18,719	693	1,036	353	2,360
2017	1,019	1,657	15,830	719	1,196	418	2,043
2016	547	1,677	12,435	561	1,035	420	2,196
2015	532	1,359	10,925	392	1,536	559	808
2014	495	1,261	8,911	485	1,556	609	806
2013	465	1,188	6,098	558	1,471	587	752
2012	470	1,216	5,256	437	1,293	514	709
2011	471	1,071	4,464	367	1,120	456	899

15 위의 표에 대한 설명으로 옳지 않은 것은?

① 2016년부터 2019년까지 휴직의 사유를 보면 육아의 비중이 가장 높다.

② 2011년부터 2019년까지 휴직의 사유 중 병역은 항상 질병의 비중보다 높다.

③ 2018년부터는 육아가 휴직 사유에서 차지하는 비중이 70%를 넘어서고 있다.

④ 2016년 휴직 사유 중 간병의 비중이 질병보다 낮다.

16 2013년 휴직의 사유 중 간병이 차지하는 비중으로 옳은 것은? (소수 둘째자리에서 반올림하시오)

① 4.7%

② 4.8%

③ 4.9%

④ 5.0%

17 2018년의 휴직 사유 중 육아가 차지하는 비율은 질병이 차지하는 비율의 몇 배인가?(모든 계산은 소수 첫째자리에서 반올림하시오)

① 12배

② 13배

③ 14배

④ 15배

18 다음 표는 2006~2008년 동안 국립공원 내 사찰의 문화재 관람료에 관한 자료이다. 다음 자료에 대한 설명으로 옳지 않은 것은?

(단위 : 원)

국립공원	사찰	2006년	2007년	2008년
지리산	쌍계사	1,800	1,800	1,800
	화엄사	2,200	3,000	3,000
	천은사	1,600	1,600	1,600
	연곡사	1,600	2,000	2,000
경주	불국사	0	0	4,000
	석굴암	0	0	4,000
	기림사	0	0	3,000
계룡산	동학사	1,600	2,000	2,000
	갑사	1,600	2,000	2,000
	신원사	1,600	2,000	2,000
한려해상	보리암	1,000	1,000	1,000
설악산	신흥사	1,800	2,500	2,500
	백담사	1,600	0	0
속리산	법주사	2,200	3,000	3,000
내장산	내장사	1,600	2,000	2,000
	백양사	1,800	2,500	2,500
가야산	해인사	1,900	2,000	2,000
덕유산	백련사	1,600	0	0
	안국사	1,600	0	0
오대산	월정사	1,800	2,500	2,500
주왕산	대전사	1,600	2,000	2,000
치악산	구룡사	1,600	2,000	2,000
소백산	희방사	1,600	2,000	2,000
월출산	도갑사	1,400	2,000	2,000
변산반도	내소사	1,600	2,000	2,000

① 2008년에 관람료 인상폭이 가장 큰 국립공원은 경주이다.

② 2008년 관람료가 2,000원인 사찰은 11곳이다.

③ 2007년 무료로 관람할 수 있는 사찰은 6곳이다.

④ 3년 내내 동일한 관람료를 받고 있는 사찰은 4곳뿐이다.

19 다음은 2008 ~ 2017년 5개 자연재해 유형별 피해금액에 관한 자료이다. 이에 대한 설명으로 옳은 것만을 모두 고른 것은?

〈5개 자연재해 유형별 피해금액〉

(단위 : 억 원)

유형＼연도	2008	2009	2010	2011	2012	2013	2014	2015	2016	2017
태풍	3,416	1,385	118	1,609	9	0	1,725	2,183	8,765	17
호우	2,150	3,520	19,063	435	581	2,549	1,808	5,276	384	1,581
대설	6,739	5,500	52	74	36	128	663	480	204	113
강풍	0	93	140	69	11	70	2	0	267	9
풍랑	0	0	57	331	0	241	70	3	0	0
전체	12,305	10,498	19,430	2,518	637	2,988	4,268	7,942	9,620	1,720

㉠ 2008 ~ 2017년 강풍 피해금액 합계는 풍랑 피해금액 합계보다 적다.

㉡ 2016년 태풍 피해금액은 2016년 5개 자연재해 유형 전체 피해금액의 90% 이상이다.

㉢ 피해금액이 매년 10억 원보다 큰 자연재해 유형은 호우 뿐이다.

㉣ 피해금액이 큰 자연재해 유형부터 순서대로 나열하면 2014년과 2015년의 순서는 동일하다.

① ㉠㉡
② ㉠㉢
③ ㉢㉣
④ ㉠㉡㉣

20 다음은 학생들의 시험성적에 관한 자료이다. 순위산정방식을 이용하여 순위를 산정할 경우 옳은 설명만으로 바르게 짝지어진 것은?

〈학생들의 시험성적〉

(단위 : 점)

학생 \ 과목	국어	영어	수학	과학
미연	75	85	90	97
수정	82	83	79	81
대현	95	75	75	85
상민	89	70	91	90

〈순위산정방식〉

• A방식 : 4개 과목의 총점이 높은 학생부터 순서대로 1, 2, 3, 4위로 하되, 4개 과목의 총점이 동일한 학생의 경우 국어 성적이 높은 학생을 높은 순위로 한다.
• B방식 : 과목별 등수의 합이 작은 학생부터 순서대로 1, 2, 3, 4위로 하되, 과목별 등수의 합이 동일한 학생의 경우 A방식에 따라 산정한 순위가 높은 학생을 높은 순위로 한다.
• C방식 : 80점 이상인 과목의 수가 많은 학생부터 순서대로 1, 2, 3, 4위로 하되, 80점 이상인 과목의 수가 동일한 학생의 경우 A방식에 따라 산정한 순위가 높은 학생은 높은 순위로 한다.

ⓐ A방식과 B방식으로 산정한 대현의 순위는 동일하다.
ⓑ C방식으로 산정한 상민의 순위는 2위이다.
ⓒ 상민의 과학점수만 95점으로 변경된다면, B방식으로 산정한 미연의 순위는 2위가 된다.

① ㉠   ② ㉡

③ ㉢   ④ ㉠㉡

21 다음은 어떤 회사 직원들의 인사이동에 따른 4개 지점별 직원 이동 현황을 나타낸 자료이다. 다음 자료를 참고할 때, (가)와 (나)에 들어갈 수치로 알맞은 것은?

〈인사이동에 따른 지점별 직원 이동 현황〉

(단위 : 명)

이동 후 \ 이동 전	A	B	C	D
A	—	24	11	28
B	17	—	31	23
C	33	14	—	10
D	12	9	17	—

〈지점 별 직원 현황〉

(단위 : 명)

지점 \ 시기	인사이동 전	인사이동 후
A	345	(가)
B	419	(나)
C	263	261
D	372	349

① 346, 443

② 344, 441

③ 346, 395

④ 313, 402

22 서원이는 2020년 1월 전액 현금으로만 다음 표와 같이 지출하였다. 만약 서원이가 2020년 1월에 A ~ C 신용카드 중 하나만을 발급받아 할인 전 금액이 표와 동일하도록 그 카드로만 지출하였다면 신용가드별 할인혜택에 근거한 할인 후 예상청구액이 가장 적은 카드부터 순서대로 바르게 나열한 것은?

〈2020년 1월 지출내역〉

(단위 : 만 원)

분류	세부항목		금액	합계
교통비	버스 · 지하철 요금		8	20
	택시 요금		2	
	KTX 요금		10	
식비	외식비	평일	10	30
		주말	5	
	카페 지출액		5	
	식료품 구입비	대형마트	5	
		재래시장	5	
의류구입비	온라인		15	30
	오프라인		15	
여가 및 자기계발비	영화관람료(1만원/회×2회)		2	30
	도서구입비 (2만원/권×1권, 1만5천원/권×2권, 1만원/권×3권)		8	
	학원 수강료		20	

〈신용카드별 할인혜택〉

○ A 신용카드
• 버스, 지하철, KTX 요금 20% 할인(단, 할인액의 한도는 월 2만원)
• 외식비 주말 결제액 5% 할인
• 학원 수강료 15% 할인
• 최대 총 할인한도액은 없음
• 연회비 1만 5천 원이 발급 시 부과되어 합산됨

○ B 신용카드
- 버스, 지하철, KTX 요금 10% 할인(단, 할인액의 한도는 월 1만원)
- 온라인 의류구입비 10% 할인
- 도서구입비 권당 3천 원 할인(단, 권당 가격이 1만 2천 원 이상인 경우에만 적용)
- 최대 총 할인한도액은 월 3만 원
- 연회비 없음

○ C 신용카드
- 버스, 지하철, 택시 요금 10% 할인(단, 할인액의 한도는 월 1만 원)
- 카페 지출액 10% 할인
- 재래시장 식료품 구입비 10% 할인
- 영화관람료 회당 2천원 할인(월 최대 2회)
- 최대 총 할인한도액은 월 4만 원
- 연회비 없음

※ 할부나 부분청구는 없으며, A~C 신용카드는 매달 1일부터 말일까지의 사용분에 대하여 익월 청구됨

① A − B − C
② A − C − B
③ B − A − C
④ B − C − A

23 다음은 '갑국의 2004~2017년 알코올 관련 질환 사망자 수에 대한 자료이다. 이에 대한 설명으로 옳은 것은?

(단위 : 명)

구분 \ 연도	남성		여성		전체	
	사망자 수	인구 10만 명당 사망자 수	사망자 수	인구 10만 명당 사망자 수	사망자 수	인구 10만 명당 사망자 수
2004	2,542	10.7	156	0.7	2,698	5.9
2005	2,870	11.9	199	0.8	3,069	6.3
2006	3,807	15.8	299	1.2	4,106	8.4
2007	4,400	18.2	340	1.4	4,740	9.8
2008	4,674	19.2	374	1.5	5,048	10.2
2009	4,289	17.6	387	1.6	4,676	9.6
2010	4,107	16.8	383	1.6	4,490	9.3
2011	4,305	17.5	396	1.6	4,701	9.5
2012	4,243	17.1	400	1.6	4,643	9.3
2013	4,010	16.1	420	1.7	4,430	8.9
2014	4,111	16.5	424	1.7	( )	9.1
2015	3,996	15.9	497	2.0	4,493	9.0
2016	4,075	16.2	474	1.9	( )	9.1
2017	3,955	15.6	521	2.1	4,476	8.9

※ 인구 10만 명당 사망자 수는 소수점 아래 둘째 자리에서 반올림한 값이다.

① 2014년과 2016년의 전체 사망자 수는 같다.

② 여성 사망자 수는 매년 증가한다.

③ 매년 남성 인구 10만 명당 사망자 수는 여성 인구 10만 명당 사망자 수의 8배 이상이다.

④ 남성 인구 10만 명당 사망자 수가 가장 많은 해의 전년대비 남성 사망자 수 증가율은 5% 이상이다.

24 다음은 어떤 카페의 지역별 연휴수당과 매장 지원비를 책정한 자료이다. 지점 당 평균 지원금액과 1인당 평균 연휴수당은 얼마인가? (소수점은 구하지 않는다.)

(단위 : 원)

구분	일산	파주	종로	강남	잠실
총 지원비	250,000	130,000	360,000	550,000	480,000
지점 수	2	1	3	5	4
1인당 연휴수당	40,000	35,000	72,000	86,000	76,000
인원	8	5	12	10	9

① 121,000원 - 66,982원

② 121,000원 - 65,977원

③ 110,850원 - 64,273원

④ 110,850원 - 64,101원

25 다음은 어느 보험회사의 보험계약 현황에 관한 표이다. 이에 대한 설명으로 옳지 않은 것은?

(단위 : 건, 억 원)

구분		2015년		2014년	
		건수	금액	건수	금액
개인보험		5,852,844	1,288,847	5,868,027	1,225,968
	생존보험	1,485,908	392,222	1,428,422	368,731
	사망보험	3,204,140	604,558	3,241,308	561,046
	생사혼합	1,162,792	292,068	1,198,297	296,191
단체보험		0	0	0	0
	단체보장	0	0	0	0
	단체저축	0	0	0	0
소계		5,852,844	1,288,847	5,868,027	1,225,968

※ 건수는 보유계약의 건수임

※ 금액은 주계약 및 특약의 보험가입금액임

① 2014년과 2015년에 단체보험 보유계약의 건수는 0건이다.

② 2015년은 2014년에 비해 개인보험 보유계약 건수가 감소하였다.

③ 2015년은 2014년에 비해 개인보험 보험가입금액은 증가하였다.

④ 2015년 개인보험 보험가입금액에서 생존보험 금액이 차지하는 비중은 30% 미만이다.

26 다음은 어느 재단의 연도별 재무 현황이다. 다음 중 자산부채비율이 가장 높은 해는?

(단위 : 억 원, %)

연도＼구분	2009	2010	2011	2012
자산	31,303	56,898	77,823	91,464
부채	20,379	47,295	67,708	83,754
재단채	12,500	37,611	59,105	74,751
기타	7,879	9,684	8,603	9,003
자본	10,924	9,603	10,115	7,711

※ 자산부채비율(%) $= \dfrac{\text{자산}}{\text{부채}} \times 100$

① 2009년

② 2010년

③ 2011년

④ 2012년

27 다음 그래프는 2012~2019년의 성별 기대수명을 나타낸 것이다. 2020년도 남녀의 기대 수명이 다음과 같은 조건을 충족시킨다고 할 때, 2020년도 남녀의 평균 기대수명은?(모든 계산은 소수점 아래 첫 자리까지만 구한다.)

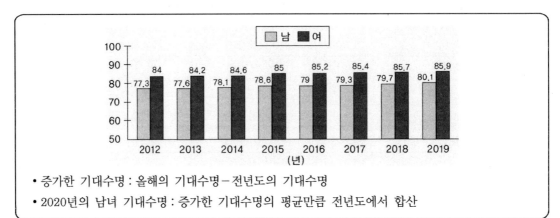

- 증가한 기대수명 : 올해의 기대수명 − 전년도의 기대수명
- 2020년의 남녀 기대수명 : 증가한 기대수명의 평균만큼 전년도에서 합산

① 82.7

② 82.9

③ 83.1

④ 83.3

28 다음 자료는 럭키 전자의 TV 광고모델 후보 4명에 대한 것이다. 제시된 〈조건〉을 바탕으로 광고모델을 선정할 때 총 광고효과가 가장 큰 모델은?

〈모델별 1년 계약금 및 광고 1회당 광고 효과〉

(단위 : 만 원)

모델	계약금	1회당 광고효과	
		수익 증대	브랜드 가치 증대
수지	1,000	100	100
태희	600	60	100
지현	700	60	110
민아	800	50	140

〈조건〉
• 광고효과는 수익 증대 효과와 브랜드 가치 증대 효과로만 구성된다.
  총 광고효과 = 1회당 광고효과 × 1년 광고횟수
  1회당 광고효과 = 1회당 수익 증대 효과 + 1회당 브랜드 가치 증대 효과
• 1회당 광고비는 20만 원으로 고정되어 있다.
  $$1년 광고횟수 = \frac{1년 광고비}{1회당 광고비}$$
• 1년 광고비는 3,000만 원(고정값)에서 1년 계약금을 뺀 금액이다.
  1년 광고비 = 3,000만 원 − 1년 계약금

※ 광고는 TV를 통해서만 1년 내에 모두 방송됨

① 수지 ② 태희
③ 지현 ④ 민아

〈국민해외관광객〉

(단위: 백만 명, %)

구분	국민해외관광객
2014년	13.7
2015년	14.8
2016년	16.1
2017년	19.3
2018년	22.4
2019년	26.5

〈한국관광수지〉

(단위: 백만 달러, 달러)

구분	관광수입	1인당 관광수입($)	관광지출
2014년	11,355	1,199	15,425
2015년	12,526	1,193	19,461
2016년	19,712	1,247	18,410
2017년	16,096	1,141	21,308
2018년	14,203	998	22,669
2019년	18,329	999	23,543

- 1인당 관광수입＝관광수입÷방한외래관광객
- 1인당 관광지출＝관광지출÷국민해외관광객
- 관광수지＝관광수입－관광지출

29 다음 중 연간 관광수지가 가장 낮은 해와 가장 높은 해의 합은 얼마인가?

① −7,164백만 달러

② −9,284백만 달러

③ −9,768백만 달러

④ −10,609백만 달러

30 다음 중 2017년의 1인당 관광 지출로 알맞은 것은?(소수점은 구하지 않는다.)

① 888달러

② 953달러

③ 1,104달러

④ 1,125달러

1 다음 사례에서 오부장이 취할 행동으로 가장 적절한 것은?

> 오부장이 다니는 J의류회사는 전국 각지에 매장을 두고 있는 큰 기업 중 하나이다. 따라서 매장별로 하루에도 수많은 손님들이 방문하며 그 중에는 옷에 대해 불만을 품고 찾아오는 손님들도 간혹 있다. 하지만 고지식하며 상부의 지시를 중시 여기는 오부장은 이러한 사소한 일들도 하나하나 보고하여 상사의 지시를 받으라고 부하직원들에게 강조하고 있다. 그러다 보니 매장 직원들은 사소한 문제 하나라도 스스로 처리하지 못하고 일일이 상부에 보고를 하고 상부의 지시가 떨어지면 그때서야 문제를 해결한다. 이로 인해 자연히 불만고객에 대한 대처가 늦어지고 항의도 잇따르게 되었다. 오늘도 한 매장에서 소매에 단추 하나가 없어 이를 수선해 줄 것을 요청하는 고객의 불만을 상부에 보고해 지시를 기다리다가 결국 고객이 기다리지 못하고 환불요청을 한 사례가 있었다.

① 오부장이 직접 그 고객에게 가서 불만사항을 처리한다.
② 사소한 업무처리는 매장 직원들이 스스로 해결할 수 있도록 어느 정도 권한을 부여한다.
③ 매장 직원들에게 고객의 환불요청에 대한 책임을 물어 징계를 내린다.
④ 앞으로 이러한 실수가 일어나지 않도록 옷을 수선하는 직원들의 교육을 다시 시킨다.

2 다음의 대화를 통해 알 수 있는 내용으로 가장 알맞은 것은?

> K팀장 : 좋은 아침입니다. 어제 말씀드린 보고서는 다 완성이 되었나요?
> L사원 : 예, 아직 완성을 하지 못했습니다. 시간이 많이 부족한 것 같습니다.
> K팀장 : 보고서를 작성하는데 어려움이 있나요?
> L사원 : 팀장님의 지시대로 하는데 어려움은 없습니다. 그러나 저에게 주신 자료 중 잘못된 부분이 있는 것 같습니다.
> K팀장 : 아. 저도 몰랐던 부분이네요. 잘못된 점이 무엇인가요?
> L사원 : 직접 보시면 아실 것 아닙니까? 일부러 그러신 겁니까?
> K팀장 : 아 그렇습니까?

① K팀장은 아침부터 L사원을 나무라고 있다.
② K팀장은 좋은 협상 능력을 가지고 있다.
③ K팀장은 리더로서의 역할이 부족하다.
④ L사원은 팀원으로서의 팔로워십이 부족하다.

3 리더는 조직원들에게 지속적으로 자신의 잠재력을 발휘하도록 만들기 위한 외적인 동기 유발제 그 이상을 제공해야 한다. 이러한 리더의 역량이라고 볼 수 없는 것은?

① 조직을 위험에 빠지지 않도록 리스크 관리를 철저히 하여 안심하고 근무할 수 있도록 해준다.
② 높은 성과를 달성한 조직원에게는 따뜻한 말과 칭찬으로 보상해 준다.
③ 직원 자신이 상사로부터 인정받고 있으며 일부 권한을 위임받았다고 느낄 수 있도록 동기를 부여한다.
④ 직원들이 자신의 업무에 책임을 지도록 하는 환경 속에서 일할 수 있게 해 준다.

4 직장생활을 하다보면 조직원들 사이에 갈등이 존재할 수 있다. 이러한 갈등은 서로 불일치하는 규범, 이해, 목표 등이 충돌하는 상태를 의미한다. 다음 중 갈등을 확인할 수 있는 단서로 볼 수 없는 것은?

① 지나치게 논리적으로 논평과 제안을 하는 태도
② 타인의 의견발표가 끝나기도 전에 타인의 의견에 대해 공격하는 태도
③ 핵심을 이해하지 않고 무조건 상대를 비난하는 태도
④ 무조건 편을 가르고 타협하기를 거부하는 태도

5 대인관계능력을 구성하는 하위능력 중 현재 동신과 명섭의 팀에게 가장 필요한 능력은 무엇인가?

> 올해 E그룹에 입사하여 같은 팀에서 근무하게 된 동신과 명섭은 다른 팀에 있는 입사동기들과 외딴 섬으로 신입사원 워크숍을 가게 되었다. 그 곳에서 각 팀별로 1박 2일 동안 스스로 의·식·주를 해결하며 주어진 과제를 수행하는 임무가 주어졌는데 동신은 부지런히 섬 이 곳 저 곳을 다니며 먹을 것을 구해오고 숙박할 장소를 마련하는 등 솔선수범 하였지만 명섭은 단지 섬을 돌아다니며 경치 구경만 하고 사진 찍기에 여념이 없었다. 그리고 과제수행에 있어서도 동신은 적극적으로 임한 반면 명섭은 소극적인 자세를 취해 그 결과 동신과 명섭의 팀만 과제를 수행하지 못했고 결국 인사상의 불이익을 당하게 되었다.

① 리더십능력
② 팀워크능력
③ 협상능력
④ 고객서비스능력

6 다음 사례에서 직장인으로서 옳지 않은 행동을 한 사람은?

〈사례1〉

K그룹에 다니는 철환이는 어제 저녁 친구들과 횟집에서 회를 먹고 오늘 일어나자 갑자기 배가 아파 병원에 간 결과 식중독에 걸렸다는 판정을 받고 입원을 하게 되었다. 생각지도 못한 일로 갑자기 결근을 하게 된 철환이는 즉시 회사에 연락해 사정을 말한 후 연차를 쓰고 입원하였다.

〈사례2〉

여성 구두를 판매하는 S기업의 영업사원으로 입사한 상빈이는 업무상 여성고객들을 많이 접하고 있다. 어느 날 외부의 한 백화점에서 여성고객을 만나게 된 상빈이는 그 고객과 식사를 하기 위해 식당이 있는 위층으로 에스컬레이터를 타고 가게 되었다. 이때 그는 그 여성고객에게 먼저 타도록 하고 자신은 뒤에 타고 올라갔다.

〈사례3〉

한창 열심히 근무하는 관모에게 한 통의 전화가 걸려 왔다. 얼마 전 집 근처에 있는 공인중개사에 자신의 이름으로 된 집을 월세로 내놓았는데 그 공인중개사에서 연락이 온 것이다. 그는 옆자리에 있는 동료에게 잠시 자리를 비우겠다고 말한 뒤 신속하게 사무실 복도를 지나 야외 휴게실에서 공인중개사 사장과 연락을 하고 내일 저녁 계약 약속을 잡았다.

〈사례4〉

입사한 지 이제 한 달이 된 정호는 어느 날 다른 부서에 급한 볼일이 있어 복도를 지나다가 우연히 앞에 부장님이 걸어가는 걸 보았다. 부장님보다 천천히 가자니 다른 부서에 늦게 도착할 것 같아 어쩔 수 없이 부장님을 지나치게 되었는데 이때 그는 부장님께 "실례하겠습니다."라고 말하는 것을 잊지 않았다.

---

① 철환

② 상빈

③ 관모

④ 정호

7 다음에 해당하는 리더십의 유형은?

> • 구성원에게 권한을 부여하고, 자신감을 불어넣는다.
> • 구성원에게 도전적 목표와 임무, 미래의 비전을 추구하도록 한다.
> • 구성원에게 개별적 관심과 배려를 보이고, 지적 자극을 준다.

① 카리스마적 리더십
② 변혁적 리더십
③ 발전적 리더십
④ 촉매적 리더십

8 윈–윈(WIN–WIN) 갈등 관리법에 대한 설명으로 적절하지 않은 것은?

① 문제의 근본적인 해결책을 얻는 방법이다.
② 갈등을 피하거나 타협으로 예방하기 위한 방법이다.
③ 갈등 당사자 서로가 원하는 바를 얻을 수 있는 방법이다.
④ 긍정적인 접근방식에 의거한 갈등해결 방법이다.

9 다음 중 효과적인 팀의 특성으로 옳지 않은 것은?

① 팀의 사명과 목표를 명확하게 기술한다.
② 역할과 책임을 명료화시킨다.
③ 리더십 역량을 공유하며 구성원 상호간에 지원을 아끼지 않는다.
④ 주관적인 결정을 내린다.

10 이해당사자들이 대화와 논쟁을 통해서 서로를 설득하여 문제를 해결하는 것을 협상이라고 한다. 다음 중 협상의 예로 볼 수 없는 것은?

① 남편은 외식을 하자고 하나 아내는 생활비의 부족으로 인하여 외식을 거부하였다. 아내는 집에서 고기를 굽고 맥주를 한 잔 하면서 외식을 하는 분위기를 내자고 새로운 제안을 하였고 남편은 이에 흔쾌히 승낙하였다.

② K씨는 3월이 다가오자 연봉협상에 큰 기대를 갖고 있다. 그러나 회사 사정이 어려워지면서 사장은 연봉을 올려줄 수 없는 상황이 되었고 K씨는 자신이 바라는 수준의 임금을 회사의 경제력과 자신의 목표 등을 감안하여 적정선을 맞추어 사장에게 제시하였더니 K씨는 원하는 연봉을 받을 수 있게 되었다.

③ U씨는 아내와 함께 주말에 영화를 보기로 하였다. 그런데 주말에 갑자기 장모님이 올라 오셔서 극장에 갈 수 없는 상황이 되었다. 이에 아내는 영화는 다음에 보고 오늘은 장모님과 시간을 보내자고 하였다. U씨는 영화를 못보는 것이 아쉬워 장모님을 쌀쌀맞게 대했다.

④ W씨는 자녀의 용돈문제로 고민이다. 하나 밖에 없는 딸이지만 자신이 생각하기에 그렇게 많은 용돈은 필요가 없을 듯하다. 그러나 딸아이는 계속적으로 용돈을 올려달라고 시위 중이다. 퇴근 후 지친 몸을 이끌고 집으로 온 W씨에게 딸아이는 어깨도 주물러 주고, 애교도 떨며 W씨의 기분을 좋게 만들었다. 결국 W씨는 딸의 용돈을 올려주었다.

11 다음 사례에서 장부장이 취할 수 있는 가장 적절한 행동은 무엇인가?

> 서울에 본사를 둔 T그룹은 매년 상반기와 하반기에 한 번씩 전 직원이 워크숍을 떠난다. 이는 평소 직원들 간의 단체생활을 중시 여기는 T그룹 회장의 지침 때문이다. 하지만 워낙 직원이 많은 T그룹이다 보니 전 직원이 한꺼번에 움직이는 것은 불가능하고 각 부서별로 그 부서의 장이 재량껏 계획을 세우고 워크숍을 진행하도록 되어 있다. 이에 따라 생산부서의 장부장은 부원들과 강원도 태백산에 가서 1박 2일로 야영을 하기로 했다. 하지만 워크숍을 가는 날 아침 갑자기 예약한 버스가 고장이 나서 출발을 못한다는 연락을 받았다.

① 워크숍은 장소보다도 이를 통한 부원들의 단합과 화합이 중요하므로 서울 근교의 적당한 장소를 찾아 워크숍을 진행한다.

② 무슨 일이 있어도 계획을 실행하기 위해 새로 예약 가능한 버스를 찾아보고 태백산으로 간다.

③ 어쩔 수 없는 일이므로 상사에게 사정을 얘기하고 이번 워크숍은 그냥 집에서 쉰다.

④ 각 부원들에게 의견을 물어보고 각자 자율적으로 하고 싶은 활동을 하도록 한다.

12 다음 사례에서 이 고객에 대한 적절한 응대법으로 옳은 것은?

> 은지는 옷가게를 운영하고 있는데 어느 날 한 여성 고객이 찾아왔다. 그녀는 매장을 둘러보면서 이 옷, 저 옷을 만져보고 입어보더니 "어머, 여기는 옷감이 좋아보이지도 않는데 가격은 비싸네.", "여긴 별로 예쁜 옷이 없네. 디자이너가 아직 경험이 부족한 것 같은데." 등의 말을 하면서 거만하게 자신도 디자이너 출신이고 아가씨가 아직 경험이 부족한 것 같아 자신이 조금 조언을 해 주겠다며 은지에게 옷을 만들 때 옷감은 어떤 걸로 해야 하고 매듭은 어떻게 지어야 한다는 둥의 말을 늘어놓았다. 그러는 동안 옷가게에는 몇 명의 다른 손님들이 옷을 둘러보며 은지를 찾다가 그냥 되돌아갔다.

① 자신의 과시욕이 채워지도록 뽐내게 내버려 둔다.
② 분명한 증거나 근거를 제시하여 스스로 확신을 갖도록 유도한다.
③ 이야기를 경청하고 맞장구를 치며 치켜세우고 설득해 간다.
④ "글쎄요.", "아마"와 같은 애매한 화법을 사용하지 않는다.

13 다음에 해당하는 협상전략은 무엇인가?

> 양보전략으로 상대방이 제시하는 것을 일방적으로 수용하여 협상의 가능성을 높이려는 전략이다. 순응전략, 화해전략, 수용전략이라고도 한다.

① 협력전략   ② 회피전략
③ 강압전략   ④ 유화전략

14 다음 중 동기부여 방법으로 옳지 않은 것은?

① 긍정적 강화법을 활용한다.
② 새로운 도전의 기회를 부여한다.
③ 적절한 코칭을 한다.
④ 일정기간 교육을 실시한다.

15 다음 중 거만형 불만고객에 대한 대응방안으로 옳지 않은 것은?

① 정중하게 대하는 것이 좋다.

② 분명한 증거나 근거를 제시하여 스스로 확신을 갖도록 유도한다.

③ 자신의 과시욕이 채워지도록 뽐내게 내버려 둔다.

④ 의외로 단순한 면이 있으므로 일단 호감을 얻게 되면 득이 될 경우도 있다.

16 '협상'을 위해 취하여하 할 (가)~(라)의 행동을 바람직한 순서대로 알맞게 나열한 것은?

> (가) 자신의 의견을 적극적으로 개진하여 상대방이 수용할 수 있는 근거를 제시한다.
> (나) 상대방의 의견을 경청하고 자신의 주장을 제시한다.
> (다) 합의를 통한 결과물을 도출하여 최종 서명을 이끌어낸다.
> (라) 상대방 의견을 분석하여 무엇이 그러한 의견의 근거가 되었는지 찾아낸다.

① (라)-(다)-(나)-(가)

② (라)-(가)-(나)-(다)

③ (나)-(가)-(다)-(라)

④ (나)-(라)-(가)-(다)

17 직장인 K씨는 야구에 전혀 관심이 없다. 그러나 하나 밖에 없는 아들은 야구를 엄청 좋아한다. 매일 바쁜 업무로 인하여 아들과 서먹해진 느낌을 받은 K씨는 휴가를 내어 아들과 함께 전국으로 프로야구 경기를 관람하러 다녔다. 그 덕분에 K씨와 아들의 사이는 급속도로 좋아졌다. K씨의 행동에 대한 설명으로 옳은 것은?

① K씨는 회사에 흥미를 잃었다.

② K씨는 새롭게 야구경기에 눈을 뜨게 되었다.

③ K씨는 아들에 대한 이해와 배려가 깊다.

④ K씨는 아들이 자기를 욕할까봐 무섭다.

18 멤버십 유형에 대한 설명으로 옳은 것은?

① 소외형 : 조직이 자신을 인정해주지 않는다고 생각한다.
② 순응형 : 동료에게 제몫을 하지 못하는 사람으로 보일 수 있다.
③ 실무형 : 일부러 반대의견을 제시한다.
④ 수동형 : 리더나 조직을 믿고 헌신한다.

19 다음 사례에서 팀워크에 도움이 안 되는 사람은 누구인가?

> ◎◎기업의 입사동기인 영재와 영초, 문식, 윤영은 이번에 처음으로 함께 프로젝트를 수행하게 되었다. 이는 이번에 나온 신제품에 대한 소비자들의 선호도를 조사하는 것으로 ◎◎기업에서 이들의 팀워크 능력을 알아보기 위한 일종의 시험이었다. 이 프로젝트에서 네 사람은 각자 자신이 잘 할 수 있는 능력을 살려 업무를 분담했는데 평소 말주변이 있고 사람들과 만나는 것을 좋아하는 영재는 직접 길거리로 나가 시민들을 대상으로 신제품에 대한 설문조사를 실시하였다. 그리고 어릴 때부터 일명 '천재소년'이라고 자타가 공인한 영초는 자신의 능력을 믿고 다른 사람들과는 따로 설문조사를 실시하였고 보고서를 작성하였다. 한편 대학에서 수학과를 나와 통계에 자신 있는 문식은 영재가 조사해 온 자료를 바탕으로 통계를 내기 시작하였고 마지막으로 꼼꼼한 윤영이가 깔끔하게 보고서를 작성하여 상사에게 제출하였다.

① 영재   ② 영초
③ 문식   ④ 윤영

20 다음 사례에 나타난 리더십 유형의 특징으로 옳은 것은?

> 이번에 새로 팀장이 된 대근은 입사 5년차인 비교적 젊은 팀장이다. 그는 자신의 팀에 있는 팀원들은 모두 나름대로의 능력과 경험을 가지고 있으며 자신은 그들 중 하나에 불과하다고 생각한다. 따라서 다른 팀의 팀장들과 같이 일방적으로 팀원들에게 지시를 내리거나 팀원들의 의견을 듣고 그 중에서 마음에 드는 의견을 선택적으로 추리는 등의 행동을 하지 않고 평등한 입장에서 팀원들을 대한다. 또한 그는 그의 팀원들에게 의사결정 및 팀의 방향을 설정하는데 참여할 수 있는 기회를 줌으로써 팀 내 행동에 따른 결과 및 성과에 대해 책임을 공유해 나가고 있다. 이는 모두 팀원들의 능력에 대한 믿음에서 비롯된 것이다.

① 질문을 금지한다.
② 모든 정보는 리더의 것이다.
③ 실수를 용납하지 않는다.
④ 책임을 공유한다.

21 갈등관리 상황에서 자기와 상대이익을 만족시키려는 의도가 다 같이 높을 때 제시될 수 있는 갈등해소 방안으로 가장 적합한 것은?

① 협동   ② 경쟁
③ 타협   ④ 회피

22 다음 열거된 항목들 중, 팀원에게 제시할 수 있는 '팀원의 강점을 잘 활용하여 팀 목표를 달성하는 효과적인 팀'의 핵심적인 특징으로 선택하기에 적절하지 않은 것은?

> (개) 객관적인 결정을 내린다.
> (내) 팀의 사명과 목표를 명확하게 기술한다.
> (대) 역할과 책임을 명료화시킨다.
> (래) 개인의 강점을 활용하기보다 짜인 시스템을 활용한다.
> (매) 의견의 불일치를 건설적으로 해결한다.
> (배) 결과보다 과정과 방법에 초점을 맞춘다.

① (개), (대), (래)　　　　　　　　　② (내), (매), (래), (배)

③ (래), (배)　　　　　　　　　　　　④ (매), (배)

23 제약회사 영업부에 근무하는 U씨는 영업부 최고의 성과를 올리는 영업사원으로 명성이 자자하다. 그러나 그런 그에게도 단점이 있었으니 그것은 바로 서류 작업을 정시에 마친 적이 없다는 것이다. U씨가 회사로 복귀하여 서류 작업을 지체하기 때문에 팀 전체의 생산성에 차질이 빚어지고 있다면 영업부 팀장인 K씨의 행동으로 올바른 것은?

① U씨의 영업실적은 뛰어나므로 다른 직원에게 서류 작업을 지시한다.
② U씨에게 퇴근 후 서류 작업을 위한 능력을 개발하라고 지시한다.
③ U씨에게 서류작업만 할 수 있는 아르바이트 직원을 붙여준다.
④ U씨로 인한 팀의 분위기를 설명하고 해결책을 찾아보라고 격려한다.

24 리더십에 대한 일반적인 의미로 볼 수 없는 것은?

① 조직 구성원들로 하여금 조직목표를 위해 자발적으로 노력하도록 영향을 주는 행위를 말한다.
② 목표달성을 위하여 개인이 조직원들에게 영향을 미치는 과정을 말한다.
③ 주어진 상황 내에서 목표달성을 위해 개인 또는 집단에 영향력을 행사하는 과정을 의미한다.
④ 조직의 관리자가 하급자에게 발휘하는 일종의 권력을 의미한다.

25 직장인 Y씨는 태어나서 지금까지 단 한 번도 지키지 못할 약속은 한 적이 없다. 그리고 모든 상황에서 이를 지키기 위하여 노력을 한다. 그러나 사람의 일이 모두 뜻대로 되지 않듯이 예기치 않은 사건의 발생으로 약속을 지키지 못하는 경우는 생기기 마련이다. 이럴 때 Y씨는 상대방에게 충분히 자신의 상황을 설명하여 약속을 연기한다. Y씨의 행동은 대인관계 향상 방법 중 어디에 해당하는가?

① 상대방에 대한 이해　　　　　② 사소한 일에 대한 관심
③ 약속의 이행　　　　　　　　　④ 언행일치

26 직장동료 L씨는 항상 모두에게 예의가 바르고 곧은 사람으로 정평이 나있다. 그런데 어느 날 당신과 단 둘이 있을 때, 상사에 대한 비난을 맹렬히 퍼붓기 시작하였다. 이 순간 당신이 느낄 수 있는 감정으로 적절하지 못한 것은?

① 와, 이 사람 보기와는 다르구나.
② 이 사람이 혹시 다른데서 내 험담을 하지나 않을까?
③ 이런 사람에게도 불만이 있기는 하구나!
④ 사람은 역시 겉모습으로만 판단하면 안 되는구나!

27 다음 중 팀워크의 사례가 아닌 것은?

① 부하직원의 작은 실수로 실패할 뻔 했던 거래를 같은 팀원들이 조금씩 힘을 보태어 거래를 성사시킨 일
② 도저히 기한 안에 처리될 것 같지 않던 프로젝트를 팀원들이 모두 힘을 합하여 성공적으로 마무리한 일
③ 사무실내의 분위기가 좋고 서로를 배려해서 즐겁게 일하여 부서이동 때 많이 아쉬웠던 일
④ 상을 당한 팀장님의 갑작스런 부재에도 당황하지 않고 각자 업무를 분담하여 운영에 차질이 없었던 일

28 다음의 사례를 보고 뉴욕의 리츠칼튼 호텔의 고객서비스의 특징으로 옳은 것은?

> Robert는 미국 출장길에 샌프란시스코의 리츠칼튼 호텔에서 하루를 묵은 적이 있었다.
>
> 그는 서양식의 푹신한 베개가 싫어서 프런트에 전화를 걸어 좀 딱딱한 베개를 가져다 달라고 요청하였다. 호텔 측은 곧이어 딱딱한 베개를 구해왔고 덕분에 잘 잘 수 있었다.
>
> 다음날 현지 업무를 마치고 다음 목적지인 뉴욕으로 가서 우연히 다시 리츠칼튼 호텔에서 묵게 되었는데 아무 생각 없이 방 안에 들어간 그는 깜짝 놀랐다. 침대 위에 전날 밤 사용하였던 것과 같은 딱딱한 베개가 놓여 있는 게 아닌가.
>
> 어떻게 뉴욕의 호텔이 그것을 알았는지 그저 놀라울 뿐이었다. 그는 호텔 측의 이 감동적인 서비스를 잊지 않고 출장에서 돌아와 주위 사람들에게 침이 마르도록 칭찬했다.
>
> 어떻게 이런 일이 가능했을까? 리츠칼튼 호텔은 모든 체인점이 항시 공유할 수 있는 고객 데이터베이스를 구축하고 있었고, 데이터베이스에 저장된 정보를 활용해서 그 호텔을 다시 찾는 고객에게 완벽한 서비스를 제공하고 있었던 것이다.

① 불만 고객에 대한 사후 서비스가 철저하다.

② 신규 고객 유치를 위해 이벤트가 다양하다.

③ 고객이 물어보기 전에 고객이 원하는 것을 실행한다.

④ 고객이 원하는 것이 이루어질 때까지 노력한다.

29 다음 중 임파워먼트에 해당하는 가장 적절한 사례는 무엇인가?

① 영업부 팀장 L씨는 사원 U씨에게 지난 상반기의 판매 수치를 정리해 오라고 요청하였다. 또한 데이터베이스를 업데이트하고, 회계부서에서 받은 수치를 반영하여 새로운 보고서를 제출하라고 지시하였다.

② 편집부 팀장 K씨는 사원 S씨에게 지난 3달간의 도서 판매 실적을 정리해 달라고 요청하였다. 또한 신간등록이 되어 있는지 확인 후 업데이트하고, 하반기에 내놓을 새로운 도서의 신간 기획안을 제출하라고 지시하였다.

③ 마케팅팀 팀장 I씨는 사원 Y씨에게 상반기 판매 수치를 정리하고 이 수치를 분석하여 하반기 판매 향상에 도움이 될 만한 마케팅 계획을 직접 개발하도록 지시했다.

④ 홍보부 팀장 H씨는 사원 R씨에게 지난 2년간의 회사 홍보물 내용을 검토하고 업데이트 할 내용을 정리한 후 보고서로 작성하여 10부를 복사해 놓으라고 지시하였다.

30 다음은 엄팀장과 그의 팀원인 문식의 대화이다. 다음 상황에서 엄팀장이 주의해야 할 점으로 옳지 않은 것은?

> 엄팀장 : 문식씨, 좋은 아침이군요. 나는 문식씨가 구체적으로 어떤 업무를 하길 원하는지, 그리고 새로운 업무 목표는 어떻게 이룰 것인지 의견을 듣고 싶습니다.
>
> 문식 : 솔직히 저는 현재 제가 맡고 있는 업무도 벅찬데 새로운 업무를 받은 것에 대해 달갑지 않습니다. 그저 난감할 뿐이죠.
>
> 엄팀장 : 그렇군요. 그 마음 충분히 이해합니다. 하지만 현재 회사 여건상 인력감축은 불가피합니다. 현재의 인원으로 업무를 어떻게 수행할 수 있을지에 대해 우리는 계획을 세워야 합니다. 이에 대해 문식씨가 새로 맡게 될 업무를 검토하고 그것을 어떻게 달성할 수 있을지 집중적으로 얘기해 봅시다.
>
> 문식 : 일단 주어진 업무를 모두 처리하기에는 시간이 너무 부족합니다. 좀 더 다른 방법을 세워야 할 것 같아요.
>
> 엄팀장 : 그렇다면 혹시 그에 대한 다른 대안이 있나요?
>
> 문식 : 기존에 제가 가지고 있던 업무들을 보면 없어도 될 중복된 업무들이 있습니다. 이러한 업무들을 하나로 통합한다면 새로운 업무를 볼 여유가 생길 것 같습니다.
>
> 엄팀장 : 좋습니다. 좀 더 구체적으로 말씀해 주시겠습니까?
>
> 문식 : 우리는 지금까지 너무 고객의 요구를 만족시키기 위해 필요 없는 절차들을 많이 따르고 있었습니다. 이를 간소화할 필요가 있다고 생각합니다.
>
> 엄팀장 : 그렇군요. 어려운 문제에 대해 좋은 해결책을 제시해 줘서 정말 기쁩니다. 그렇다면 지금부터는 새로운 업무를 어떻게 진행시킬지, 그리고 그 업무가 문식씨에게 어떤 이점으로 작용할지에 대해 말씀해 주시겠습니까? 지금까지 문식씨는 맡은 업무를 잘 처리하였지만 너무 같은 업무만을 하다보면 도전정신도 없어지고 자극도 받지 못하죠. 이번에 새로 맡게 될 업무를 완벽하게 처리하기 위해 어떤 방법을 활용할 생각입니까?
>
> 문식 : 네. 사실 말씀하신 바와 같이 지금까지 겪어보지 못한 전혀 새로운 업무라 기분이 좋지는 않습니다. 하지만 반면 저는 지금까지 제 업무를 수행하면서 창의적인 능력을 사용해 보지 못했습니다. 이번 업무는 제게 이러한 창의적인 능력을 발휘할 수 있는 기회입니다. 따라서 저는 이번 업무를 통해 좀 더 창의적인 능력을 발휘해 볼 수 있는 경험과 그에 대한 자신감을 얻게 됐다는 점이 가장 큰 이점으로 작용할 것이라 생각됩니다.
>
> 엄팀장 : 문식씨 정말 훌륭한 생각을 가지고 있군요. 이미 당신은 새로운 기술과 재능을 가지고 있다는 것을 우리에게 보여주고 있습니다.

① 지나치게 많은 정보와 지시를 내려 직원들을 압도한다.

② 어떤 활동을 다루고, 시간은 얼마나 걸리는지 등에 대해 구체적이고 명확하게 밝힌다.

③ 질문과 피드백에 충분한 시간을 할애한다.

④ 직원들의 반응을 이해하고 인정한다.

1 다음 중 아날로그 컴퓨터의 특징으로 올바른 것은?

① 이산적인 데이터를 취급한다.
② 숫자나 문자를 입력·출력할 수 있다.
③ 프로그램이 필요 없다.
④ 범용 컴퓨터를 대상으로 한다.

2 Windows의 특징으로 옳지 않은 것은?

① 짧은 파일이름만 지원한다.
② GUI(Graphic User Interface) 환경을 제공한다.
③ P&P를 지원하여 주변장치 인식이 용이하다.
④ OLE(개체 연결 및 포함) 기능을 지원한다.

3 다음 중 도메인 네임에 대한 설명이 잘못된 것을 모두 고르면?

> ㉠ com : 상업 회사, 기관　　　　㉡ org : 비영리기관
> ㉢ net : 연구기관　　　　　　　㉣ mil : 군사기관
> ㉤ or : 정부기관

① ㉡㉢　　　　　　　　　　　　② ㉢㉤
③ ㉠㉣　　　　　　　　　　　　④ ㉣㉤

4 데이터 마이닝(data mining)에 대한 설명으로 옳지 않은 것은?

① 대량의 데이터에서 유용한 정보를 추출하는 것을 말한다.
② 통계적 기법, 수학적 기법과 인공지능을 활용한 패턴인식 기술 등을 이용한다.
③ 데이터 마이닝은 고객의 소비패턴이나 성향을 분석하여 상품을 추천하는 데 사용된다.
④ 데이터 마이닝→데이터 선별과 변환→데이터 클리닝의 과정을 거친다.

5 엑셀 사용 시 발견할 수 있는 다음과 같은 오류 메시지 중 설명이 올바르지 않은 것은 어느 것인가?

① #DIV/0! – 수식에서 어떤 값을 0으로 나누었을 때 표시되는 오류 메시지
② #N/A – 함수나 수식에 사용할 수 없는 데이터를 사용했을 경우 발생하는 오류 메시지
③ #NULL! – 잘못된 인수나 피연산자를 사용했을 경우 발생하는 오류 메시지
④ #NUM! – 수식이나 함수에 잘못된 숫자 값이 포함되어 있을 경우 발생하는 오류 메시지

6 다음 표에 제시된 통계함수와 함수의 기능이 서로 잘못 짝지어진 것은 어느 것인가?

함수명	기능
㉠ AVERAGEA	텍스트로 나타낸 숫자, 논리값 등을 포함, 인수의 평균을 구함
㉡ COUNT	인수 목록에서 공백이 아닌 셀과 값의 개수를 구함
㉢ COUNTIFS	범위에서 여러 조건을 만족하는 셀의 개수를 구함
㉣ LARGE(범위, k번째)	범위에서 k번째로 큰 값을 구함

① ㉠   ② ㉡
③ ㉢   ④ ㉣

7 컴퓨터 관련 용어에 대한 설명으로 옳은 것은?

① 프로토콜 : 사용자에게 내용의 비순차적인 검색이 가능하도록 제공되는 텍스트로 문서 내에 있는 특정 단어가 다른 단어나 데이터베이스와 링크 돼 있어 사용자가 관련 문서를 넘나들며 원하는 정보를 얻을 수 있도록 한다.

② 캐싱 : 명령어와 데이터를 캐시 기억 장치 또는 디스크 캐시에 일시적으로 저장하는 것으로 중앙 처리 장치(CPU)가 주기억 장치 또는 디스크로부터 명령어와 데이터를 읽어 오거나 기록하는 것보다 몇 배 빠른 속도로 단축시킴으로써 컴퓨터의 성능을 향상시킨다.

③ 하이퍼텍스트 : 통신회선을 이용하는 컴퓨터와 컴퓨터 또는 컴퓨터와 단말기계가 데이터를 주고받을 때의 상호약속이다.

④ TCP/IP : 인터넷상 주민번호를 대체하는 개인 식별 번호로 2005년 정보통신부가 개인의 주민등록번호 유출과 오남용 방지를 목적으로 마련한 사이버 신원 확인번호이다.

▮8~9▮ 다음 H상사의 물류 창고별 책임자와 각 창고 내 재고 물품의 코드 목록을 보고 이어지는 질문에 답하시오.

책임자	코드번호	책임자	코드번호
정 대리	11082D0200400135	강 대리	11056N0401100030
오 사원	12083F0200901009	윤 대리	11046O0300900045
권 사원	11093F0200600100	양 사원	11053G0401201182
민 대리	12107P0300700085	박 사원	12076N0200700030
최 대리	12114H0601501250	변 대리	12107Q0501300045
엄 사원	12091C0200500835	이 사원	11091B0100200770
홍 사원	11035L0601701005	장 사원	12081B0100101012

예시

* 2011년 8월에 독일 액손 사에서 생산된 검정색 원단의 500번째 입고 제품
  → 1108 - 4H - 02005 - 00500

생산 연월	생산지		물품 코드			입고품 수량
	원산지 코드	제조사 코드	분야 코드		세부 코드	
	1 미국	A 스카이	01 소품		001 폴리백	
		B 영스			002 포스터	
		C 세븐럭	02 원단		003 빨강	
	2 일본	D 히토리			004 노랑	
예시		E 노바라			005 검정	
2011년 10월	3 중국	F 왕청			006 초록	00001부터
– 1110		G 메이	03 철제		007 외장재	다섯 자리
2009년 1월	4 독일	H 액손			008 내장재	시리얼 넘버가
– 0901		I 바이스			009 프레임	부여됨.
		J 네오	04 플라스틱		010 이음쇠	
	5 영국	K 페이스			011 공구	
		L S-10			012 팻치	
		M 마인스	05 포장구		013 박스	
	6 태국	N 홍챠			014 스트링	
		O 덕홍	06 라벨류		015 라벨지	
	7 베트남	P 비엣퐁			016 인쇄물	
		Q 응산			017 내지	

8 재고물품 중 2011년 영국 '페이스' 사에서 생산된 철제 프레임의 코드로 알맞은 것은 어느 것인가?

① 11035K0300901201

② 12025K0300800200

③ 11055K0601500085

④ 12074H0501400100

9 다음 중 생산지(국가)가 동일한 물품을 보관하는 물류 창고의 책임자들로 알맞게 짝지어진 것은 어느 것인가?

① 엄 사원, 변 대리

② 정 대리, 윤 대리

③ 오 사원, 양 사원

④ 민 대리, 박 사원

10 다음에 제시된 네트워크 관련 명령어들 중, 그 의미가 올바르게 설명되어 있지 않은 것은 어느 것인가?

㉠ nslookup	DNS가 가지고 있는 특정 도메인의 IP Address를 검색해 준다.
㉡ finger	원격 컴퓨터의 사용자 정보를 알아보기 위해 사용되는 서비스이다.
㉢ ipconfig	현재 컴퓨터의 IP 주소, 서브넷 마스크, 기본 게이트웨이 등을 확인할 수 있다.
㉣ ping	인터넷 서버까지의 경로 추적으로 IP 주소, 목적지까지 거치는 경로의 수 등을 파악할 수 있도록 한다.

① ㉠

② ㉡

③ ㉢

④ ㉣

11 제시된 설명에 공통으로 해당되는 용어로 알맞은 것은 다음 중 어느 것인가?

> • 인터넷상에 존재하는 각종 자원들의 위치를 같은 형식으로 나타내기 위한 표준 주소 체계이다.
> • 인터넷에 존재하는 정보나 서비스에 대해 접근 방법, 존재 위치, 자료 파일명 등의 요소를 표시한다.
> • 형식은 '프로토콜 : //서버 주소[:포트 번호]/파일 경로/파일명'으로 표시된다.

① Domain name   ② URL

③ IP Address   ④ HTML

12 최근에는 정보화 시대를 맞아 직장 생활뿐 아니라 가정생활에 있어서도 컴퓨터와 인터넷을 활용할 줄 아는 능력이 점점 많이 요구되고 있다. 다음에 제시된 정보통신망과 관련된 용어 중 그 의미가 잘못 설명된 것은 어느 것인가?

① LAN	근거리의 한정된 지역 또는 건물 내에서 데이터 전송을 목적으로 연결되는 통신망으로 단일기관의 소유이면서 수 km 범위 이내의 지역에 한정되어 있는 통신 네트워크를 말한다.
② MAN	LAN과 WAN의 중간 형태의 통신망으로 특정 도시 내에 구성된 각각의 LAN들을 상호 연결하여 자원을 공유한다.
③ WAN	ISDN보다 더 광범위한 서비스로, 음성 통신 및 고속 데이터 통신, 정지화상 및 고해상도의 동영상 등의 다양한 서비스를 제공한다.
④ VAN	통신 회선을 빌려 단순한 전송기능 이상의 정보 축적이나 가공, 변환 처리 등의 부가가치를 부여한 정보를 제공하는 통신망

【13~14】 다음은 시스템 모니터링 중에 나타난 화면이다. 다음 화면에 나타나는 정보를 이해하고 시스템 상태를 파악하여 적절한 input code를 고르시오.

〈시스템 화면〉

System is checking........
Run.....

Error Found!
Index GTEMSHFCBA of file WODRTSUEAI

input code : _____

항목	세부사항
index '_' of file '_'	• 오류 문자 : Index 뒤에 나타나는 10개의 문자 • 오류 발생 위치 : File 뒤에 나타나는 10개의 문자
Error Value	오류 문자와 오류 발생 위치를 의미하는 문자에 사용된 알파벳을 비교하여 일치하는 알파벳의 개수를 확인(단, 알파벳의 위치와 순서는 고려하지 않으며 동일한 알파벳이 속해 있는지만 확인한다.)
input code	Error Value를 통하여 시스템 상태를 판단

판단 기준	시스템 상태	input code
일치하는 알파벳의 개수가 0개인 경우	안전	safe
일치하는 알파벳의 개수가 1~3개인 경우	경계	alert
일치하는 알파벳의 개수가 4~6개인 경우		vigilant
일치하는 알파벳의 개수가 7~10개인 경우	위험	danger

13

〈시스템 화면〉

System is checking........

Run.....

Error Found!

Index DRHIZGJUMY of file OPAULMBCEX

input code : _____

① safe   ② alert

③ vigilant   ④ danger

14

〈시스템 화면〉

System is checking........

Run.....

Error Found!

Index QWERTYUIOP of file POQWIUERTY

input code : _____

① safe   ② alert

③ vigilant   ④ danger

15 다음의 알고리즘에서 인쇄되는 S는?

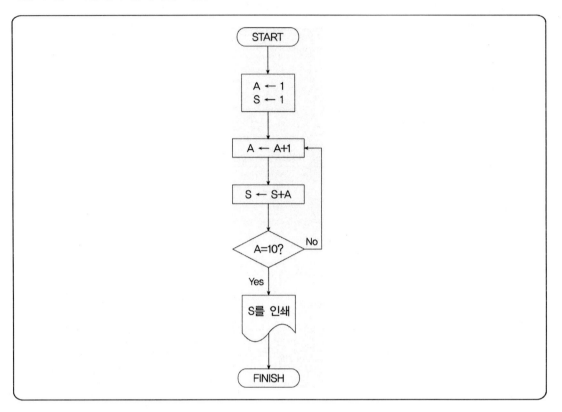

① 36

② 45

③ 55

④ 66

16 터미널노드는 자식이 없는 노드를 말한다. 다음 트리에서 터미널노드의 수는?

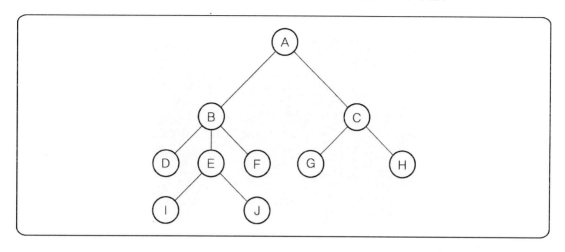

① 5   ② 6

③ 7   ④ 8

17 S회사에서 근무하고 있는 김대리는 최근 업무 때문에 HTML을 배우고 있다. 아직 초보라서 신입사원 H씨로부터 도움을 많이 받고 있지만, H씨가 자리를 비운 사이 김대리가 HTML에서 사용할 수 있는 tag를 써보았다. 잘못된 것은 무엇인가?

① 김대리는 줄을 바꾸기 위해 〈br〉를 사용하였다.

② 김대리는 글자의 크기, 모양, 색상을 설정하기 위해 〈font〉를 사용하였다.

③ 김대리는 표를 만들기 위해 〈table〉을 사용하였다.

④ 김대리는 이미지를 삽입하기 위해 〈form〉을 사용하였다.

18 Z회사에 근무하고 있는 P씨는 클립보드를 이용하여 작업을 하고자 한다. 이에 대한 설명으로 옳지 않은 것은?

① 클립보드는 하나의 프로그램에서 다른 프로그램으로 데이터를 복사하거나 붙여넣기 할 때 임시 저장공간으로 사용된다.

② 복사하기를 한 것은 여러 번 붙여넣기가 가능하지만 잘라내기 한 것은 한 번만 붙여넣기가 가능하다.

③ 복사하기를 하여 다른 곳에 붙이는 경우 원래의 문서에는 아무런 변화가 생기지 않는다.

④ 다른 프로그램에서 복사한 텍스트나 그림 항목을 복사하여 특정 워드프로세서 문서에 붙여넣을 수 있다.

19 다음 워크시트에서 [A1:B2] 영역을 선택한 후 채우기 핸들을 사용하여 드래그 했을 때 [A6:B6] 영역 값으로 바르게 짝지은 것은?

	A	B
1	1	월요일
2	4	수요일
3		
4		
5		
6		

	A6	B6			A6	B6
①	15	목요일		②	16	목요일
③	15	수요일		④	16	수요일

20 다음 중 아래 시트에서 수식 '=MOD(A3:A4)'의 값과 수식 '=MODE(A1:A9)'의 값으로 바르게 나열한 것은?

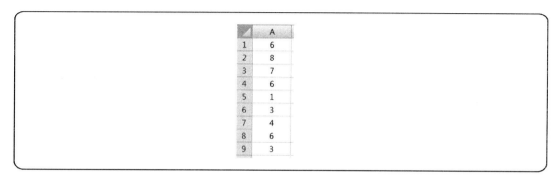

① 1, 3

② 1, 6

③ 1, 8

④ 2, 3

21 L회사에 근무 중인 A씨는 현재 스프레드시트로 작업 중이다. 여러 문서를 작업하다 보니 A씨는 한 화면에 여러 통합문서를 띄어놓고 작업하고 싶다. 어떤 기능을 사용해야 하는가?

① 틀 고정

② 페이지 나누기

③ 창 숨기기

④ 창 정렬

22 다음 중 아래 시트에서 야근일수를 구하기 위해 [B9] 셀에 입력할 함수로 옳은 것은?

① =COUNTBLANK(B3:B8)

② =COUNT(B3:B8)

③ =COUNTA(B3:B8)

④ =SUM(B3:B8)

23 다음 중 아래와 같은 자료를 '기록(초)' 필드를 이용하여 최길동의 순위를 계산하고자 할 때 C3에 들어갈 함수식으로 올바른 것은 어느 것인가?

① =RANK(B3,$B$2:$B$5,1)

② =RANK(B3,$B$2:$B$5,0)

③ =RANK(B3,$B$2:B5,1)

④ =RANK(B3,B2:$B$5,0)

24 다음 스프레드시트 서식 코드 사용 설명 중 올바르지 않은 것은 어느 것인가?

입력 데이터	지정 서식	결과 데이터
㉠ 20-03-12	dd-mmm	12-Mar
㉡ 20-03-12	mmm-yy	Mar-20
㉢ 02:45	hh:mm:ss AM/PM	02:45:00 AM
㉣ 신재생	+ @에너지	신재생에너지

① ㉠   ② ㉡

③ ㉢   ④ ㉣

25 K사 홍보팀에서는 다음과 같이 직원들의 수당을 지급하고자 한다. C12셀부터 D15셀까지 기재된 사항을 참고로 D열에 수식을 넣어 직책별 수당을 작성하였다. D2셀에 수식을 넣어 D10까지 드래그하여 다음과 같은 자료를 작성하였다면, D2셀에 들어가야 할 적절한 수식은 어느 것인가?

	A	B	C	D
1	사번	직책	기본급	수당
2	9610114	대리	1,720,000	450,000
3	9610070	대리	1,800,000	450,000
4	9410065	과장	2,300,000	550,000
5	9810112	사원	1,500,000	400,000
6	9410105	과장	2,450,000	550,000
7	9010043	부장	3,850,000	650,000
8	9510036	대리	1,750,000	450,000
9	9410068	과장	2,380,000	550,000
10	9810020	사원	1,500,000	400,000
11				
12			부장	650,000
13			과장	550,000
14			대리	450,000
15			사원	400,000

① =VLOOKUP(C12,$C$12:$D$15,2,1)

② =VLOOKUP(C12,$C$12:$D$15,2,0)

③ =VLOOKUP(B2,$C$12:$D$15,2,0)

④ =VLOOKUP(B2,$C$12:$D$15,2,1)

26 다음은 '데이터 통합'을 실행하기 위한 방법을 설명하고 있다. 〈보기〉에 설명된 실행 방법 중 올바른 설명을 모두 고른 것은 어느 것인가?

〈보기〉

㈎ 원본 데이터가 변경되면 자동으로 통합 기능을 이용해 구한 계산 결과가 변경되게 할지 여부를 선택할 수 있다.

㈏ 여러 시트에 입력되어 있는 데이터들을 하나로 통합할 수 있으나 다른 통합 문서에 입력되어 있는 데이터를 통합할 수는 없다.

㈐ 통합 기능에서는 표준편차와 분산 함수도 사용할 수 있다.

㈑ 다른 원본 영역의 레이블과 일치하지 않는 레이블이 있는 경우에도 통합 기능을 수행할 수 있다.

① ㈏, ㈐, ㈑
② ㈎, ㈏, ㈐
③ ㈎, ㈏, ㈑
④ ㈎, ㈐, ㈑

27 다음 중 컴퓨터 보안 위협의 형태와 그 내용에 대한 설명이 올바르게 연결되지 않은 것은 어느 것인가?

① 피싱(Phishing) – 유명 기업이나 금융기관을 사칭한 가짜 웹 사이트나 이메일 등으로 개인의 금융정보와 비밀번호를 입력하도록 유도하여 예금 인출 및 다른 범죄에 이용하는 수법

② 스푸핑(Spoofing) – 악의적인 목적으로 임의로 웹 사이트를 구축해 일반 사용자의 방문을 유도한 후 시스템 권한을 획득하여 정보를 빼가거나 암호와 기타 정보를 입력하도록 속이는 해킹 수법

③ 디도스(DDoS) – 시스템에 불법적인 행위를 수행하기 위하여 다른 프로그램으로 위장하여 특정 프로그램을 침투시키는 행위

④ 스니핑(Sniffing) – 네트워크 주변을 지나다니는 패킷을 엿보면서 아이디와 패스워드를 알아내는 행위

28 다음 중 차트에 관한 설명으로 옳지 않은 것은?

① 차트를 작성하려면 반드시 원본 데이터가 있어야 하며, 작성된 차트는 원본 데이터가 변경되면 차트의 내용이 함께 변경된다.

② 특정 차트 서식 파일을 자주 사용하는 경우에는 이 서식 파일을 기본 차트로 설정할 수 있다.

③ 차트에 사용될 데이터를 범위로 지정한 후 〈Alt〉+〈F11〉키를 누르면 데이터가 있는 워크시트에 기본 차트인 묶은 세로 막대형 차트가 작성된다.

④ 차트에 두 개 이상의 차트 종류를 사용하여 혼합형 차트를 만들 수 있다.

29 컴퓨터 통신이나 인터넷을 이용한 업무를 보는 경우 효과적인 업무처리 뿐 아니라 자기개발을 위해서도 지속적인 네트워크 형성이 매우 중요하다. 다음 중 올바른 네트워킹 관리 방법으로 가장 거리가 먼 것은?

① 협회에 가입하여 각종 모임에 참석함으로써 동종 직업에 종사하는 사람들과의 관계를 형성한다.

② 각종 세미나나 강연에 참석하여 강사는 물론 다른 참가자들과 적극적으로 인간관계를 형성해 교제를 강화해 나간다.

③ 스키 동호회에 가입하여 자신의 취미 생활을 즐길 뿐 아니라 네트워킹을 넓히는 기회로 삼는다.

④ 여행사 예약 담당자나 인쇄소 관계자 등 외주업체는 회사 사정에 따라 변경될 수 있으므로 보안 상 관계를 구축하지 않는 것이 좋다.

30 우리가 원하는 정보를 검색하고자 할 경우 갖추어야 할 검색기술에 대한 설명으로 옳지 않은 것은?

① 키워드는 구체적이고 자세하게 만드는 것이 좋다.

② 검색엔진별 연산자를 숙지하는 것이 좋다.

③ 원하는 정보를 찾을 수 있도록 적절한 검색엔진을 사용하는 것이 좋다.

④ 검색엔진이 제공하는 결과물에 가중치를 크게 부여하여야 한다.

PART

V

NCS 정답 및 해설

01 NCS 대표유형 정답해설
02 NCS 예상문제 정답해설

PART ① 의사소통능력 🔍

1	①	2	③	3	③	4	①	5	③

1 ①

제시된 지문은 공문서의 한 종류인 보도자료에 해당한다. 마지막 문단에 밑줄 친 '거쳐'의 앞뒤 문맥을 파악해 보면, 지방재정협의회에서 논의한 지역 현안 사업은 각 부처의 검토 단계를 밟은 뒤 기재부에 신청되고, 이후 관계 기관의 협의를 거쳐 내년도 예산안에 반영함을 알 수 있다. 즉, 밑줄 친 '거쳐'는 '어떤 과정이나 단계를 겪거나 밟다.'의 의미로 사용되었다. 보기 중 이와 동일한 의미로 쓰인 것은 ①이다.
② 마음에 거리끼거나 꺼리다.
③ 오가는 도중에 어디를 지나거나 들르다.
④ 무엇에 걸리거나 막히다.

---

2 ③

네 개의 문장에서 공통적으로 언급하고 있는 것은 환경문제임을 알 수 있다. 따라서 ㈐ 문장이 '문제 제기'를 한 것으로 볼 수 있다. ㈎는 ㈐에서 언급한 바를 더욱 발전시키며 논점을 전개해 나가고 있으며, ㈑에서는 논점을 '잘못된 환경문제의 해결 주체'라는 쪽으로 전환하여 결론을 위한 토대를 구성하며, ㈏에서 필자의 주장을 간결하게 매듭짓고 있다.

---

3 ③

③ 디지털화는 공장 내 사물들 간에 소통이 가능하도록 물리적 아날로그 신호를 디지털 신호로 변환하는 것이다.
①② 두 번째 문단에서 언급하고 있다.
④ 세 번째 문단에서 언급하고 있다.

4 ①

① 부지 용도가 단독주택용지이고 토지사용 가능시기가 '즉시'라는 공고를 통해 계약만 이루어지면 즉시 이용이 가능한 토지임을 알 수 있다.

② 계약체결 후 남은 금액은 공급가격에서 계약금을 제외한 33,250,095,000원이다. 이를 무이자로 3년간 6회에 걸쳐 납부해야 하므로 첫 번째 내야 할 중도금은 5,541,682,500원이다.

③ 규모 400㎡의 단독주택용지를 주택건설업자에게 분양하는 공고이다.

④ 계약금은 공급가격의 10%로 보증금이 더 적다.

---

5 ③

고위직급자와 계약직 직원들에 대한 학습목표 달성을 지원해야 한다는 논의가 되고 있으므로 그에 따른 실천 방안이 있을 것으로 판단할 수 있으나, 교육 시간 자체가 더 증가할 것으로 전망하는 것은 근거가 제시되어 있지 않은 의견이다.

① 22시간→35시간으로 약 59% 증가하였다.

② 평균 학습시간을 초과하여 달성하는 등 상시학습문화가 정착되었다고 평가하고 있다.

④ 생애주기에 맞는 직급별 직무역량교육 의무화라는 것은 각 직급과 나이에 보다 적합한 교육이 실시될 것임을 의미한다.

PART ❷ 문제해결능력 🔍

| 1 | ④ | 2 | ③ | 3 | ④ | 4 | ② | 5 | ① |

1 ④

날짜를 따져 보아야 하는 유형의 문제는 아래와 같이 달력을 그려서 살펴보면 어렵지 않게 정답을 구할 수 있다.

일	월	화	수	목	금	토
	1	2	3	4	5	6
7	8	9	10	11	12	13
14	15	16	17	18	19	20
21	22	23	24	25	26	27
28	29	30	31			

1일이 월요일이므로 정 대리는 위와 같은 달력에 해당하는 기간 중에 출장을 가려고 한다. 3박 4일 일정 중 출발과 도착일 모두 휴일이 아니어야 한다면 월~목요일, 화~금요일, 금~월요일 세 가지의 경우의 수가 생기는데, 현지에서 복귀하는 비행편이 화요일과 목요일이므로 월~목요일의 일정을 선택해야 한다. 회의가 셋째 주 화요일이라면 16일이므로 그 이후 가능한 월~목요일은 두 번이 있으나, 마지막 주의 경우 도착일이 다음 달로 넘어가게 되므로 조건에 부합되지 않는다. 따라서 출장 출발일로 적절한 날은 22일이며 일정은 22~25일이 된다.

2 ③

ⓜ에서 유진이는 화요일에 학교에 가지 않으므로 ⓒ의 대우에 의하여 수요일에는 학교에 간다.

수요일에 학교에 가므로 ⓛ의 대우에 의해 금요일에는 학교에 간다.

금요일에 학교에 가므로 ⓔ의 대우에 의해 월요일에는 학교를 가지 않는다.

월요일에 학교를 가지 않으므로 ⓣ의 대우에 의해 목요일에는 학교에 간다.

따라서 유진이가 학교에 가는 요일은 수, 목, 금이다.

---

3 ④

④ 어머니와 본인, 배우자, 아이 셋을 합하면 丁의 가족은 모두 6명이다. 6인 가구의 월평균소득기준은 5,144,224원 이하로, 월평균소득이 480만 원이 되지 않는 丁는 국민임대주택 예비입주자로 신청할 수 있다.

① 세대 분리되어 있는 배우자도 세대구성원에 포함되므로 주택을 소유한 아내가 있는 甲은 국민임대주택 예비입주자로 신청할 수 없다.

② 본인과 배우자, 배우자의 부모님을 합하면 乙의 가족은 모두 4명이다. 4인 가구 월평균소득기준은 4,315,641원 이하로, 월평균소득이 500만 원을 넘는 乙은 국민임대주택 예비입주자로 신청할 수 없다.

③ 신청자인 丙의 배우자의 직계비속인 아들이 전 남편으로부터 아파트 분양권을 물려받아 소유하고 있으므로 丙은 국민임대주택 예비입주자로 신청할 수 없다.

---

4 ②

B팀은 자신들이 제작한 K부서 정책홍보책자를 서울에 모두 배포하거나 부산에 모두 배포한다는 지침에 따라 배포하였는데, B팀이 제작·배포한 K부서 정책홍보책자 중 일부를 부산에서 발견하였으므로, B팀의 책자는 모두 부산에 배포되었다.

A팀이 제작·배포한 책자 중 일부를 서울에서 발견하였지만, A팀은 자신들이 제작한 K부서의 모든 정책홍보책자를 서울이나 부산에 배포한다는 지침에 따라 배포하였으므로, 모두 서울에 배포되었는지는 알 수 없다.

따라서 항상 옳은 평가는 ⓒ뿐이다.

5 ①

조사 대상과 조사 내용을 볼 때, ①은 본 설문조사의 목적으로 가장 적합하지 않다.

② 조사 내용 중 '향후 해외 근거리 당일 왕복항공 잠재 수요 파악'을 통해 해외 당일치기 여객의 수요에 부응할 수 있는 노선 구축 근거를 마련할 수 있다.

③ 조사 내용 중 '과거 해외 근거리 당일 왕복항공 이용 실적 파악'을 통해 해외 근거리 당일 왕복항공을 이용한 실적 및 행태를 파악할 수 있다.

④ 조사 내용 중 '해외 근거리 당일 왕복항공 이용을 위한 개선 사항 파악'을 통해 근거리 국가로 여행 또는 출장을 위해 당일 왕복항공을 이용할 의향과 수용도를 파악할 수 있다.

1	③	2	②	3	③	4	②	5	③

1 ③

첫 번째와 두 번째 규칙에 따라 두 사람의 점수 총합은 $4 \times 20 + 2 \times 20 = 120$점이 된다. 이 때 두 사람 중 점수가 더 낮은 사람의 점수를 x점이라고 하면, 높은 사람의 점수는 $120 - x$점이 되므로 $120 - x = x + 12$가 성립한다.

따라서 $x = 54$이다.

2 ②

주어진 조건에 의해 다음과 같이 계산할 수 있다.

$\{(1,000,000 + 100,000 + 200,000) \times 12 + (1,000,000 \times 4) + 500,000\} \div 365 \times 30 = 1,652,055$원

따라서 소득월액은 $1,652,055$원이 된다.

3 ③

자료에 제시된 각 암별 치명률이 나올 수 있는 공식은 보기 중 ③이다. 참고적으로 치명률은 어떤 질환에 의한 사망자수를 그 질환의 환자수로 나눈 것으로 보통 백분율로 나타내며, 치사율이라고도 한다.

4 ②

② 〈자료 1〉에 따르면 건강수명은 평균수명에서 질병이나 부상으로 인하여 활동하지 못한 기간을 **뺀** 기간이다. 〈자료 2〉에서 건강수명 예상치의 범위는 평균수명의 90%에서 ±1% 수준이고, 해당 연도 환경 개선 정도에 따라 계산한다고 기준을 제시하고 있으므로 이를 통해 2014년과 2015년의 건강수명을 구할 수 있다.

• 2014년 건강수명 = 80.79세(평균수명) × 89%(환경 개선 불량) = 71.9031세
• 2015년 건강수명 = 81.2세(평균수명) × 89%(환경 개선 불량) = 72.268세

따라서 2014년 건강수명이 2015년 건강수명보다 짧다.

①③ 2013년의 건강수명 = 80.55세(평균수명) × 91%(환경 개선 양호) = 73.3005세로 2014년의 건강수명인 71.9031세 또는 2015년의 건강수명인 72.268세보다 길다.

④ 2014년 환경 개선 정도가 보통일 경우 건강수명 = 80.79세 × 90% = 72.711세이다. 2013년의 건강수명은 73.3005세이므로 2013년 건강수명이 2014년 건강수명보다 길다.

5 ③

③ 표를 통해 건설 부가가치는 '건설공사 매출액 − 건설비용'의 산식이 적용됨을 알 수 있다. 건설공사 매출액은 국내와 해외 매출액의 합산이므로 해외 매출액의 증감은 건설 부가가치에 직접적인 영향을 미친다.

① 제시된 기업체 수 증가율을 통하여 연도별 기업체 수를 확인할 수 있으며, 2012년도에는 기업체 수가 약 65,183개로 65,000개 이상이 된다.

② 2016년은 313.3 ÷ 356.6 × 100 = 약 87.9%이며, 2017년은 354.0 ÷ 392.0 × 100 = 약 90.3%이다.

④ 다른 항목은 2017년에 모두 증가하였지만, 건설공사 매출액 중 해외 매출액 지표는 감소하였다.

PART ④ 대인관계능력

1	③	2	④	3	④	4	③	5	③

1 ③

③ 조직구성원들이 신뢰를 가질 수 있는 카리스마와 함께 조직변화의 필요성을 인지하고 그러한 변화를 나타내기 위해 새로운 비전을 제시하는 능력을 갖춘 리더십을 말한다.

---

2 ④

민수는 각 팀장들에게 프로젝트 성공 시 전원 진급을 약속하였지만 결국 그 약속을 이행하지 못했으므로 정답은 ④이다.

---

3 ④

위의 사례에서 고객은 자신의 잘못으로 핸드폰 케이스가 깨졌는데도 불구하고 무상 교체를 해줘야 한다고 트집을 잡고 있으므로 트집형 고객임을 알 수 있다.

---

4 ③

변화에 소극적인 직원들을 성공적으로 이끌기 위한 방법
㉠ 개방적인 분위기를 조성한다.
㉡ 객관적인 자세를 유지한다.
㉢ 직원들의 감정을 세심하게 살핀다.
㉣ 변화의 긍정적인 면을 강조한다.
㉤ 변화에 적응할 시간을 준다.

5 ③

① 유팀장은 스티커를 이용한 긍정적 강화법을 활용하였다.

② 유팀장은 지금까지 아무도 시도하지 못한 새로운 보안시스템을 개발해 보자고 제안하며 부하직원들에게 새로운 도전의 기회를 부여하였다.

④ 유팀장은 부하직원들에게 자율적으로 출퇴근할 수 있도록 하였고 사내에도 휴식공간을 만들어 자유롭게 이용토록 하는 등 업무환경의 변화를 두려워하지 않았다.

PART ⑤ 정보능력 🔍

| | ③ | | ③ | | ② | | ② | | ③ |

1 ③

Index 뒤에 나타나는 문자가 오류 문자이므로 이 상황에서 오류 문자는 'GHWDYC'이다. 오류 문자 중 오류 발생 위치의 문자와 일치하지 않는 알파벳은 G, H, W, D, Y 5개이므로 처리코드는 'Atnih'이다.

---

2 ③

DSUM함수는 DSUM(범위, 열 번호, 조건)으로 나타내며 조건에 부합하는 데이터를 합하는 수식이다. 제시된 수식은 영업부에 해당하는 4/4분기의 데이터를 합하라는 것이므로 15+20+20=55가 된다.

---

3 ②

입고연월 2010○○ + 충청남도 쫏출판사 3J + 「뇌과학 첫걸음」 07773 + 입고순서 8491

따라서 코드는 '2010○○3J077738491'이 된다.

---

4 ②

발행 출판사와 입고순서가 동일하려면 (지역코드 + 고유번호) 두 자리와 (입고순서) 네 자리가 동일해야 한다. 이규리와 강희철은 각각 2011054L066610351, 2012064L107790351로 발행 출판사와 입고순서가 동일한 도서를 담당하는 책임자이다.

---

5 ③

$n=0, S=1$ $n=1, S=1+1^2$

$n=2, S=1+1^2+2^2$ …

$n=7, S=1+1^2+2^2+\cdots+7^2$ ∴ 출력되는 S의 값은 141이다.

NCS예상문제 정답해설

PART ❶ 의사소통능력

1	③	2	③	3	②	4	①	5	①	6	②	7	④	8	③	9	③	10	④
11	②	12	④	13	③	14	②	15	④	16	④	17	②	18	②	19	①	20	④
21	①	22	④	23	③	24	③	25	③	26	④	27	③	28	③	29	②	30	①

1　③

스터디 사전 예습 자료와 M씨의 대화를 고려할 때, S씨의 답변으로 ③이 가장 적절하다. 미팅이 끝난 후 다른 곳으로 이동하기 전에 꼭 손을 씻게 하기 위한 방법은 화장실이 없는 곳에서도 손을 깨끗이 할 수 있는 손 세정제를 사원들에게 분배하여 들고 다니게 하는 것이다.

2　③

③ 고객과의 협의를 통해 수락의사 통지기간을 1회에 한하여 송전용전기설비는 2개월, 배전용전기설비는 1개월 이내에서 연장할 수 있다.

3　②

접속제의에 이의가 있거나 새로운 접속방안의 검토를 희망하는 경우, 고객은 2회에 한하여 접속제의의 재검토를 요청할 수 있다.

4　①

① 여행사에 연락하여 시카고 행 항공을 예약한다.
② 참고할 영업 보고서를 가져 온다.
③ 상사의 일정 보고서를 만든다.
④ 11월 15일에 개최되는 US 마케팅 회의를 확인한다.

민정 : 11월에 시카고에 방문해야만 합니다.

진수 : 11월 15일에 개최되는 US 마케팅 회의에 참석하시는 건가요?

민정 : 네. 그리고 그곳에 있는 고객 몇 분을 방문하려 합니다.

진수 : 지금 바로 비행기표 예약을 할까요?

민정 : 네, 11월 5일 대한 항공으로 예약해주세요.

진수 : 알겠습니다. 여행사에 연락해서 가급적 빨리 비행 일정을 확인하도록 하겠습니다.

민정 : 고마워요. 그리고 11월 5일부터 16일까지 Plaza 호텔 객실 예약도 해주세요. 그리고 점심시간 후에 분기 별 영업 보고서를 가져다주실 수 있나요? 회의 때 쓸 몇 가지 발표 자료를 만들어야 합니다.

진수 : 알겠습니다. 그리고 시카고에서 만나실 고객의 목록을 만들어 놓겠습니다.

---

5 ①

① 인간의 정주생활은 특정 병원매체와 인간의 계속적인 접촉을 가능하게 하였다.

---

6 ②

온라인상에서는 정보의 진위 여부를 떠나 개인들의 선택에 의해 공론장이 매우 유동적으로 움직이는 경향이 있으므로 집단 감성이 생성되기 어렵다고 설명하고 있다. 특정하게 형성된 집단 감성에 동조하는 구성원들 간에는 강한 유대감이 형성되지만, 자신과 관계없는 분야에 있어서는 전혀 집단 감성이 형성되지 않는 것이다.

① 모든 면에 있어 그러한 것은 아니며, 사적인 이해관계에 따라 전혀 결속력이 없게 되는 경우도 있다.

③ 유대감이 인터넷 공간의 자율성이나 공개성에 영향을 주는 것은 아니다.

④ 의견 표출은 자유로운 것이며, 지속성은 이러한 의견이 사회적 문제 해결과 소통의 회복에 기여하고자 할 때 필요한 것이다.

---

7 ④

④ '수나 분량, 시간 따위를 본디보다 많아지게 하다'라는 뜻의 '늘리다'가 적절하게 쓰였다.

① '가능한'은 그 뒤에 명사 '한'을 수식하여 '가능한 조건하에서'라는 의미로 사용한다. '가능한 빨리'와 같이 부사가 이어지는 것은 적절하지 않다.

② '쫓다'는 '어떤 대상을 잡거나 만나기 위하여 뒤를 급히 따르다.' 등의 뜻으로 쓰인다. '남의 의견이나 말을 따르다'는 뜻의 '좇다'라는 어휘로 쓴다.

③ '~에/에게 뒤지다'와 같이 쓰는데, '그들'이 사람이므로 '그들에게'로 쓴다.

8 ③

③ 빈칸에는 '단체나 기관에 어떠한 일이나 물건을 알려 청구함'의 뜻을 가진 '신청'이 가장 적절하다. 참석 (모임이나 회의 따위의 자리에 참여함), 참가(모임이나 단체 또는 일에 관계하여 들어감) 등의 단어는 위 공고문의 '개최일시'와 '(　　)기간'이 일치하지 않는 점에 비추어 적절하지 않다.

---

9 ③

③ 영희가 장갑을 낀 상태임을 의미하는지, 장갑을 끼는 동작을 하고 있었다는 의미인지가 확실치 않은 '동사의 상적 속성에 의한 중의성'의 사례가 된다.

① 수식어에 의한 중의성의 사례로, 길동이만 나이가 많은 것인지, 길동이와 을순이 모두가 나이가 많은 것인지가 확실치 않은 중의성을 포함하고 있다.

② 접속어에 의한 중의성의 사례로, '그 녀석'이 나와 아버지 중 아버지를 더 좋아하는 것인지, 아버지를 좋아하는 정도가 나보다 더 큰 것인지가 확실치 않은 중의성을 포함하고 있다.

④ 명사구 사이 동사에 의한 중의성의 사례로, 그녀가 친구들을 보고 싶어하는 것인지 친구들이 그녀를 보고 싶어하는 것인지가 확실치 않은 중의성을 포함하고 있다.

---

10 ④

① 정책 담당자는 민영화할 경우 어느 정도 가격 상승 요인이 있을 것이라고 말하고 있다.

② 정책 담당자가 주장한 내용은 '기술 교육 강화'가 아니라 '수돗물 사업의 민영화'이므로 적절하지 않다.

③ 종합적인 대책 마련으로 수돗물을 효율적으로 공급하고 있다면 굳이 민영화할 필요가 없는 셈이므로 정책 담당자의 의견과 상반된다.

---

11 ②

② 여성 토론자는 시설 가동률 50%, 누수율 15%, 민영화 이후 물 값이 150% 인상된 프랑스의 사례 등 구체적인 정보의 활용을 통해 상대방인 수돗물 정책 담당자의 주장을 논리적으로 비판하고 있다.

---

12 ④

국제석유시장에 대한 전망은 제시문의 도입부에 요약되어 있다고 볼 수 있다. 글의 전반부에서는 석유를 둘러싼 주요 이해국들의 경기회복세가 이어질 것으로 전망하고 있으나, 이러한 기조에도 불구하고 탈석유 움직임에 따라 석유 수요의 증가는 둔화될 것으로 전망한다. 또한, 전기차의 등장과 연비규제 등의 조치들로 내연기관의 대체가 확대될 것이라는 점도 이러한 전망을 뒷받침한다. 따라서 세계경제 회복에도 불구, 탈석유 움직임에 따라 석유 수요의 증가세가 둔화될 것이라는 전망이 전체 글의 내용을 가장 적절하게 요약한 것이라고 할 수 있다.

13 ③

(나) 사회계층을 정의하여 상이한 계층에 속하는 구성원들 간의 접촉보다 동일한 계층에 속하는 구성원들 간의 접촉이 더 잦음을 설명

(다) 사회계층과 언어 분화에 대해 언급

(가) 현대 한국 사회는 언어 분화가 인정될 만큼 계층 사이의 경계가 확연한 사회가 아님

(라) 그렇더라도 사회계층에 따른 언어의 변이를 확인하려는 시도가 있었음

---

14 ②

최소수수료 규정과 동일하게 적용되어 3일 이전이므로 납부금액의 10% 수수료가 발생하게 된다.

① 임대일 4일 전에 예약이 되었을 경우 이용요금 결제는 회의실 사용 당일이 아닌 예약 당일에 해야 한다.

③ 이용 당일에 취소하면 환불이 없으므로 예약 시 결제한 이용요금의 100%가 취소수수료로 발생하게 되지만, 추가 요금을 지불해야 하는 것은 아니다.

④ 세금계산서 발행을 원할 경우 반드시 법인 명의로 예약해야 한다고 규정되어 있다.

---

15 ④

ⓐ에서는 종결어미 '-지요'를 사용하여 청자에게 높임의 태도를 나타내는 상대 높임 표현이 쓰였다.

---

16 ④

주어진 네 개의 문장은 과학과 기술의 발전이 우리에게 닥친 재앙을 해결하고 인류를 보호해 줄 수 있느냐의 문제를 다루고 있다. 따라서 가장 먼저 화두를 던질 문장으로 적절한 것은 (가)이다. 이를 이어, 과학과 기술 발전의 문제점을 제시하며 반전을 이루는 (라)의 문장이 연결되어야 다음 문장들이 자연스럽게 등장할 수 있다. 또한 (라)에서 언급된 지구온난화에 의해 (다)와 같은 기상이변이 발생된 것이며, 이러한 기상이변이 '새로운 재앙'을 의미하게 되어 (나)에서 준비되지 않은 인류의 문제점을 제시할 논리적 근거가 마련된 것으로 볼 수 있다. 따라서 (가) – (라) – (다) – (나)의 순서가 적절하다.

---

17 ②

면접관의 질문을 제대로 경청하지 못하였으며, 질문의 요지를 파악하지 못하고 엉뚱한 답변을 하였다.

---

18 ②

펌웨어는 '논리회로의 기능을 보강하거나 대신할 수 있는 프로그램'이다. 즉, (펌웨어)는 프로그램의 형태를 갖추고 있으므로 기능적으로는 (소프트웨어)에 가깝고 (하드웨어) 내부에 위치하며, 사용자가 쉽게 그 내용을 바꿀 수 없으므로 (하드웨어)적인 특성도 함께 가지고 있다고 할 수 있다.

19 ①

문단의 시작에 해태, 닭, 개 등은 나쁜 귀신을 쫓아내고 사악한 것을 물리치기 위해 그렸다고 했으므로 ①이 가장 적절하다.

---

20 ④

④ 현실적으로 이루어지지 않을 소망이 아니라 이루고 싶은 소망을 볼 수 있다.

---

21 ①

② 잠시만 기다려주시겠어요?
③ 용건을 전해드릴까요?
④ 전화 바꿔주세요.

「A : 안녕하세요, 장거리 전화 교환원입니다.
 B : 안녕하세요. 저는 서울 로얄 호텔에 있는 James씨와 통화를 하고 싶은데요.
 A : 호텔 전화번호 알고 계신가요?
 B : 아니요. <u>좀 알아봐 주시겠어요?</u>
 A : 잠시만요. 번호는 123-4567입니다.」

---

22 ④

① 신경 지도는, 우리가 흔히 '느낌'이라고 부르는 심적 상태와 직접적으로 관련을 맺는다.
② 신체 상태에 대한 신경 지도가 없다면 느낌 역시 애초에 존재하지 않았을 것이다.
③ 지도들은 문제의 복잡성이 어느 정도 수준을 넘어서면 혼자서 문제를 해결하지 못한다.

---

23 ③

③ 대화 속의 남과 여는 디지털 글쓰기의 장점과 단점에 대해 이야기하고 있다. 따라서 두 사람이 제출했을 토론 주제로는 '디지털 글쓰기의 장단점'이 적합하다.

---

24 ③

① 단절 전 형성 방식의 각 기지국은 서로 같은 주파수를 사용하여 주파수 조정이 필요 없으므로 새로운 통화 채널을 형성하고 나서 기존 통화 채널을 단절할 수 있다.
② '핸드오버'란 이동단말기가 이동함에 따라 기존 기지국에서 이탈하여 새로운 기지국으로 넘어갈 때 통화가 끊어지지 않도록 통화 신호를 새로운 기지국으로 넘겨주는 것으로, 이동단말기와 새로운 기지국 간의 통화 채널이 형성되면 핸드오버가 성공한 것이라고 볼 수 있다.
④ 핸드오버는 이동단말기와 기지국이 멀어지면서 그 둘 사이의 신호가 점점 약해지다 특정 값 이하로 떨어지게 되면 명령되는 것으로, 통화 채널 형성 순서에 따라 차이가 있지 않다.

25 ③

종전 6개 직종에서 산재보험가입 특례가 적용되고 있었다.

① '법적 의무사항인 2년 이상 근무한 비정규직 근로자의 정규직 전환율도 높지 않은 상황이다'에서 알 수 있다.

② 상시 업무에 정규직 고용관행을 정착시키면 상시 업무에 정규직 직원만 고용되는 것이 아니라 비정규직 직원들의 정규직 전환 후 계속고용도 늘어나게 된다.

④ 정부의 지원정책은 임금상승에 따른 기업들의 추가 비용 부담을 덜어주기 위한 것이다.

---

26 ④

④ 국제노동기구에서는 사회보장의 구성요소로 전체 국민을 대상으로 해야 하고, 최저생활이 보장되어야 하며 모든 위험과 사고가 보호되어야 할뿐만 아니라 <u>공공의 기관을 통해서 보호나 보장이 이루어져야 한다</u>고 하였다.

---

27 ③

③ **파급**(波及) : 어떤 일의 여파나 영향이 차차 다른 데로 미침.

① **통용**(通用) : 일반적으로 두루 씀. 또는 서로 넘나들어 두루 씀.

② **책정**(策定) : 계획이나 방책을 세워 결정함.

④ **양육**(養育) : 아이를 보살펴서 자라게 함.

---

28 ③

지식과 경험을 획득하고 삶의 의미를 찾고 성취감을 느끼고 싶어 하는 진지한 여가에 대한 열망도 점차 높아질 것으로 관측된다는 설명을 통해 내적이고 진지한 여가 시간에 대한 욕구가 줄어들 것이라는 것은 필자의 의견과 다른 것임을 알 수 있다.

① 필자는 4차 산업혁명의 영향으로 문화예술 활동을 다양하게 즐기는 사람들이 많아지고 있다는 언급을 하고 있다.

② 순수문화예술 부분에서는 스마트폰 등 디지털기기가 아직 홍보 수단 정도의 기능에 머물러 있다고 설명하였다.

④ 문화는 국민 모두가 향유해야 할 보편적 가치로 자리잡아가고 있다는 설명을 통해 알 수 있다.

---

29 ②

㉠㉢㉣은 역사가의 이상에 따라 재평가된 과거를 의미하는 반면, ㉡은 역사가에 의해 해석되기 전의 객관적 사실을 의미한다.

---

30 ①

① 주어진 글에서 언급되지 않은 내용이다.

1	②	2	③	3	④	4	①	5	①	6	③	7	④	8	③	9	③	10	③
11	④	12	④	13	④	14	③	15	①	16	④	17	③	18	①	19	④	20	②
21	④	22	②	23	③	24	①	25	①	26	④	27	②	28	②	29	①	30	③

1 ②

일식이의 말과 이식이의 말은 모순이 생긴다. 따라서 둘 중에 하나는 거짓말을 하고 있다.

㉠ 일식이가 참인 경우 마피아는 이식이가 되며, 두명이 참을 말하고 있으므로 조건에 부합하지 않는다.

일식	참
이식	거짓
삼식	참
사식	거짓
오식	거짓

㉡ 이식이가 참인 경우 마피아는 삼식이가 되며 조건에 부합한다.

일식	거짓
이식	참
삼식	거짓
사식	거짓
오식	거짓

2 ③

창의적 사고 개발 방법

㉠ 자유 연상법 : 생각나는 대로 자유롭게 발상
㉡ 강제 연상법 : 각종 힌트에 강제적으로 연결지어 발상
㉢ 비교 발상법 : 주제의 본질과 닮은 것을 힌트로 발상

3 ④

'무 항공사'의 경우 화물용 가방 2개의 총 무게가 20 × 2 = 40kg, 기내 반입용 가방 1개의 최대 허용 무게가 16kg이므로 총 56kg까지 허용되어 '무 항공사'도 이용이 가능하다.

① 기내 반입용 가방의 개수를 2개까지 허용하는 항공사는 '갑 항공사', '병 항공사'밖에 없다.
② 155cm 2개는 화물용으로, 118cm 1개는 기내 반입용으로 운송 가능한 곳은 '무 항공사'이다.
③ '을 항공사'는 총 허용 무게가 23 + 23 + 12 = 58kg이며, '병 항공사'는 20 + 12 + 12 = 44kg이다.

4 ①

조건에 따라 甲의 도서 대여 및 반납 일정을 정리하면 다음과 같다.

월	화	수	목	금	토(9.17)	일
					1권 대출	휴관
• 1권 반납 • 2~3권 대출(3일)		• 2~3권 반납 • 4~6권 대출(5일)				휴관
• 4~6권 반납 • 7~10권 대출(7일)						휴관
• 7~10권 반납						휴관

---

5 ①

경제가 어려워지거나 부동산이 폭락한다고 했는데 부동산이 폭락한 것은 아니므로 경제가 어려워진다. 첫 번째 조건의 대우에 의하면 긴축정책을 시행하면 물가가 오르지 않는다. 경제가 어려워진다면 긴축정책이 시행되고, 긴축정책을 시행하면 물가가 오르지 않는다.

---

6 ③

제시된 글을 통해 알 수 있는 D사의 SWOT 요인은 다음과 같다.
• S : 경영진의 우수한 역량과 다년간의 경험, 안정적인 거래 채널, 독점적 기술력, 직원들의 열정
• W : 생산설비 노후화, 종업원들의 고령화, 더딘 연구 개발, 수익성 악화
• O : 시장의 빠른 성장 속도, 새로운 고객군 등장
• T : 급속도로 출현하는 경쟁자, 시장점유율 하락, 불리한 무역규제와 제도적 장치, 경기 침체
ST 전략은 외부 환경의 위협을 회피하기 위해 강점을 사용하는 전략이다. 따라서 외부의 위협 요인인 '자사에 불리한 규제'를 벗어날 수 있는 새로운 영역을 자사의 강점인 '독점 기술과 경영진의 경험'으로 창출하는 ③이 적절한 ST 전략이라고 볼 수 있다.

---

7 ④

④ 시간선택제는 1~3시간 단축할 수 있으나, 그 달에 부족해진 근무시간을 정산하므로 총 근무시간의 차이는 없다.
① 조기퇴근은 매월 2회까지로 규정되어 있다.
② 정산근무가 여의치 않을 경우를 대비하여 신청을 계획하고 있을 경우 사전에 미리 정산근무부터 해 둘 수 있다.
③ 업무상의 사유와 민원 업무 처리 등의 사유로 승인이 되지 않을 수 있다.

8 ③

제시된 글을 통해 알 수 있는 D사의 SWOT 요인은 다음과 같다.

- S : 경영진의 우수한 역량과 다년간의 경험, 안정적인 거래 채널, 독점적 기술력, 직원들의 열정
- W : 생산설비 노후화, 종업원들의 고령화, 더딘 연구 개발, 수익성 악화
- O : 시장의 빠른 성장 속도, 새로운 고객군 등장
- T : 급속도로 출현하는 경쟁자, 시장점유율 하락, 불리한 무역규제와 제도적 장치, 경기 침체

ST 전략은 외부 환경의 위협을 회피하기 위해 강점을 사용하는 전략이다. 따라서 외부의 위협 요인인 '자사에 불리한 규제'를 벗어날 수 있는 새로운 영역을 자사의 강점인 '독점 기술과 경영진의 경험'으로 창출하는 ③이 적절한 ST 전략이라고 볼 수 있다.

---

9 ③

주어진 규정에 의해 항목별 평가 종합점수를 계산해 보면 다음과 같다.

	영업1팀	영업2팀	영업3팀	영업4팀	영업5팀
수익 달성률	$90 \times 0.4 = 36.0$	$93 \times 0.4 = 37.2$	$72 \times 0.4 = 28.8$	$85 \times 0.4 = 34$	$83 \times 0.4 = 33.2$
매출 실적	$92 \times 0.4 = 36.8$	$78 \times 0.4 = 31.2$	$90 \times 0.4 = 36$	$88 \times 0.4 = 35.2$	$87 \times 0.4 = 34.8$
근태 및 부서평가	$90 \times 0.2 = 18$	$89 \times 0.2 = 17.8$	$82 \times 0.2 = 16.4$	$77 \times 0.2 = 15.4$	$93 \times 0.2 = 18.6$
종합점수	90.8	86.2	81.2	84.6	86.6

따라서 항목별 평가 종합점수가 두 번째로 높은 팀은 영업5팀, 세 번째로 높은 팀은 영업2팀이 된다.

---

10 ③

영업1팀과 영업3팀은 항목별 평가 종합점수(각 90.8점, 81.2점)에 의해 성과 등급이 각각 A등급과 C등급이 된다. 따라서 곽 대리는 210만 원의 25%, 신 차장은 320만 원의 15%를 각각 성과급으로 지급받게 된다. 이를 계산하면 곽 대리는 52만 5천 원, 신 차장은 48만 원이 된다.

---

11 ④

50세인 최 부장은 기본점수가 100점 이었으나 성수기 2박 이용으로 40점(1박 당 20점)이 차감되어 60점의 기본점수가 남아 있으나 20대인 엄 대리는 미사용으로 기본점수 70점이 남아 있으므로 점수 상으로는 선정 가능성이 더 높다고 할 수 있다.

① 신청은 2개월 전부터 가능하므로 내년 이용 콘도를 지금 예약할 수는 없다.
② 신혼여행 근로자는 최우선 순위로 콘도를 이용할 수 있다.
③ 선정 결과는 유선 통보가 아니며 콘도 이용권을 이메일로 발송하게 된다.

12 ④

모두 월 소득이 243만 원 이하이므로 기본점수가 부여되며, 다음과 같이 순위가 선정된다.

우선, 신혼여행을 위해 이용하고자 하는 B씨가 1순위가 된다. 다음으로 주말과 성수기 선정 박수가 적은 신청자가 우선순위가 되므로 주말과 성수기 이용 실적이 없는 D씨가 2순위가 된다. A씨는 기본점수 80점, 3일 전 취소이므로 20점(주말 2박) 차감을 감안하면 60점의 점수를 보유하고 있으며, C씨는 기본점수 90점, 성수기 사용 40점(1박 당 20점) 차감을 감안하면 50점의 점수를 보유하게 된다. 따라서 최종순위는 B 씨 – D씨 – A씨 – C씨가 된다.

---

13 ④

가능한 경우 …

㉠ 2층 – 갑, 4층 – 병, 5층 – 을·정, 6층 – 무

㉡ 2층 – 을, 3층 – 무, 5층 – 병·정, 6층 – 갑

㉢ 3층 – 병, 4층 – 을, 5층 – 무·정, 6층 – 갑

㉣ 3층 – 병, 4층 – 갑, 5층 – 을·정, 6층 – 무

따라서 어떠한 경우에도 정은 5층에서 내리게 된다.

---

14 ③

기본요금 : $70.0 \times 120 = 8,400$ 원

사용요금 : $(163.7 \times 125) + (163.7 \times 5) = 20,462.5 + 818.5 = 21,281$ 원

요금합계 : $8,400 + 21,281 = 29,681$ 원

---

15 ①

신용대출이므로 적용요율이 0.8% 적용된다.

500만원 $\times 0.8\% \times (100/365) = 10,958$ 원

원단위 절사하면 10,950원이다.

---

16 ④

만약 B가 범인이라면 A와 B의 진술은 참이 된다. 하지만 문제에서 한명의 진술만이 참이라고 했으므로 A,B는 거짓을 말하고 있고 C의 진술이 참이다. 따라서 범인은 D이다.

17 ③

은행에 내야하는 금액

A → (1,000×0.01×12)+1,000=1,120만 원

B → 1,200만 원

C → 90×12=1,080만 원

㉣ 수리비 50만 원이 소요된다면 A는 1,120+50=1,170만 원, B와 C는 수리비를 은행에서 부담하므로 그대로 1,200만 원, 1,080만 원이 된다. 따라서 가장 저렴한 C상품이 A·B보다 유리하다.(C<A<B)

---

18 ①

이름을 기준으로 일당을 정리하면 다음과 같다.

- 좀쇠(윤씨, 미장공) : 동원된 4일 중 3일을 일하고 1일을 쉬었으므로 3 × 4전 2푼 + 1전 = 13전 6푼을 받는다.
- 작은놈(이씨, 목수) : 동원된 3일을 일하였으므로 3 × 4전 2푼 = 12전 6푼을 받는다.
- 어인놈(김씨, 단청공) : 동원된 4일을 일하였으므로 4 × 2전 5푼 = 10전을 받는다.
- 상득(김씨, 벽돌공) : 동원된 4일을 일하였으므로 4 × 2전 5푼 = 10전을 받는다.
- 정월쇠(박씨, 대장장이) : 동원된 6일 중 5일을 일하고 1일을 쉬었으므로 5 × 2전 5푼 + 1전 = 13전 5푼을 받는다.

---

19 ④

(1) A가 진실을 말할 때 : B의 말 또한 참이 되므로 A는 진실을 말한 것이 아니다.

(2) B가 진실을 말할 때 : 아무도 파란색 구슬을 가진 사람이 없기 때문에 모순이다.

(3) C가 진실을 말할 때 : A-노란색, B-파란색, C-빨간색을 갖게 된다.

---

20 ②

결과의 일부를 표로 나타내면 다음과 같다.

	언어	수리	외국	과학
A	1	1		
B		1	1	
C		1		1
D		1	1	
합	3	4	3	2

A가 외국어 영역을 풀었다면 B또는 D는 과학탐구 문제를 풀었으므로 C는 반드시 언어역역 문항을 풀어야 한다.

21 ④

① 배출 시간은 수거 전날 저녁 7시부터 수거 당일 새벽 3시까지인데 일요일은 수거하지 않으므로 토요일 저녁 8시에 쓰레기를 내놓은 甲은 규정을 준수했다고 볼 수 없다.

② 공동주택에서 음식물 쓰레기를 배출할 경우 음식물 전용용기에 담아서 배출해야 한다.

③ 스티로폼은 별도로 묶어서 배출해야 하는 품목이다.

---

22 ②

• 화, 수, 목 중에 실시해야 하는 금연교육을 4회 실시하기 위해서는 반드시 화요일에 해야 한다.

• 10일 이전, 같은 주에 이틀 연속으로 성교육을 실시할 수 있는 날짜는 4~5일뿐이다.

상황과 조건에 따라 A대학교 보건소의 교육 일정을 정리해 보면 다음과 같다.

월	화	수	목	금	토	일
1	금연 2	3	성 4	성 5	X 6	X 7
8	금연 9	10	11	12	X 13	X 14
15	금연 16	17	18	19	X 20	X 21
중 22	간 23	고 24	사 25	주 26	X 27	X 28
29	금연 30					

• 금주교육은 (3, 10, 17), (3, 10, 18), (3, 11, 17), (3, 11, 18) 중 실시할 수 있다.

---

23 ③

ⓒ에 따라, 두 번째로 멀기 위해서는 편의점과 식당 중 하나가 맨 끝에 위치하고 다른 하나는 반대쪽의 끝에서 두 번째에 위치해야 한다는 것을 알 수 있다.

ⓔ을 통해서 왼쪽에서 두 번째에 편의점이나 식당이 위치할 수 없음을 알 수 있으므로 이 두 상점은 맨 왼쪽과 오른쪽에서 두 번째에 나뉘어 위치해야 한다.

ⓜ을 통해서 맨 왼쪽은 식당이 아닌 편의점의 위치임을 알 수 있다. 동시에 맨 오른쪽은 부동산, 그 옆은 식당이라는 것도 알 수 있다.

ⓒ을 통해서 커피 전문점이 왼쪽에서 세 번째 상점이라는 것을 알 수 있다.

따라서 이를 종합하면, 왼쪽부터 편의점, 통신사, 커피 전문점, 은행, 식당, 부동산의 순으로 상점들이 이어져 있으며 오른쪽에서 세 번째 상점은 은행이 된다.

---

24 ①

영업1팀과 생산1팀에 국한된 것이 아니므로 특정 두 팀이 두 번째 경기에서 만날 확률을 구하면 된다.

특정 두 팀을 A팀과 B팀이라고 할 때 A, B 두 팀이 두 번째 경기에서 승부를 하게 되는 것은 다음과 같은 두 가지 경우가 있다.

㉠ A, B 두 팀 중 한 팀이 번호 '1', '2'를 선택하고, 다른 한 팀이 '3', '4'를 선택하는 경우

㉡ A, B 두 팀 중 한 팀이 '5', '6'을 선택하고 다른 한 팀이 '7'을 선택하는 경우

따라서 각각의 확률을 구하면,

㉠의 경우, $\dfrac{2}{7} \times \dfrac{2}{6} \times \left(\dfrac{1}{2}\right)^2 \times 2 = \dfrac{1}{21}$ 이 된다.

㉡의 경우, $\dfrac{2}{7} \times \dfrac{1}{6} \times \dfrac{1}{2} \times 2 = \dfrac{1}{21}$ 이 된다.

($\dfrac{1}{2}$은 첫 번째 경기에서 이길 확률을 의미하며, 2는 '어느 한 자리'가 2개이므로 2를 곱한 것이 된다.)

---

25 ①

㉮[×] 자신 명의의 계좌로 송금할 수 없다고 규정하고 있다.

㉯[○] 작년에도 송금을 했으므로 증빙서류 제출 및 거래외국환은행 지정이 되어 있다고 볼 수 있으며, 연간 미화 10만 불 이하이므로 가능한 송금 행위이다.

㉰[○] 국내송금이라도 수취인이 개인인 외국인 거주자이므로 영업점을 방문해야 한다는 규정에 따라 적절한 송금 행위가 된다.

㉱[×] 무역대금의 경우, 미화 10만 불 초과인 경우는 영업점을 방문하여야 한다.

---

26 ④

다음과 같이 유형을 구분할 수 있다.

• ㉮, ㉯ – 노조가입·조직, 정당한 조합활동·단체행동 등을 이유로 한 불이익 취급(①)
• ㉰ – 정당한 이유 없는 단체교섭 거부(③)
• ㉱, ㉲ – 노동조합의 조직·운영에 대한 지배·개입 및 운영비 원조(④)

---

27 ②

친환경 점수를 우선순위로 하였을 때 상품 추천 순위는… G, H, B, D, E, A, F, C가 된다. G는 250만원이 넘어가는 금액이므로 추천 상품에서 제외되어 H가 추천 우선순위가 된다. H의 금액은 230만원이 넘어가고 고객이 B카드로 결제하므로 상품 결제 금액은 $239 \times 0.95 + 10 = 237.05$만원이 된다.

---

28 ②

친환경 점수를 우선순위로 하였을 때 상품 추천 순위는… G, H, B, D, E, A, F, C가 된다. G는 250만원이 넘어가는 금액이므로 추천 상품에서 제외되어 H가 추천 우선순위가 된다. H의 금액은 230만원이 넘어가고 고객이 B카드로 결제하므로 상품 결제 금액은 $239 \times 0.95 + 10 = 237.05$만원이 된다.

29 ①

자유연상법 … 어떤 생각에서 다른 생각을 계속해서 떠올리는 작업을 통해 어떤 주제에서 생각나는 것을 계속해서 열거해 나가는 방법으로 구체적 기법에는 브레인스토밍이 있다.

---

30 ③

SWOT 분석에 의한 발전전략

㉠ SO전략 : 외부 환경의 기회를 활용하기 위해 강점을 사용하는 전략

㉡ ST전략 : 외부 환경의 위협을 회피하기 위해 강점을 사용하는 전략

㉢ WO전략 : 자신의 약점을 극복함으로써 외부 환경의 기회를 활용하는 전략

㉣ WT전략 : 외부 환경의 위협을 회피하고 자신의 약점을 최소화하는 전략

1	④	2	④	3	③	4	②	5	②	6	②	7	②	8	④	9	②	10	④
11	③	12	②	13	③	14	②	15	④	16	④	17	③	18	④	19	④	20	④
21	①	22	①	23	④	24	②	25	④	26	①	27	④	28	④	29	①	30	③

1 ④

처음의 숫자에 3^0, -3^1, 3^2, -3^3, 3^4이 더해지고 있다.

2 ④

$\div 1$, $\times 2$, $\div 3$, $\times 4$, $\div 5$, $\times 6 \cdots$의 규칙을 갖는다.

3 ③

각 항은 그 앞에 있는 두 전항의 합이다. 따라서 빈칸에는 13과 21의 합인 34가 들어가야 한다.

4 ②

배의 속력을 x, 강물의 속력을 y라 하면 거슬러 올라가는 데 걸리는 시간은 $\dfrac{10}{x-y}=1$이 되고, 내려오는 데 걸리는 시간은 $\dfrac{10}{x+y}=0.5$가 된다. 따라서 두 방정식을 연립하면 $x=3y$가 되므로 식에 적용하면 $x=15, y=5$가 된다. 따라서 종이배가 1km를 떠내려가는 데 시간 $=\dfrac{거리}{속력}=\dfrac{1km}{5km/h}=0.2h=12$분이 걸린다.

5 ②

정아가 이긴 횟수를 x, 민주가 이긴 횟수를 y라 하면
$$\begin{cases} 2x-y=14 \\ 2y-x=5 \end{cases}$$
$3y=24 \implies y=8$
따라서 민주가 이긴 횟수는 8회이다.

6 ②

전체 학생의 집합을 U, 승마를 배우는 학생의 집합을 A, 골프를 배우는 학생의 집합을 B라 하면

$n(U)=50$, $n(A)=26$, $n(B)=30$

4명을 제외한 모든 학생이 승마 또는 골프를 배운다고 하였으므로

방과 후 교실 프로그램에 참여하는 모든 학생 수는 $50-4=46$(명)이다.

따라서 승마와 골프를 모두 배우는 학생의 수는

$n(A)+n(B)-46=26+30-46=10$(명)이다.

---

7 ②

지수가 걸린 시간을 y, 엄마가 걸린 시간을 x라 하면

$\begin{cases} x-y=10 \\ 100x=150y \end{cases}$

$100(y+10)=150y \Rightarrow 5y=100 \Rightarrow y=20$

따라서 지수는 20분 만에 엄마를 만나게 된다.

---

8 ④

처음 소금의 양이 40g, 농도가 5%이므로 소금물의 양을 x라 하면 $\dfrac{40}{x}\times100=5 \cdots x=800$이 된다. 여기에

첨가한 소금물 속 소금의 양을 y라 하면 최종 소금물의 농도가 7이므로 $\dfrac{40+y}{800+40}\times100=7 \cdots y=18.8$이

된다. 따라서 추가한 소금물의 농도는 $\dfrac{18.8}{40}\times100=47\%$가 된다.

---

9 ②

A호스로 1시간 채우는 물의 양은 $\dfrac{1}{12}$

B호스로 1시간 채우는 물의 양은 $\dfrac{1}{18}$

A호스로 2시간을 먼저 채웠기 때문에 $\dfrac{1}{12}\times2=\dfrac{1}{6}$의 양을 먼저 한 셈이다.

A호스와 B호스로 1시간 채우는 물의 양은 $\dfrac{1}{12}+\dfrac{1}{18}=\dfrac{5}{36}$

$\dfrac{5}{6}$의 양을 A,B호스로 채워야 하기 때문에 $\dfrac{5}{6}\div\dfrac{5}{36}=6$시간

10 ④

A가 이긴 횟수를 a, B가 이긴 횟수를 b라고 하면

$3a-b=27$, $3b-a=7$인 연립방정식이 만들어진다.

해를 구하면 $a=11$, $b=6$이므로, A는 11회를 이긴 것이 된다.

---

11 ③

③ 1892년 조선의 대일 수입액은 전년에 비해 감소하였다.

---

12 ②

$3,475,098-3,086,897=388,201$

---

13 ③

③ 일반 가정 부문은 정부 부문보다 판매대수가 많지만 매출액은 더 적다.

---

14 ②

$$\frac{41,000,000}{190,301}=215.44$$

---

15 ④

2016년 휴직의 사유 중 간병이 질병의 비중보다 높다.

---

16 ④

2013년의 휴직 합계$=4,65+1,188+6,098+558+1,471+587+752=11,119$

따라서 2013년 휴직 사유 중 간병이 차지하는 비율$=\dfrac{558}{11,119}\times100=5.01\cdots5.0\%$

---

17 ③

2018년의 휴직 합계$=1,174+1,580+18,719+693+1,036+353+2,360=25,915$

육아가 차지하는 비율$=\dfrac{18,719}{25,915}\times100=72.2\cdots72\%$

질병이 차지하는 비율$=\dfrac{1,174}{25,915}\times100=4.5\cdots5\%$

$72\div5=14.4\cdots14$

18 ④

④ 3년 내내 동일한 관람료를 받고 있는 사찰은 쌍계사, 천은사, 보리암 3곳뿐이다.

19 ④

㉠ 주어진 기간 동안 강풍 피해금액과 풍랑 피해금액의 합계를 각각 계산하여 비교하기 보다는 소거법을 이용하여 비교하는 것이 좋다. 비슷한 크기의 값들을 서로 비교하여 소거한 뒤 남은 값들의 크기를 비교해주는 것으로 2013년 강풍과 2014년 풍랑 피해금액이 70억 원으로 동일하고 2009, 2010, 2012년 강풍 피해금액의 합 244억 원과 2013년 풍랑 피해금액 241억 원이 비슷하다. 또한 2011, 2016년 강풍 피해금액의 합 336억 원과 2011년 풍랑 피해금액 331억 원이 비슷하다. 이 값들을 소거한 뒤 남은 값들을 비교해보면 강풍 피해금액의 합계가 풍랑 피해금액의 합계보다 더 작다는 것을 알 수 있다.

㉡ 2016년 태풍 피해금액이 2016년 5개 자연재해 유형 전체 피해금액의 90% 이상이라는 것은 즉, 태풍을 제외한 나머지 4개 유형 피해금액의 합이 전체 피해금액의 10% 미만이라는 것을 의미한다. 2016년 태풍을 제외한 나머지 4개 유형 피해금액의 합을 계산하면 전체 피해금액의 10% 밖에 미치지 못함을 알 수 있다.

㉢ 피해금액이 매년 10억 원보다 큰 자연재해 유형은 호우, 대설이 있다.

㉣ 피해금액이 큰 자연재해 유형부터 순서대로 나열하면 2014년 호우, 태풍, 대설, 풍랑, 강풍이며 이 순서는 2015년의 순서와 동일하다.

20 ④

A방식

구분	미연	수정	대현	상민
총점	347	325	330	340
순위	1	4	3	2

B방식

구분	미연	수정	대현	상민
등수의 합	8	12	11	9
순위	1	4	3	2

C방식

구분	미연	수정	대현	상민
80점 이상 과목 수	3	3	2	3
순위	1	3	4	2

21 ①

- A지점에서 다른 지점으로 이동한 사람 : 17＋33＋12＝62

  다른 지점에서 A지점으로 이동한 사람 : 24＋11＋28＝63

  인사이동 후 345－62＋63＝346

- B지점에서 다른 지점으로 이동한 사람 : 24＋14＋9＝47

  다른 지점에서 B지점으로 이동한 사람 : 17＋31＋23＝71

  인사이동 후 419－47＋71＝443

---

22 ①

할인내역을 정리하면

- A 신용카드
- 교통비 20,000원
- 외식비 2,500원
- 학원수강료 30,000원
- 할인합계 52,500원 － 연회비 15,000원＝37,500원
- B 신용카드
- 교통비 10,000원
- 온라인 의류구입비 15,000원
- 도서구입비 9,000원
- 할인합계 30,000원
- C 신용카드
- 교통비 10,000원
- 카페 지출액 5,000원
- 재래시장 식료품 구입비 5,000원
- 영화관람료 4,000원
- 할인합계 24,000원

---

23 ④

① 2014년 전체 사망자 수는 4,111＋424＝4,535명이고, 2016년 전체 사망자 수는 4,075＋474＝4,549명이다.

② 2010년과 2016년에는 전년대비 감소하였다.

③ 2015년과 2017년에는 각각 7.95배, 7.43배 차이가 난다.

④ 남성 인구 10만 명당 사망자 수가 가장 많은 해는 2008년으로 전년대비 사망자 수 증가율은 6.2%이다.

※ 전년대비 증가율＝(후년 ÷ 전년－1)×100(%)

24 ②

• **지점 당 평균 지원 금액**

지역마다 지점 수가 다르므로 각 지역의 지점 당 지원비를 구하고 전체 지역의 지원비를 합하여 지역 수로 나누어 계산한다.

$(250{,}000 \div 2 + 130{,}000 + 360{,}000 \div 3 + 550{,}000 \div 5 + 480{,}000 \div 4)/5 = 121{,}000$

• **1인당 평균 연휴수당**

지역마다 인원이 다르므로 전체 인원의 1인당 평균 연휴수당은 각 지역의 1인당 연휴수당과 인원수를 곱하여 더하고 전체 인원수로 나누어 계산한다.

$(40{,}000 \times 8 + 35{,}000 \times 5 + 72{,}000 \times 12 + 86{,}000 \times 10 + 76{,}000 \times 9)/44 = 65{,}977.27\cdots$

---

25 ④

④ $\dfrac{392{,}222}{1{,}288{,}847} \times 100 = 30.43\%$

따라서 30%를 초과한다.

---

26 ①

① 2009년 : $\dfrac{31{,}303}{20{,}379} \times 100 = 153.6$

② 2010년 : $\dfrac{56{,}898}{47{,}295} \times 100 = 120.3$

③ 2011년 : $\dfrac{77{,}823}{67{,}708} \times 100 = 114.9$

④ 2012년 : $\dfrac{91{,}464}{83{,}754} \times 100 = 109.2$

---

27 ④

남성

증가한 기대수명의 평균 : $(0.3 + 0.5 + 0.5 + 0.4 + 0.3 + 0.4 + 0.4)/7 = 0.4$

2020년 남성의 기대수명 : $0.4 + 80.1 = 80.5$

여성

증가한 기대수명의 평균 : $(0.2 + 0.4 + 0.4 + 0.2 + 0.2 + 0.3 + 0.2)/7 = 0.271\cdots \to 0.2$

2020년 여성의 기대수명 : $0.2 + 85.9 = 86.1$

2020년 남녀의 평균 기대수명 : $(80.5 + 86.1)/2 = 83.3$

28 ④

제시된 〈조건〉에 따르면 총 광고효과 = (1회당 수익 증대 효과 + 1회당 브랜드 가치 증대 효과) × (3,000 - 1년 계약금) / 20이다.

① 수지 : (100 + 100) × 2,000 / 20 = 20,000(만 원)

② 태희 : (60 + 100) × 2,400 / 20 = 19,200(만 원)

③ 지현 : (60 + 110) × 2,300 / 20 = 19,550(만 원)

④ 민아 : (50 + 140) × 2,200 / 20 = 20,900(만 원)

따라서 총 광고 효과가 가장 큰 모델은 '민아'이다.

---

29 ①

'관광수지 = 관광수입 - 관광지출'이므로 연도별 관광수지를 구하면

2014년 : 11,355 - 15,425 = -4,070백만 달러

2015년 : 12,526 - 19,461 = -6,935백만 달러

2016년 : 19,712 - 18,410 = 1,302백만 달러

2017년 : 16,096 - 21,308 = -5,212백만 달러

2018년 : 14,203 - 22,669 = -8,466백만 달러

2019년 : 18,329 - 23,543 = -5,214백만 달러

관광수지가 가장 좋은 해는 2016년으로 1,302백만 달러이며, 가장 나쁜 해는 2018년으로 -8,466백만 달러이다. 따라서 두 해의 관광수지 합은 1,302 + (-8,466) = -7,164백만 달러이다.

---

30 ③

'1인당 관광지출 = 관광지출 ÷ 국민해외관광객'이므로 2017년의 수치를 대입하면

21,308 ÷ 19.3 = 1,104.0414…백만 달러가 된다.

1	②	2	④	3	①	4	①	5	②	6	②	7	②	8	②	9	④	10	③
11	①	12	①	13	④	14	④	15	②	16	④	17	③	18	①	19	②	20	④
21	①	22	③	23	④	24	④	25	③	26	③	27	③	28	③	29	③	30	①

1 ②

위의 사례에서 불만고객에 대한 대처가 늦어지고 그로 인해 항의가 잇따르고 있는 이유는 사소한 일조차 상부에 보고해 그 지시를 기다렸다가 해결하는 업무체계에 있다. 따라서 오부장은 어느 정도의 권한과 책임을 매장 직원들에게 위임하여 그들이 현장에서 바로 문제를 해결할 수 있도록 도와주어야 한다.

2 ④

대화를 보면 L사원이 팔로워십이 부족함을 알 수 있다. 팔로워십은 팀의 구성원으로서의 역할을 충실하게 잘 수행하는 능력을 말한다. L사원은 헌신, 전문성, 용기, 정직, 현명함을 갖추어야 하고 리더의 결점이 있으면 올바르게 지적하되 덮어주는 아량을 갖추어야 한다.

3 ①

리더는 변화를 두려워하지 않아야 하며, 리스크를 극복할 자질을 키워야한다. 위험을 감수해야 할 이유가 합리적이고 목표가 실현가능한 것이라면 직원들은 기꺼이 변화를 향해 나아갈 것이며, 위험을 선택한 자신에게 자긍심을 가지며 좋은 결과를 이끌어내고자 지속적으로 노력할 것이다.

4 ①

갈등을 확인할 수 있는 단서
㉠ 지나치게 감정적으로 논평과 제안을 하는 것
㉡ 타인의 의견발표가 끝나기도 전에 타인의 의견에 대해 공격하는 것
㉢ 핵심을 이해하지 못한 채 서로 비난하는 것
㉣ 편을 가르고 타협하기를 거부하는 것
㉤ 개인적인 수준에서 미묘한 방식으로 서로를 공격하는 것

5 ②

현재 동신과 명섭의 팀에게 가장 필요한 능력은 팀워크능력이다.

---

6 ②

남성과 여성이 함께 에스컬레이터나 계단을 이용하여 위로 올라갈 때는 남성이 앞에 서고 여성이 뒤에 서도록 한다.

---

7 ②

① 카리스마적 리더가 뛰어난 개인적 능력으로 부하에게 심대하고 막중한 영향을 미친다.

③ 리더는 부하중심적이며, 부하에게 봉사한다.

④ 연관성이 높은 공공문제를 해결하기 위해서는 촉매작용적 기술과 능력이 필요하며 리더는 전략적으로 사고해야 한다.

---

8 ②

갈등을 피하거나 타협으로 예방하려는 것은 문제를 근본적으로 해결하기에 한계가 있으므로 갈등에 관련된 모든 사람들의 의견을 받아 본질적인 해결책을 얻는 방법이 윈-윈 갈등 관리법이다.

---

9 ④

효과적인 팀의 특성

㉠ 팀의 사명과 목표를 명확하게 기술한다.

㉡ 창조적으로 운영된다.

㉢ 결과에 초점을 맞춘다.

㉣ 역할과 책임을 명료화시킨다.

㉤ 조직화가 잘 되어 있다.

㉥ 개인의 강점을 활용한다.

㉦ 리더십 역량을 공유하며 구성원 상호간에 지원을 아끼지 않는다.

㉧ 팀 풍토를 발전시킨다.

㉨ 의견의 불일치를 건설적으로 해결한다.

㉩ 개방적으로 의사소통을 한다.

㉪ 객관적인 결정을 내린다.

㉫ 팀 자체의 효과성을 평가한다.

10 ③

협상이란 것은 갈등상태에 있는 이해당사자들이 대화와 논쟁을 통하여 서로를 설득하여 문제를 해결하는 정보전달과정이자 의사결정과정이다. 위의 ①②④는 우리가 흔히 일상생활에서 겪을 수 있는 협상의 예를 보여주고 있지만, ③은 갈등상태가 유지되고 있어 올바른 협상의 예로 볼 수 없다.

---

11 ①

T그룹에서 워크숍을 하는 이유는 직원들 간의 단합과 화합을 키우기 위해서이고 또한 각 부서의 장에게 나름대로의 재량권이 주어졌으므로 위의 사례에서 장부장이 할 수 있는 행동으로 가장 적절한 것은 ①번이다.

---

12 ①

위 사례의 여성고객은 거만형에 해당하는 고객이다.
※ **거만형 고객에 대한 응대법**
  ㉠ 정중하게 대하는 것이 좋다.
  ㉡ 자신의 과시욕이 채워지도록 뽐내게 내버려 둔다.
  ㉢ 의외로 단순한 면이 있으므로 일단 호감을 얻게 되면 득이 될 경우도 있다.

---

13 ④

① **협력전략** : 협상 참여자들이 협동과 통합으로 문제를 해결하고자 하는 협력적 문제해결전략이다.
② **회피전략** : 무행동전략으로 협상으로부터 철수하는 철수전략이다. 협상을 피하거나 잠정적으로 중단한다.
③ **강압전략** : 경쟁전략으로 자신이 상대방보다 힘에 있어서 우위를 점유하고 있을 때 자신의 이익을 극대화하기 위한 공격적 전략이다.

---

14 ④

동기부여 방법
㉠ 긍정적 강화법을 활용한다.
㉡ 새로운 도전의 기회를 부여한다.
㉢ 창의적인 문제해결법을 찾는다.
㉣ 책임감으로 철저히 무장한다.
㉤ 적절한 코칭을 한다.
㉥ 변화를 두려워하지 않는다.
㉦ 지속적으로 교육한다.

---

15 ②

② 의심형 불만고객에 대한 대응방안이다.

16 ④

협상은 보통 '협상 시작→상호 이해→실질 이해→해결 대안→합의 문서'의 다섯 단계로 구분한다. 제시된 보기는 ㈎-해결 대안, ㈏-상호 이해, ㈐-합의 문서, ㈑-실질 이해이므로 올바른 순서는 ㈏ – ㈑ – ㈎ – ㈐이다.

---

17 ③

K씨의 행동은 대인관계 향상 방법의 하나인 상대방을 이해하는 마음에 해당한다.

---

18 ①

② 수동형에 대한 설명이다.
③ 소외형에 대한 설명이다.
④ 순응형에 대한 설명이다.

---

19 ②

팀워크는 팀이 협동하여 행하는 동작이나 그들 상호 간의 연대를 일컫는다. 따라서 아무리 개인적으로 능력이 뛰어나다 하여도 혼자서 일을 처리하는 사람은 팀워크가 좋은 사람이라고 볼 수 없다. 따라서 정답은 ②번이다.

---

20 ④

①②③ 전형적인 독재자 유형의 특징이다.
※ 파트너십 유형의 특징
　ⓐ 평등
　ⓑ 집단의 비전
　ⓒ 책임 공유

---

21 ①

구분		상대방의 이익을 만족시키려는 정도		
		낮음	중간	높음
자신의 이익을 만족시키려는 정도	낮음	회피		순응
	중간		타협	
	높음	경쟁		협동

22 ③

㈜ – 개인의 감정을 활용한다.

㈝ – 과정과 방법이 아닌 결과에 초점을 맞추어야 한다.

※ 효과적인 팀의 핵심적인 특징으로는 다음과 같은 것들이 있다.

    ㉠ 팀의 사명과 목표를 명확하게 기술한다.

    ㉡ 창조적으로 운영된다.

    ㉢ 결과에 초점을 맞춘다.

    ㉣ 역할과 책임을 명료화시킨다.

    ㉤ 조직화가 잘되어 있다.

    ㉥ 개인의 강점을 활용한다.

    ㉦ 리더십 역량을 공유하며 구성원 상호간에 지원을 아끼지 않는다.

    ㉧ 의견의 불일치를 건설적으로 해결한다.

    ㉨ 개방적인 의사소통을 하고 객관적인 결정을 내린다.

---

23 ④

팀장인 K씨는 U씨에게 팀의 생산성에 영향을 미치는 내용을 상세히 설명하고 이 문제와 관련하여 해결책을 스스로 강구하도록 격려하여야 한다.

---

24 ④

리더십은 하급자뿐만 아니라 동료나 상사에게까지도 발휘하는 사회적 영향력이다.

---

25 ③

약속의 이행 … 책임을 지고 약속을 지키는 것은 중요한 일이다. 약속을 어기게 되면 다음에 약속을 해도 상대방은 믿지 않게 마련이다. 약속은 대개 사람들의 기대를 크게 만들기 때문에 항상 약속을 지키는 습관을 가져야 신뢰감을 형성할 수 있게 된다.

---

26 ③

행동과 말이 일치하지 않는 L씨의 행동에 대한 감정으로 그 사람에 대한 객관적인 칭찬은 나오기가 어렵다.

27 ③

③ 응집력이 좋은 사례이다.

※ **팀워크와 응집력**

　　㉠ **팀워크** : 팀 구성원이 공동의 목적을 달성하기 위해 상호 관계성을 가지고 협력하여 일을 해나가는 것

　　㉡ **응집력** : 사람들로 하여금 집단에 머물고 싶도록 하고, 그 집단의 멤버로 계속 남아있기를 원하게 만드는 것

---

28 ③

리츠칼튼 호텔은 고객이 무언가를 물어보기 전에 고객이 원하는 것에 먼저 다가가는 것을 서비스 정신으로 삼고 있다. 기존 고객의 데이터베이스를 공유하여 고객이 원하는 서비스를 미리 제공할 수 있는 것이다.

---

29 ③

임파워먼트는 권한 위임을 의미한다. 직원들에게 일정 권한을 위임함으로서 훨씬 수월하게 성공의 목표를 이룰 수 있을 뿐 아니라 존경받는 리더로 거듭날 수 있다. 권한 위임을 받은 직원은 자신의 능력을 인정받아 권한을 위임받았다고 인식하는 순간부터 업무효율성이 증가하게 된다.

---

30 ①

위의 상황은 엄팀장이 팀원인 문식에게 코칭을 하고 있는 상황이다. 따라서 코칭을 할 때 주의해야 할 점으로 옳지 않은 것을 고르면 된다.

① 지나치게 많은 정보와 지시로 직원들을 압도해서는 안 된다.

※ **코칭을 할 때 주의해야 할 점**

　　㉠ 시간을 명확히 알린다.

　　㉡ 목표를 확실히 밝힌다.

　　㉢ 핵심적인 질문으로 효과를 높인다.

　　㉣ 적극적으로 경청한다.

　　㉤ 반응을 이해하고 인정한다.

　　㉥ 직원 스스로 해결책을 찾도록 유도한다.

　　㉦ 코칭과정을 반복한다.

　　㉧ 인정할 만한 일은 확실히 인정한다.

　　㉨ 결과에 대한 후속 작업에 집중한다.

1	③	2	①	3	②	4	④	5	③	6	②	7	②	8	①	9	③	10	④
11	②	12	③	13	②	14	④	15	③	16	②	17	④	18	②	19	②	20	②
21	④	22	③	23	①	24	④	25	③	26	④	27	③	28	③	29	④	30	④

1 ③

①②④는 디지털 컴퓨터의 특징이다.

---

2 ①

Windows의 특징

㉠ 단일 사용자의 다중작업이 가능하다.

㉡ GUI(Graphic User Interface) 환경을 제공한다.

㉢ P&P를 지원하여 주변장치 인식이 용이하다.

㉣ 긴 파일이름을 지원한다.

㉤ OLE(개체 연결 및 포함) 기능을 지원한다.

---

3 ②

㉢ net : 네트워크 관련기관(국제 도메인)

㉤ or : 비영리 법인(국내 도메인)

---

4 ④

④ 데이터 소스에서 데이터를 클리닝하고 통합하는 과정을 거쳐 데이터를 선별하고 변환한 후, 데이터 마이닝 과정을 거쳐 패턴을 찾아내고 표현한다.

---

5 ③

'#NULL!' 은 교차하지 않은 두 영역의 교차점을 참조 영역으로 지정하였을 경우 발생하는 오류 메시지이며, 잘못된 인수나 피연산자를 사용했을 경우 발생하는 오류 메시지는 #VALUE! 이다.

6 ②

'COUNT' 함수는 인수 목록에서 숫자가 들어 있는 셀의 개수를 구할 때 사용되는 함수이며, 인수 목록에서 공백이 아닌 셀과 값의 개수를 구할 때 사용되는 함수는 'COUNTA' 함수이다.

---

7 ②

① 하이퍼텍스트에 대한 설명이다.

③ 프로토콜에 대한 설명이다.

④ 아이핀에 대한 설명이다. TCP/IP는 서로 기종이 다른 컴퓨터들 간의 통신을 위한 전송규약이다.

---

8 ①

제조 시기는 11xx이며, 원산지와 제조사 코드는 5K, 철제 프레임은 03009가 되어야 한다.

---

9 ③

생산지는 영문 알파벳 코드 바로 앞자리이므로 오 사원과 양 사원이 모두 3으로 중국에서 생산된 물품을 보관하고 있음을 확인할 수 있다.

---

10 ④

'ping'은 원격 컴퓨터가 현재 네트워크에 연결되어 정상적으로 작동하고 있는지 확인할 수 있는 명령어이다. 해당 컴퓨터의 이름, IP 주소, 전송 신호의 손실률, 전송 신호의 응답 시간 등이 표시된다.

㉣에 제시된 설명은 'tracert'에 대한 설명으로, tracert는 특정 사이트가 열리지 않을 때 해당 서버가 문제인지 인터넷 망이 문제인지 확인할 수 있는 기능, 인터넷 속도가 느릴 때 어느 구간에서 정체를 일으키는지 확인할 수 있는 기능 등을 제공한다.

---

11 ②

URL에 대한 설명이다. 방대한 컴퓨터 네트워크에서 자신이 원하는 정보 자원을 찾기 위해서는 해당 정보 자원의 위치와 종류를 정확히 파악할 필요가 있는데, 이를 나타내는 일련의 규칙을 URL(Uniform Resource Locator: 자원 위치 지정자)이라고 한다. URL에는 컴퓨터 네트워크상에 퍼져 있는 특정 정보 자원의 종류와 위치가 기록되어 있다.

---

12 ③

WAN(광대역 통신망)은 한 국가, 한 대륙 또는 전 세계에 걸친 넓은 지역의 수많은 컴퓨터를 서로 연결하여 정보를 송·수신할 수 있도록 하는 통신망이다. ③에 제시된 설명은 B-ISDN(광대역 종합정보 통신망)에 해당한다.

13 ②

알파벳 중 U, M 2개가 일치하기 때문에 시스템 상태는 경계 수준이며, input code는 alert이다.

---

14 ④

10개의 알파벳이 모두 일치하기 때문에 시스템 상태는 위험 수준이며, input code는 danger이다.

---

15 ③

A=1, S=1
A=2, S=1+2
A=3, S=1+2+3
…
A=10, S=1+2+3+…+10
∴ 출력되는 S의 값은 55이다.

---

16 ②

터미널노드(Terminal Node)는 자식이 없는 노드로서 이 트리에서는 D, I, J, F, G, H 6개이다.

---

17 ④

④ HTML에서 이미지를 삽입하기 위해서는 〈img〉 태그를 사용한다.

---

18 ②

② 잘라내기 한 것도 여러 번 붙여넣기가 가능하다.

---

19 ②

숫자는 1, 4, 7, 10, 13, 16으로 채워지고 요일은 월, 수, 금, 일, 화, 목으로 채워지고 있다. 따라서 A6값은 16이고 B6값은 목요일이다.

---

20 ②

MOD(숫자, 나눌 값) : 숫자를 나눌 값으로 나누어 나머지가 표시된다. 따라서 7를 6으로 나누면 나머지가 1이 된다.
MODE : 최빈값을 나타내는 함수이다. 위의 시트에서 6이 최빈값이다.

21 ④

창 정렬 기능은 한 화면에 여러 통합문서를 띄어놓고 작업할 수 있으며, 여러 데이터를 비교하면서 작업을 해야하는 경우 유용하다. 여러개의 파일을 불러온 뒤 [창] 메뉴에 있는 [정렬]을 클릭하면 바둑판식, 가로, 세로 등 창 정렬을 어떻게 할 것인지 선택할 수 있다.

---

22 ③

COUNTBLANK 함수는 비어있는 셀의 개수를 세어준다. COUNT 함수는 숫자가 입력된 셀의 개수를 세어주는 반면 COUNTA 함수는 숫자는 물론 문자가 입력된 셀의 개수를 세어준다. 즉, 비어있지 않은 셀의 개수를 세어주기 때문에 이 문제에서는 COUNTA 함수를 사용해야 한다.

---

23 ①

RANK 함수는 지정 범위에서 인수의 순위를 구할 때 사용하는 함수이다. 결정 방법은 수식의 맨 뒤에 0을 입력하거나 생략할 경우 내림차순, 0 이외의 값은 오름차순으로 표시하게 되며 결과값에 해당하는 필드의 범위를 지정할 때에는 절대 주소로 지정한다.

---

24 ④

표시 위치를 지정하여 특정 문자열을 연결하여 함께 표시할 경우에는 @를 사용한다. 따라서 '신재생'을 입력하여 '신재생에너지'라는 결과값을 얻으려면 '@에너지'가 올바른 서식이다.

---

25 ③

D2셀에 기재되어야 할 수식은 =VLOOKUP(B2,$C$12:$D$15,2,0)이다. B2는 직책이 대리이므로 대리가 있는 셀을 입력하여야 하며, 데이터 범위인 C12:D15가 변하지 않도록 절대 주소로 지정을 해 주게 된다. 또한 대리 직책에 대한 수당이 있는 열의 위치인 2를 입력하게 되며, 마지막에 직책이 정확히 일치하는 값을 찾아야 하므로 0을 기재하게 된다.

---

26 ④

㈎ [O] 대화 상자에서 '원본 데이터 연결'을 선택하면 제시된 바와 같은 기능을 실행할 수 있다.

㈏ [×] 통합 문서 내의 다른 워크시트뿐 아니라 다른 통합 문서에 있는 워크시트도 통합할 수 있다.

㈐ [O] 통합 기능에서 사용할 수 있는 함수로는 합계, 개수, 평균, 최대/최솟값, 곱, 숫자 개수, 표준편차, 분산 등이 있다.

㈑ [O] 제시된 바와 같은 경우, 별도의 행이나 열이 만들어지게 되므로 통합 기능을 수행할 수 있다.

27 ③

③ 디도스(DDoS)는 분산 서비스 거부 공격으로, 특정 사이트에 오버플로우를 일으켜서 시스템이 서비스를 거부하도록 만드는 것이다.

---

28 ③

F11을 누르는 것은 별도의 차트시트에 기본 차트가 작성되는 것이므로 [ALT +F1]을 눌러야 데이터가 있는 워크시트에 기본 차트가 작성된다.

---

29 ④

④ 여행사 예약 담당자나 인쇄소 관계자 등 외주업체는 자주 이용하는 곳은 관계를 구축해두는 것이 추후 여러 도움을 받을 수 있다.

---

30 ④

검색엔진이 제시하는 결과물의 가중치를 너무 신뢰하여서는 안된다. 검색엔진 나름대로의 정확성이 높다고 판단되는 데이터를 화면의 상단에 표시하지만 실제 그렇지 않은 경우가 많기 때문에 사용자가 직접 보면서 검색한 자료를 판단하여야 한다.

당신의 꿈은 뭔가요?

MY BUCKET LIST !

꿈은 목표를 향해 가는 길에 필요한 휴식과 같아요.

여기에 당신의 소중한 위시리스트를 적어보세요. 하나하나 적다보면 어느새 기분도

좋아지고 다시 달리는 힘을 얻게 될 거예요.

- ☐ _____
- ☐ _____
- ☐ _____
- ☐ _____
- ☐ _____
- ☐ _____
- ☐ _____
- ☐ _____
- ☐ _____
- ☐ _____
- ☐ _____
- ☐ _____
- ☐ _____
- ☐ _____
- ☐ _____
- ☐ _____
- ☐ _____
- ☐ _____
- ☐ _____
- ☐ _____
- ☐ _____
- ☐ _____
- ☐ _____
- ☐ _____
- ☐ _____
- ☐ _____
- ☐ _____

- ☐ _____
- ☐ _____
- ☐ _____
- ☐ _____
- ☐ _____
- ☐ _____
- ☐ _____
- ☐ _____
- ☐ _____
- ☐ _____
- ☐ _____
- ☐ _____
- ☐ _____
- ☐ _____
- ☐ _____
- ☐ _____
- ☐ _____
- ☐ _____
- ☐ _____
- ☐ _____
- ☐ _____
- ☐ _____
- ☐ _____
- ☐ _____
- ☐ _____
- ☐ _____
- ☐ _____

창의적인 사람이 되기 위해서

정보가 넘치는 요즘, 모두들 창의적인 사람을 찾죠.
정보의 더미에서 평범한 것을 비범하게 만드는 마법의 손이 필요합니다.
어떻게 해야 마법의 손과 같은 '창의성'을 가질 수 있을까요. 여러분께만 알려 드릴게요!

01. **생각나는 모든 것을 적어 보세요.**

아이디어는 단번에 솟아나는 것이 아니죠. 원하는 것이나, 새로 알게 된 레시피나, 뭐든 좋아요.
떠오르는 생각을 모두 적어 보세요.

02. **'잘하고 싶어!'가 아니라 '잘하고 있다!'라고 생각하세요.**

누구나 자신을 다그치곤 합니다. 잘해야 해. 잘하고 싶어.
그럴 때는 고개를 세 번 젓고 나서 외치세요. '나, 잘하고 있다!'

03. **새로운 것을 시도해 보세요.**

신선한 아이디어는 새로운 곳에서 떠오르죠. 처음 가는 장소, 다양한 장르에 음악, 나와 다른 분야의 사람.
익숙하지 않은 신선한 것들을 찾아서 탐험해 보세요.

04. **남들에게 보여 주세요.**

독특한 아이디어라도 혼자 가지고 있다면 키워 내기 어렵죠.
최대한 많은 사람들과 함께 정보를 나누며 아이디어를 발전시키세요.

05. **잠시만 쉬세요.**

생각을 계속 하다보면 한쪽으로 치우치기 쉬워요. 25분 생각했다면 5분은 쉬어 주세요.
휴식도 창의성을 키워 주는 중요한 요소랍니다.